기본편

AI 시대 역량 있는 학부모 되기

이제는 학부모다!

서울시교육청 AI연구회
임부현 회장 외 20인 공저

박영story

머리말

4차 산업혁명 시대의 사회 변화를 예측하고 미래의 유망 산업을 소개하는 책들은 이미 여러 권 출간되어 있습니다. 이 책들은 공통적으로 미래의 유망 산업으로 AI(인공지능) 분야를 꼽습니다. 우리 자녀들이 살아갈 미래 사회는 AI를 빼놓고는 살아갈 수 없는 세상이 될 것임은 분명합니다. 하지만 우리 자녀들이 사회 변화를 이끌어가는 주역이 되기 위해서 가정에서는 어떠한 지도를 해야 하는지 알려주는 책은 찾아보기 어렵습니다. 빠르게 변화하는 세상에서 자녀교육을 고민하는 학부모님들에게 실질적인 조언을 제공해 드리고 싶다는 서울시교육청 AI연구회 선생님들의 소망이 모여 이 책을 출간하게 되었습니다.

본책은 기본편으로 총 4개의 CHAPTER로 구성되어 있습니다.

CHAPTER 01 '미래를 내다보는 뉴노멀 사고와 윤리'는 자녀교육의 방향성에 대한 이야기들입니다. 부모가 고정된 틀에서 벗어나야 창의적인 자녀교육이 가능하다는 것은 알지만, 구체적으로 어떻게 해야 할지 몰라 망설이는 부모님들이 많습니다. AI 시대에 자칫 소홀할 수 있는 부분이 윤리교육입니다. CHAPTER 01을 통해 시대가 변해도 변하지 않는 가치와 보편타당한 사고가 무엇인지에 대해 생각해 볼 수 있을 것입니다.

CHAPTER 02 '시대를 대비하는 힘, 역량'은 우리 자녀들이 AI 시대를 선도하는데 필요한 힘과 역량에 대한 이야기입니다. AI 시대에는 당연히 디지털 리터러시 능력이 필요하지만 이것만으로 모든 것을 채울 수는 없습니다. 디지털 사회가 아무리 발전하더라도 독서를 바탕으로 한 문해력과 인문학적 소양은 여전히 가장 중요한 역량입니다.

CHAPTER 03 'AI 시대 맞춤형 자녀교육 코칭'은 자녀와의 소통 방법, 자녀를 AI와 친숙해지게 하는 놀이, 코스웨어 수업 준비, 그리고 요즘 이슈가 되고 있는 생성형 AI와 관련된 팁 등을 주제로 구성하였습니다. CHAPTER 03에서는 AI를 자녀교육에 활용할 수 있는 방안들이 소개됩니다. 이를 통해 미래 사회를 함께 살아갈 부모와 자녀의 사이가 더욱 가까워질 수 있게 되기를 바랍니다.

CHAPTER 04 'AI 시대 본격적 진로 준비'는 미래 사회의 유망 직업을 소개하고, 대학의 AI 관련 학과 진학을 위해 고등학교 생활에서 해야 하는 활동들을 제시하였습니다. 학부모님들은 물론 진학 지도를 하시는 선생님들에게도 많은 도움이 되기를 기대합니다.

현직에서 학생들을 지도하고 있는 선생님들의 진솔한 이야기들을 통해 많은 학부모님들이 자녀교육에 도움을 받으시기를 바랍니다.

2024년 3월
서울시교육청 AI연구회 회장 임부현(서울 환일고)

추천사

초중고 AI 전문 교사들이 함께한 교육 전문 도서의 출간은 미래 교육을 준비하고 전망해야 하는 이 시기에 매우 의미 있는 일이다. AI 교육에 대한 전문적인 지식뿐만 아니라 AI보다 나은 인간으로 살아갈 깊은 성찰을 제시하고 있다.

- 조호제 국가교육위원회 전문위원, 고려대 겸임교수

멀고도 어렵게만 느껴졌던 AI 전문 분야에 대한 지식을, 누구나 쉽게 이해할 수 있도록 잘 풀어 쓴 한 권의 책을 많은 분들께 읽어 보라고 권하고 싶다. 이 한 권의 책을 읽고 나면 AI 시대를 어떻게 살아가야 하는지에 대해 조금은 아는 척할 수 있는 자신감이 생길 것이다.

- 김현숙 서울탑동초등학교 교장

AI 전문 분야에 대해 저술한 책은 많으나 이토록 다양한 내용을 담은 AI 관련 도서는 감히 처음이라 할 만하다. 현장 교사들의 생생한 경험과 관록이 녹아 있는 책으로 비단 학부모뿐만 아니라 읽는 모든 사람에게 AI 관련 역량을 높여줄 것이라 믿는다.

- 임원규 前 서울양천고등학교 교장

AI에 관한 알파와 오메가! 기본편이지만 결코 만만치 않은 내용이다. AI 시대에 자녀교육을 어떻게 시작해야 할지 막막한 부모님들이라면 꼭 읽어야 할 머스트북이다.

- 최영주 서울대방초등학교 교감

학부모를 위한 대한민국 최초의 초중고 AI 전문 교육서! 새로운 변화를 적극적으로 수용하는 학부모뿐만 아니라 교사·학생들도 반드시 읽어야 하는 의미 있는 책으로 적극 추천한다.

- 송자선 경기도 동국대학교사범대학부속영석고등학교 교감

이 책은 미래의 주역이 될 다음 세대를 통합적 역량을 가진 인재로 길러내는 방안을 다양한 측면에서 다루고 있다. AI 시대 학부모의 필수 지침서가 될 것이다.

- 김현준 서울당곡고등학교 교감

시기적절하게 이런 도서가 출간되어 기쁘다. 초중고 교사들의 연합 사례가 많지 않은 때에 협력과 소통의 본을 보이는 책으로 학교에서의 AI 활용을 학부모들이 이해하기 쉽게 설명되어 있다.

- 김민상 Microsoft Innovative Educator Expert,
Microsoft GTP 공인 인공지능 강사, 경희대학교 교육대학원 겸임교수

책 한 권을 쥐고 처음부터 끝까지 읽고 싶게 만든다. 21명 저자의 노련한 지식과 지혜가 잘 엮어져 있어, AI 시대를 누리며 살고 싶은 사람이면 누구든, 이 책을 읽어 보기 바란다.

- 이경희 경기도 응곡중학교 교감

한 편만 읽어도 AI에 관한 상식이나 지식을 듬뿍 얻어 자신감이 생기는 보기 드문 책이다. 읽어 갈수록 AI 세계의 깊이와 너비를 신나게 경험하게 될 것이다.

- 배윤근 서울창문여자고등학교 교장

사고의 전환에서 진로 준비까지, 신중하게 접근하여 시대를 대비하게 한다. AI를 향유하며 사는 노하우를 담은 책이다.

- 류창기 경기도 역동초등학교 교사, 교육부정책연구 공동연구원, 교육실천이음연구소 연구위원

AI 시대를 파악하기 위해 이토록 친절하게 풀어 쓴 이야기들은 없을 것 같다. AI와 미래 교육에 관한 정보를 편안하고 쉽게 접하는 경험을 제공해 준다.

- 김혜선 부산장안고등학교 교장

AI 시대에 아이들을 키우는 학부모에게 필수 서적이 될 것으로 기대한다. 특히 현직 초중고 AI 전문 교사들이 교실에서 학생을 지도하는 과정에서 느끼고 있는 가정과 학교와 사회의 정보문화 격차를 최소화하고, 4차 산업혁명 시대를 이끌어 나갈 자녀들을 제대로 키워나갈 힘을 길러주는 메시지가 될 것이다. 이 책을 통해 친근하면서도 낯선 AI 시대의 자녀교육에 대해 즐겁게 이해하는 기회가 되길 소망한다.

- 한수련 부산시교육청 디지털미래교육과 장학관

AI 시대! Z세대인 우리 아이들을 위해 어떤 시선과 준비가 필요한지, 자세하고 생생한 이야기들을 만날 수 있다. 편안하게 차 한 잔 마시며 읽다 보면 AI 시대의 자녀교육에 꼭 필요한 정보들을 통해 나와 내 아이의 역량을 키울 수 있을 것이다.

- 윤수경, 서울발산초등학교 수석교사, 서울초등기초학력연구회 회장

교육계에 AI 바람이 불고 있다. 그저 휩쓸려 가는 교육이 되지 않도록 예리한 성찰과 지혜를 담은 책이다. 우리의 자녀들이 미래 교육의 주도성을 가진 학습자가 되도록 AI를 어떻게 활용하며 지원해야 할지 제시하고 있다.

- 이종승 동아일보 기자

교육에 관심을 가지고 고민하는 사람이라면 누구든 읽어 보기를 권한다. 특히 AI 열풍 속에서 어떤 관점과 가치를 가지고 살아가야 할지 필요한 정보가 가득한 보물 창고 같은 책이다.

- 오정은 서울시교육청 연구사

예측하기 어려운 미래 사회에 대응하기 위해서 오늘의 가정과 교실에서는 변화가 필요합니다. 자녀들의 성향도 변하고 교육환경도 새롭게 변화하기에 이 책은 정말 부모와 교사 모두에게 유용한 나침반이 될 수 있으리라 기대한다.

- 진용성 경기도 평내초등학교 교사, 한국교육개발원 교육정책 자문위원

초중고 AI 전문 교사들이 집필한 이 책은 AI와 공존해야 하는 우리의 미래 세대를 위한 바이블과 같은 책이다. 이 책을 통해 디지털과 아날로그를 꿰뚫는 디지로그의 명품 인재들이 길러질 것이라 기대된다. IT 강국 대한민국의 미래에 다시 한번 청신호가 켜졌다!

- 이정민 한동대학교 입학처장

아이들에게 부모는 세상을 접하는 첫 번째 통로가 된다. AI 시대를 맞이하여 자녀에게 디지털 역량을 갖추게 하기 위해서는 부모의 학습이 너무나 중요하다. 자녀가 배워야 할 미래 교육의 내용에 대해 이해하고, 방법과 도구에 대해 이해해야 올바른 자녀교육이 가능하다. 이 책을 통해 자녀의 디지털 역량을 키울 수 있는 훌륭한 학부모님들이 되시기를 바란다.

- 정제영 이화여자대학교 교육학과 교수, 미래교육연구소장

CHAPTER 01 미래를 내다보는 뉴노멀 사고와 윤리 _ 9

틀을 벗어던져야, 미래 교육이 보인다 …… 하현진 10
AI 시대, 다름이 재능이다 …… 장보애 17
변화하는 시대, 교사로서 나를 돌아보다 …… 김진규 24
생각 공장과 AI 시대의 적정 온도 …… 함초롱 29
AI 윤리기준 이야기 …… 최현진 45

CHAPTER 02 시대를 대비하는 힘, 역량 _ 59

AI 시대에 꼭 필요한 디지털 리터러시 기르기 …… 김정아 60
AI 시대에도 인문학은 여전히 중요하다! …… 정재은 75
특이점의 시대! 문제는 문해력이다 …… 박희정 87
정보 교사 남편과 SW 개발자 아내는 아이를 어떻게 키울까? …… 이승엽 100
플로우(Flow)로 평생 배움을 위한 마음의 근육 만들기 …… 이정은 111

차 례

CHAPTER 03 AI 시대 맞춤형 자녀교육 코칭 _ 127

AI 시대에 앞서가는 부모의 소통 전략 ······ 김혜숙 128
우리 아이 AI 코스웨어 수업 대비하기 ······ 노지영 140
우리 아이와 함께하는 AI 놀이 ······ 이현정 161
AI로 예술 즐기기 ······ 김다희 171
생성형 AI, 부모가 먼저 알아야 할 8가지 팁 ······ 이보은 184
경험의 힘! 메이커교육으로 AI 시대에 살아남기 ······ 정한별 205

CHAPTER 04 AI 시대 본격적 진로 준비 _ 219

4차 산업혁명과 미래 직업 ······ 이지상 220
AI를 알고 나의 진로를 준비하자! ······ 박진우 237
AI 융합 진로탐색 전략 ······ 여경진 244
대학에서 원하는 AI 관련 고등학교 활동 ······ 윤영집 251
AI 관련 대학 학과 진학하기 ······ 임부현 264

CHAPTER

01

미래를 내다보는 뉴노멀 사고와 윤리

1. 틀을 벗어던져야, 미래 교육이 보인다 _ 하현진
2. AI 시대, 다름이 재능이다 _ 장보애
3. 변화하는 시대, 교사로서 나를 돌아보다 _ 김진규
4. 생각 공장과 AI 시대의 적정 온도 _ 함초롱
5. AI 윤리기준 이야기 _ 최현진

부모 세대가 전혀 경험해 보지 못했던 새로운 세상이 펼쳐지고 있습니다. 그 변화의 속도가 너무 빨라, 미래 사회의 변화된 모습을 감히 단언하기 어려울 정도입니다. 이러한 AI 시대를 살아갈 아이들에게 더욱 깨어 있는 안내자가 되기 위해 선행되어야 할 것은 무엇일까요? 먼저 부모가 기존에 가지고 있던 사고와 경험의 틀을 용기 있게 깨고, 시대 변화에 따른 뉴노멀(New Normal) 교육 철학과 기준을 세우는 것입니다. 이 책의 첫 번째 장에서는 아날로그 세대에 살아왔지만, 현재 AI 교육의 최전선에 서 있는 현직 교사들의 진솔한 이야기를 모았습니다. 먼저 우리나라 컴퓨터 교육의 지나온 역사를 살펴보며, 우리가 깨야 할 '사고의 틀'이 무엇인지 생각해 봅니다. 또한 '다양성'의 관점에서 현직 교사가 생각하는 뉴노멀 재능에 대해 알아보고, AI 시대를 누리는 모두가 숙지해야 하는 AI 윤리기준에 대한 정보를 제공합니다. 첫 번째 장의 내용을 통해 변화된 사회에 함께 공감하고, 새로운 사고의 틀로 이 책과 함께하게 되기를 바랍니다.

틀을 벗어던져야, 미래 교육이 보인다

하현진

과거로 거슬러 1990년대 중반, 운영체제 윈도우 95가 등장하여 본격적인 PC 시대로의 전환이 이뤄진 시점, 저는 학과 내 자율 동아리에서 컴퓨터 교육을 배우던 학생이었습니다. 정확히 말하면 컴퓨터 교육보다는 단순 컴퓨터 공부라고 하는 것이 맞을 듯합니다. 컴퓨터 교육이라는 말 자체도 생소하던 시절, "컴퓨터는 학원에서 배우는 거지."라는 개념이 상식으로 통했습니다. 『컴퓨터 일주일만 하면 전유성만큼 한다』라는 책이 사람들에게 OS의 개념, 폴더와 파일의 구분법 등을 알려주던 시절이었습니다. 이 책이 얼마 전 유튜브에서 우연히 본 썸네일에 '우리들의 선조들이 컴퓨터에 대해 공부한 책'으로 소개되는 것을 보면서 새삼 세월이 흘렀음을 느꼈습니다.

미래 교육을 이야기하는 마당에 왜 갑자기 과거를 소환할 걸까요? 저는 교사로서 처음부터 컴퓨터 교육으로 시작하여 우리나라 컴퓨터 교육의 지나온 역사를 너무나도 잘 알고 실제로 갖가지 컴퓨터 교육 정책들을 현장에 적용해 본 교사입니다. 이러한 경험을 가진 교사의 입장에서 과거를 돌아보면서 현재의 AI 교육, AI 디지털 코스웨어 적용 등으로 변해갈 교육환경에서 우리 아이들이 어떻게 공부해야 하고, 그리고 학부모들이 어떻게 이해하고 우리의 아이들을 도와주어야 할지에 대해 이야기해 보고자 합니다.

1 ICT 교육 들어봤어?

ICT 교육은 1990년대 후반 2000년대 초중반에 학교에서는 지금의 AI 교육만큼 많이 회자되었던 교육이었습니다. ICT란, 정보(Information), 통신(Communication),

기술(Technology)의 세 가지 단어를 합한 약자의 모음입니다. 즉 정보통신기술 교육을 일컫는 말이지요. 돌이켜보면 이즈음에 본격적으로 ADSL 등의 초고속 인터넷망이 가정으로 들어가기 시작하여 집에서도 초고속 인터넷으로 검색과 게임 등을 즐길 수 있게 되었습니다. 따라서 Communication은 현재의 '소통'의 의미가 아니라 실제 인터넷을 포함한 통신 기술 그 자체를 뜻하는 것이었습니다.

그리고 ICT 교육이 크게 ICT 소양 교육과 ICT 활용 교육으로 나누어졌습니다. 소양 교육은 정보통신기술 자체를 가르치고, 활용 교육은 정보통신기술을 활용하여 일반 교과수업을 진행하라는 것이었습니다. 하지만 지금처럼 PC가 널리 보급되어 있지 않았고, 통신망 또한 원활하지 않은 시점에서의 ICT 교육은 많은 어려움이 있었던 것이 사실이었습니다. 절대적으로 부족한 소프트웨어, 컴퓨터 자체가 신기한 아이들 등으로 인해 많은 선생님의 호응을 받기 어려웠고, 일부 컴도사라고 불리는 교사들만 하는 그런 어중간한 교육이 되어갔습니다. 하지만 이러한 ICT 교육 덕분에 우리나라가 정보통신기술의 강국이 된 것일지도 모릅니다. 그러나 컴퓨터 수업시간에 MS 파워포인트를 배우는 내용이 포함되어 있는 등 프로그램 매뉴얼만 못한 교육 내용으로 지식정보화 사회를 주도할 인재를 양성할 수 있었을까요? 그때 학부모들이 컴퓨터가 앞으로 유망하다면서 컴퓨터 학원에 많은 돈과 시간을 투자해 아이들을 보냈습니다. 하지만 교육 내용을 보면 '그림판' 활용, 이메일 보내기, 파워포인트 제작 등의 내용이 대부분이었습니다. 지금의 기준으로 생각하면 그 시절의 ICT 교육은 '소양 교육은 없는 활용 교육'이었습니다.

2 SW 교육의 시대로…. 그리고 AI 교육

그렇게 컴퓨터를 활용만 하던 교육은 스마트폰의 출시 이후 많은 변화가 일어납니다. 여기저기서 간단한 앱(App)을 만들어서 많은 돈을 벌었다는 소식도 접하고, 어느 고등학생이 공공데이터를 활용하여 버스 도착 알림 앱을 만들어 대학에 수시로 들어간 소식 등, 본격적으로 소프트웨어에 관심을 많이 가지게 된 시점에 교육현장에서도 SW 교육을 해야 한다는 주장이 힘을 얻기 시작합니다. 이에 중학 1학년부터는 정보 교과가 생기고, 초등 6학년 실과에 17차시분의 소프트웨어 교육 내용이 들어가게 되었습니다. 컴퓨터 교육을 전공한 많은 분들은 "이제야 제대로 교육하겠구나!"라며 환영하였습니다.

하지만 학생들에게 논리적인 사고를 가르치고 알고리즘을 가르쳐서 "창의적으로 문제를 해결할 수 있는 학생을 기르겠다."라는 이상적 포부는 곧 깨져버립니다. SW 교육 정책이 발표되자마자 생기는 사설학원에서의 코딩교육, 생소한 교육에서 느끼는 공포감을 이용한 마케팅들로 인해 SW 교육이 곧 코딩교육이 되고, 코딩을 잘해서 수시로 대학을 갈 수 있게 하고, 코드를 잘 짜는 개발자를 만드는 교육처럼 바뀌어 버렸습니다. 이때부터는 'SW 교육은 곧 코딩'이 되어버립니다. 글씨를 이쁘게 잘 쓴다고 해서 훌륭한 작가가 되는 것이 아니라는 것은 누구라도 아는 상식입니다. 마찬가지로 코딩을 잘한다고 해서 훌륭한 개발자가 되는 것이 아닙니다. 물론 SW 교육은 개발자를 양성하는 교육이 아닙니다. SW 교육은 컴퓨팅 사고력을 바탕으로 문제를 해결할 수 있는 능력을 기르고자 하는 것입니다. 학생들이 자유롭게 사고할 수 있고 어떤 분야를 가던 당면한 문제를 컴퓨터를 활용하여 해결할 수 있도록 하는 것입니다. 부디 SW 교육이 개발자가 되는 교육이라는 편견에서 벗어나시기를 바랍니다.

SW 교육이 시작되어 이제 자리를 잡아갈 무렵 알파고와 이세돌의 바둑대국에서 알파고가 승리하는 사건이 발생하게 됩니다. 이에 교육계에서 AI를 교육해야 한다는 말이 나오기 시작합니다. 2017년부터 나오기 시작했던 말은 2020년에 이르러 AI 교육 정책으로 등장합니다. 앞에서 한참 거론되었던 SW 교육이라는 말은 이제 AI 교육이라는 말로 대체됩니다. 가만히 보면 컴퓨터 교육의 역사가 참으로 유행에 민감한 듯합니다. 교육부에서는 AI 교육을 담당할 교사를 양성하기 위해 대학에 AI 학과를 만들게 하고 대학원에 교사들의 교육비를 지원하며 교사들을 양성합니다.

3 AI 디지털 코스웨어는 또 뭐야?

2010년 디지털 교과서 시범학교 참관 수업을 간 적이 있습니다. 교육부에서 야심차게 시작한 정책으로 많은 관심을 받던 시기였죠. 저도 상당한 기대를 안고 갔습니다. 연구과제 적용 교실에는 전자칠판이 설치되어 있고, 학생들은 그 당시에 고가였던 스위블 터치 노트북을 하나씩 가지고 수업에 참여하고 있었습니다. 당연히 무선 인터넷망도 깔려 있었습니다. 지금 기준으로 생각해도 최첨단이었죠. 국어 수업을 하고 있었는데, 담임 선생님이 "시를 읽고 자기 생각을 발표해 보자."라고 했습니다. 그 순간 아이들이 노트북에 중얼중얼 무언가를 말하더군요. 약 5분이 지난 후 선생님이 전자칠판에서 한 학생을 선택하니, 그 학생이 발표하는 음성이 재생되더군요. 이를 참관하던 많은 분들이 신기해 했지만 저는 그 순간, "왜?"라는 의문이 들었습니다. "그냥 발표하면 훨씬 시간도 줄이고, 효과는 더 좋을 듯한데…." 라는 생각을 지울 수 없었습니다. 말 그대로 보여주기 수업, 성과를 자랑하는 수업 그 이상도 그 이하도 아니었습니다. 그 후 디지털 교과서 사업은 '교육적 실효성 없음'으로 중단되었으나 최근 들어 AI 디지털 코스웨어라는 이름으로 다시 등장한 것을 알고 있습니다.

2025년부터 초등 3~4학년을 대상으로 AI 디지털 코스웨어를 도입하기 위해 많은 연구가 진행되고 있다고 합니다. AI 기술을 이용하여 학생들의 현재 학습상황과 성취도를 분석하고 맞춤형 과제를 제시하여 학습 부진을 해소해 나가며 교사에게도 학생에 대한 정보를 제공하여 현장에서 학생 맞춤형 피드백을 제공할 수 있게 하는 것이 큰 골자입니다. 이에 대해 여러 가지 기대와 우려가 있는 것으로 알고 있습니다. 아직 시작하지 않은 정책에 대해 예견할 수 없지만, 이전처럼 보여주기식이 아닌 본질에 집중하여 시행되었으면 하는 바람입니다.

4 틀을 깨려면 틀을 알아야 한다!

그렇다면 우리를 가두고 있는 틀은 무엇일까요? 아마도 가장 뿌리 깊은 틀은 바로 "공부에 도움이 되어야 한다."일 것입니다. 이는 학부모들이 가장 깨지 못하는 고정관념의 틀입니다. 이 틀 속의 공부는 당연히 대학 입시를 위한 공부, 즉 대학 입시에 도움이 되는 공부여야 한다는 것이죠. ICT 교육부터 이어져 온 컴퓨터 교육도 공부에 도움이 되어야 하고, 컴퓨터 수업을 받으면 좋은 대학에 갈 수 있는 것처럼 포장되기도 하였습니다. 교육 정책의 설정부터가 틀 속에 갇혀 이루어졌기 때문에 제대로 된 교육이 이루어질 수 없었습니다.

5 알파 세대의 등장과 미래 교육

호주 사회학자 마크 맥클린들(Mark McCrindle)은 MZ 세대에 이어 2010년대 이후에 태어난 아이들을 알파 세대(Generation Alpha)라는 용어로 일컬었습니다. 이 세대의 가장 큰 특징은 "인공지능(AI)과의 소통이 선천적이다."입니다. 어린 시절부터 AI와 소통하는 데 익숙해 다양한 AI 스피커와 교감하는 것이 가능하고 AI에 대한 거부감이 별로 없습니다. 그리고 어릴 때부터 유튜브, 로블록스 등의 플랫폼에 익숙해져 디지털 기기 활용 능력이 기본적으로 뛰어나고 디지털 기기에 대한 공포감이 없습니다.

현재 초등학생들은 모두 알파 세대입니다. 현재 우리 교실에는 학생들이 사용할 디지털 기기가 1인당 1대씩 배정되어 있습니다. 하지만 예전처럼 기기를 사용하는 방법을 가르친다고 시간을 들인 적은 없습니다. 프로젝트 위주로 과제를 주면 어떻게든 해내는 아이들을 보면서 사뭇 대단하다는 느낌을 받은 적도 많습니다. 오히려 요즘의 새로운 AI 기술로 이루어진 프로그램이나 에듀테크 도구들은 학생들과 같이 연구하고 시도한 적도 많습니다. 이제 더 이상 교사가 다 알고 가르치는 존재가 아닌 것입니다.

2024년부터 디지털 선도 학교를 중심으로 1인 1스마트 기기가 보급되는 '디벗' 사업이 본격적으로 시작된다고 합니다. 교실의 환경이 기존의 교육체제대로 이루어질 수 없음을 예견할 수 있습니다. 물론 일각에서는 과도한 디지털 노출이 학생들에게 악영향을 미칠 것이라고 우려하는 목소리가 있습니다. 당연합니다. 과한 것은 무엇이든 좋지 않습니다. 그리고 생성형 AI를 교육에 도입하면 학생들의 사고력이 현저히 떨어질 것이라는 우려도 있습니다. 그렇다면 앞으로의 미래 교육을 기존의 교육체제대로 운영해야 할까요? 이에 동의하는 사람은 없을 것입니다.

우리가 모두 이상적으로 생각하는 미래 교육은 어떠한 교육일까요? 필자가 생각하기에는 미래 교육은 과학 상상화 속의 교육이 아닙니다. 우리가 말하는 미래 교육은 이미 현재의 교육입니다. 당장 오늘의 교육, 내일의 교육인 것입니다. 먼 미래를 예견하고 펼치고자 준비하는 것이 아니라, 지금 당장 우리가 할 수 있는 것을 해야 한다는 것입니다. 아날로그 방식으로 하면 효과적인 내용들은 아날로그적으로 하고 AI를 활용하면 효과적인 것은 디지털적으로 적용해 가며 교육의 방법을 개척해 나가야 합니다. 이러한 것들이 모두 모여서 미래 교육을 형성해 간다고 생각합니다.

6 틀을 벗어던져야 미래 교육이 보인다

“틀을 벗어던져라.”라는 말은 여러 분야에서 많이 언급됩니다. 앞에서 언급했듯이 컴퓨터 교육, AI 교육들이 ‘공부에 도움이 되어야 한다.’라는 고정관념에서 벗어나기 위해 어떠한 노력을 해야 할까요?

얼마 전 미디어에서 AI 인재를 양성하기 위해 AI 학과를 만드는 나라는 우리나라밖에 없다는 비판적인 뉴스를 본 적이 있습니다. 뉴스의 논지는 기초과학, 기초 인문학 등의 다양한 분야의 인재들이 모여서 협업을 해야 기술이 발전될 수 있다는 것이었습니다. 컴퓨터 소프트웨어 개발자들만이 모여서 뚝딱 만들어 내기에는 어려움이 크다는 것이죠. 그래서 더욱더 중요한 것이 협력하고 소통하여야 한다는 것입니다. 소통의 기본은 남의 의견과 생각을 수용하는 것입니다. 다른 사람의 생각을 받아들일 수 있는 아이들로 만들어야 합니다. 요즘 저출산으로 인해 각 가정에서 아이들은 아주 귀한 존재입니다. 자녀가 1명인 경우도 많습니다. 그래서 언젠가부터 아이들의 말에서 우리라는 말이 사라진 지 오래이며, ‘내 엄마’, ‘내 아빠’와 같이 부릅니다. 이러한 아이들이 소통의 의미를 배우지 못한다면 그들은 앞으로의 미래 사회를 살아가기 힘들어질 수밖에 없습니다.

이제는 많은 정보가 공개되어 있습니다. 얼마나 많은 정보와 지식을 내 머릿속에 기억하고 있느냐는 중요치 않습니다. 그럼 무엇이 중요할까요? 어디에 무슨 정보가 있고, 그 정보들을 활용하여 새로운 가치를 만들어 낼 수 있는 사람이냐가 중요합니다. 더 이상 지식의 독점 시대가 아닙니다. 미래 사회는 많은 부분이 갖추어진 사회일 것입니다. 그 갖추어진 인프라를 활용하여 새로운 플랫폼을 구성할 수 있는 사람으로 키워야 할 것입니다.

우리는 모두 현재를 살면서 미래로 나아갑니다. 당장 지금 1초 후가 미래입니다. 우리 아이들은 잠재력이 풍부하고 이미 그 미래를 살아갈 준비가 되어 있습니다. 하지만 우리 어른들이 미리 걱정하고 과거에서 빠져나오지 못한 구태함으로 우리 아이들을 과거의 틀 속에 가두어두지 않았나 반성해 봅니다.

우리 아이들을 궁금하게 합시다. 너무 많은 사교육과 학습량으로 아이들이 더 이상 궁금해하지 않습니다. 10대에 췌장암 진단키트를 만든 잭 안드라카는 “나의 성공은 인터넷에 모든 것이 있다는 것을 발견한 것이다.”라고 했습니다. 잭 안드라카의 호기심과 추진력이 성과를 이뤄낸 것입니다. 아이들이 공부하게 하고 싶다면 궁금하게 해야 합니다. 너무 많은 것을 알려주는 것은 오히려 공부의 재미를 반감시킵니다. "적게 가르칠수록 많이 배운다."라는 교육 격언을 다시 한번 곱씹어봐야겠습니다.

미래 교육은 단순히 내용과 방법만 변화시키기 위함이 아닌 사회 전반에 긍정적인 변화를 가져올 수 있는 잠재력을 가지고 있습니다. 새로운 접근 방식에 대한 도전과 실험이 필요하지만, 우리가 틀에 갇혀 있다면 교육의 효과는 전혀 없을 것입니다. 사람은 본능적으로 안정감을 추구합니다. 틀 속에 있으면 안정감이 들지요. 하지만 이제 너무 많이 변했고, 너무 빨리 변화할 미래를 살아갈 아이들에게는 과감히 틀을 벗어던져야 합니다. 우리 아이들의 능력을 믿고, 기다려 줄 수 있는 부모가 된다면 우리 아이들은 더 창의적이고 소통 가능한 사람으로 성장해 나갈 것입니다.

모두 틀을 벗어던질 용기를 냅시다.

하 현 진

- 서울은진초등학교 교사
- 서울특별시교육청 SW · AI 컨설팅 장학요원
- 교육부 T.O.U.C.H 교사
- 전문 분야: 초등 SW · AI 교육, 앱프로그래밍, 디지털 리터러시, 컴퓨터사이언스

AI 시대, 다름이 재능이다

장보애

요즘 학교에서는 팀 프로젝트 또는 조별 과제가 많습니다. 이는 혼자 해결할 수 없는 복잡한 문제가 많은 현대 사회의 인재 요소로 협력과 소통이 중요해졌기 때문이라고 할 수 있습니다. 고등학교에서는 교과별로 수업이나 수행평가에서 팀을 구성하여 팀별로 진행하는 과제가 많은데, 팀 프로젝트나 조별 과제를 수행할 때 활동에 임하는 학생들의 태도에 대해 살펴보고 AI 시대에 어떤 자질과 태도가 필요한지 제안하고자 합니다.

1 팀 프로젝트가 주는 기회

팀 프로젝트나 조별 과제에서는 결과물을 우수하게 해내는 것도 중요하지만, 서로에 대해 알아가고 서로 다른 의견을 조율하며 소통하는 법을 배우고, 하나의 팀이 되어 모두가 참여하는 결과물을 만들어 내는 경험 또한 중요합니다. 즉, 팀 프로젝트는 서로 다른 학생들이 모여서 한 팀이라는 공동체를 구성하고, 하나의 목표를 이루기 위해 소통과 협력을 경험하는 수업입니다. 진로선택 과목의 경우, 상대 평가가 아닌 절대 평가로 성적을 산출하기에 성적에 대한 부담이 적으므로 다양한 팀 프로젝트의 기회를 마련하고 있습니다. 그런데 팀 프로젝트 수업 중 팀장을 맡은 학생이 과제를 제출하면서 무임승차하는 학생을 고발하는 경우가 종종 있습니다. "조별 과제에서 자신이 거의 대부분을 했고 누구누구는 아무것도 하지 않았는데 무임승차한 그 학생들이 열심히 노력한 자신과 같은 점수를 받는 것은 부당하다."라고 항의를 하는 것입니다. 그런 얘기를 들으면 교사로서 안타까운 마음이 듭니다. 조별 과제나 팀 프로젝트의 과정에는 관심이 적고 결과물에만 몰두하고 있기 때문입니다.

이 학생은 팀원들과 한 팀이 되지 못했다고 볼 수 있습니다. 결과물을 완성하여 제출하는 것이 목표이고, 그 과정에서 팀원들과 의견을 나누고 소통하는 수고는 번거롭게 여기는 것입니다. 즉, 효율이 떨어진다고 생각하는 것입니다. '한 팀'의 의미를 잘 알지 못하고, 팀원들과 함께 하는 것의 가치도 모르는 것입니다. 혼자 힘으로도 할 수 있는 과제이기에 자신의 생각대로 움직여주지 않는 학생들과 함께 무엇을 도모하는 것이 시간 낭비라는 생각으로, 또는 혼자서도 잘할 수 있다는 자신감으로 과제를 혼자 해내는 것을 선택한 것입니다. 내심 우월감을 드러내고 싶은 마음도 있지 않았을까요? 그랬기에 자신의 결과를 무임승차한 팀원들과 나누는 것이 손해 보는 것으로 느껴져 억울한 마음이 생긴 것입니다. 그럴 수 있습니다. 하지만 그 상황을 보며 안타까움을 느끼게 되는 것은 그 학생의 우수함을 몰라서가 아니라 그 학생이 팀원들과 협력하여 과제를 완수하는 방법을 배우지 못한 것에 대한 아쉬움 때문입니다. 팀원들이 아무도 하지 않겠다고 억지를 부려 어쩔 수 없이 혼자 과제를 수행하는 경우, 억울할 수 있습니다. 정의감으로 고발할 수도 있습니다. 하지만 어떤 경우에라도 그 어려운 상황을 극복하고 한 팀을 이루어내는 역량을 키우길 바랐기에 교사로서 아쉬움과 안타까움을 느끼게 됩니다. 어렵기에 해냈을 때 한층 더 성장하고 더 높은 평가를 받게 되는 것입니다.

2 숨어 있는 교육과정

뛰어난 리더십을 보여 준 학생 A를 소개합니다. 팀 프로젝트에서 팀원들의 학원 시간 때문에 전체 모임 시간을 맞추기가 어렵고, 팀 활동에 비협조적인 팀원들이 있어 팀 과제를 수행하기 힘든 상황을 맞이한 팀이 있었습니다. 그런데 그 팀의 팀장인 A는 '팀으로서 함께 하는 것이 중요하다.'라는 생각으로, 팀원들을 일일이 개인적으로 만나 그들의 상황을 파악하고 적절하게 역할을 배분하였습니다. 또 능력이 부족한 팀원의 경우에는 팀원을 살펴 그 팀원이 기여할 수 있도록 준비 작업을 도와주거나 필요한 자료들을 찾아서 제공하며 팀원이 역할을 완수할 수 있도록 도와주었습니다. 물론 자신이 좀 더 많은 부분을 맡아서 해결했습니다. A는 동료 평가 때 팀원들의 장점을 찾아서 칭찬하였고, "팀원들 덕분에 팀 산출물이 좀 더 완성도 있게 작성되었다."라고 말하며 오히려 팀원들로부터 도움을 받았다고 했습니다. A는 팀 프로젝트 진행 과정의 어려움이 무엇이었고 또 어떻게 해결했는지를 자세하게 소감문에 작성하였습니다. 그리고 그 과정을 통해 '한 팀'이 된다는 것의 의미를 깨달을 수 있었고, 팀원들에게서 "팀에 기여할 수 있도록 도와줘서 고마웠어." 라는 인사를 들었을 때 보람을 느꼈다고도 했습니다. 팀원들이 도움받은 내용과 고마움을 동료평가서에 세세하게 기록하였기에 A의 보고서 내용이 사실이라는 것도 확인할 수 있었습니다. 힘들었지만 A는 협력해야 하는 상황에서의 리더십을 제대로 경험하고 배운 것입니다. A는 팀장으로 좀 더 수고하고 노력한 것에 대한 보상을 성적으로만 받은 것이 아니라 리더십의 경험으로도 받은 것입니다. 즉, 이러한 경험 자체가 자신을 성장하게 하고 또한 자신의 태도로 익혀지게 되니 남들이 얻지 못한 것을 얻은 것입니다.

'한 팀'의 의미를 강조하며, 의사소통을 통해 협력하는 과정을 경험하며 과제를 마치고 나면, 팀장뿐 아니라 팀원들도 자신의 역할과 수행한 결과에 대해 보람을 느낍니다. 자신도 팀에 기여하였기에 팀의 산출물을 자신의 결과물로 즐길 수 있게 된 것입니다. 이러한 경험에 의해 팀원들도 성장합니다. 먼저, 팀 활동에 호감을 가지게 되고, 가능한 자신의 역할을 찾아서 참여하려는 적극적인 태도를 갖게 됩니다. 팀 활동이 활발하게 진행되고 좀 더 다양한 역량을 경험하며 변화하고 성장하게 됩니다.

위의 예시와 달리 팀 분위기가 좋고 수용적이면, 팀 전체 회의에서 팀원이 자신의 상황을 편안하게 얘기하며 도움을 요청할 수 있습니다. '한 팀'으로 과제를 수행하는 것에 우선 가치를 부여하기로 모두 동의한다면, 관심과 역량에 따라 역할과 과제 분량을 조율하여 적절하게 분담하게 됩니다. 가장 좋은 팀워크의 예라고 할 수 있습니다. 1/n로 균등하게 과제를 나누는 것이 좋은 팀워크가 아닙니다. 역량에 따라 역할과 과제 분량을 적절하게 조절하여 낙오하는 팀원이 없이 모두가 참여하고 기여하여 과제를 완수하는 것, 그렇게 '한 팀'이 되어 보는 것, 그것이 팀 활동에서 경험해야 하는 것입니다. 이처럼 '한 팀'이 되기 위한 노력과 경험은 객관적인 측정값으로 점수화되지 않기에 '숨어 있는 교육과정'이라고 이름 붙일 수 있습니다.

3 다름이 재능이다!

팀원들이 자신의 역할을 찾아 모두 적극적으로 팀 과제에 기여하려 한다면 그 팀의 산출물은 점점 멋지게 발전할 것입니다. 팀원들이 서로를 수용하는 분위기에서 자연스럽고 편안하게 팀 활동에 참여할 수 있게 된다면 그 팀의 결과물은 개성 넘치는 특별한 산출물로 나타날 것임에 틀림없습니다. 왜냐하면 누구든지 '나'라는 사람은 세상에 단 하나뿐인 존재이기 때문입니다. 관점과 사고와 관심 등이 동일한 존재는 없다는 것입니다. 그러므로 팀 활동에 자연스럽게 '나 자신'으로 참여할 수 있게 되는 순간, 나의 관점과 사고, 관심 등이 작동하여 아이디어를 내거나 의견을 말하기에 남다른 것을 제공할 수 있게 됩니다. 서로 다른 관점으로 볼 수 있다는 것은 다양한 관점을 제공하여 더 좋은 답을 찾을 가능성을 높여 줍니다. 내가 보지 못한 오류를 찾아 실수를 줄이기도 하고 또 더 나은 해결책을 가져오는 관점 전환을 제시하기도 합니다. 팀에는 '서로 다름'이 존재해야 합니다. 모두 동일하기를 원하는 것은 협력하여 해답을 찾는 태도가 아니라 오직 하나의 정답을 찾는 옛 방식입니다. AI 시대에 문제를 해결한다는 것은 정해져 있는 단 하나의 정답을 찾는 행위가 아니라 복잡한 문제를 잘 이해하고 분석하여 가장 적합하고 적절한 해답을 찾는 활동입니다. 즉, 단 하나의 정답이 아니라 다양한 답들 중에서 가장 적합하고 효과적이고 효율적인 해답을 찾는 것입니다. 그렇기에 서로 다름을 수용하는 팀에서 가장 오류가 적은 효과적인 해답을 찾을 가능성이 커지는 것입니다.

학생들이 학교 현장을 떠나 사회 생활을 하게 되는 것을 고려하면, 정해진 하나의 답보다 상황에 잘 맞고 적절하며 가장 효과적인 답을 찾는 능력을 갖추는 것이 학생들에게 더 도움이 될 것입니다. 다양한 관점을 가진 사람들과 '한 팀'이 되어 멋진 해답을 찾는 경험을 함으로써 그 능력을 키울 수 있습니다. 그러므로 팀을 구성할 때는 자신과 잘 맞고 생각이 일치하는 팀원들로만 구성할 것이 아니라 자신과 다른 생각을 가져서 가끔 당황하게 하는 팀원들도 함께 모아 팀을 구성해 볼 것을 권합니다. 서로 다른 생각으로 인해 산출물을 얻기까지의 과정이 불편할 수 있지만 서로의 생각과 의견에 대해 수용하고 함께 소통하며 진행해 나간다면 분명 팀의 특색을 선명하게 드러낼 수 있는 남다른 산출물을 얻을 수 있을 것입니다. 팀원들의 그 다름이 자유롭고 생동감 있게 팀에 기여하도록 수용해 준다면 분명 다른 팀과 색다르며 좀 더 완성도 높은 산출물을 얻을 수 있을 것입니다.

이와 같이 우리의 다름이 각 사람의 재능이고, 우리는 그 다름의 재능으로 이 사회의 필요를 채우며 공동체에 기여하는 삶을 살아갑니다. “우리의 다름이 재능이다.”라는 생각을 확고히 가지고 그 다름에 의미와 가치를 부여할 필요가 있습니다. 그 다름이 긍정적이고 효과적으로 드러날 수 있도록 수용적이며 허용적인 분위기를 만들어가는 것, 그래서 각 팀원들의 다름이 생동감 있게 드러날 수 있도록 하는 것, 그리고 그 다름에 대해 토의하며 효과적으로 잘 어우러지게 활동하는 것, 이를 잘 이끌어내는 것이 AI 시대의 리더십이라 할 수 있습니다. 리더십과 더불어 팔로워십도 중요합니다. 다른 사람의 의견을 존중하고 수용하는 태도가 익혀지지 않는 팀원이 섞여 있게 되면 그 다름으로 인해 충돌과 다툼이 일어나 팀 분위기와 결과물에 해를 끼치게 됩니다. 재능인 다름이 재능으로 작용하지 못하고 약점으로 작용하게 되는 것입니다. 팀원들도 서로의 다름을 수용하고 타인의 의견을 받아들여 자신의 생각에 적용하며 소통하는 것을 팔로워십으로 잘 배우고 익히는 것이 필요합니다. 이것은 나와 다른 사람들을 만나 협력하기 위해 소통하는 과정을 통해 배울 수 있습니다. 그러므로 팀 활동에 적극 참여하여 다름이 재능으로 발현되는 것을 자주 경험하고, 서로의 다름을 활용하는 법을 익히는 것이 실로 중요하다고 할 수 있습니다.

숨어 있는 교육과정에 대한 평가는 점수로 나타나는 것이 아니라 학교생활기록부에 특기사항 기록으로 나타납니다. 학생들의 소감문과 동료평가, 수행 중 관찰한 내용 등을 바탕으로 각 교사들이 학생의 활동 내용과 평가를 기록하는 것입니다. 학생부 종합 전형에서는 이러한 활동 과정과 그 과정에서 배우고 느낀 점들에 주목하여 학생을 선발합니다. 이런 경험의 의미와 가치를 알기 때문입니다. 다른 사람의 말을 정확하게 듣고 서로의 다름을 수용하며, 또 자신의 생각을 제대로 표현하며 소통할 수 있는 능력은 AI 시대에 복잡한 과제를 해결함에 있어 꼭 필요하고 중요한 역량입니다.

학생들에게 부탁합니다. 시간을 아끼고 싶은 마음에 함께 하는 것보다 혼자 하는 것을 택하지 않기를 바랍니다. 협력하는 방법과 탁월한 리더십을 익히는 것은 단순히 말이나 글로 배울 수 있는 것이 아닙니다. 시간을 들여 자신이 스스로 협력하는 과정을 경험해 보아야 배울 수 있는 것입니다. 상대에 대해 파악하고 나 자신에 대해 성찰할 수 있는 기회를 만날 수 있으니 성적으로 나타나지 않는다 하여 회피하지 않기를 바랍니다. 상대의 욕구를 읽을 수 있고 나의 욕구와 상충될 때 대화를 통해 조정하는 방법을 깨닫고 익히는 것은 앞으로의 삶에 있어 아주 중요한 배움임을 기억하기를 바랍니다.

4 자녀들에게 성공 경험 선물하기

희망하는 동아리에 가입하고도 활동에 잘 참여하지 않는 학생에게 이유를 물어보면 "학교 동아리 활동이나 팀 활동에 정성을 들이는 것은 시간 낭비라며 부모님이 모임 참여를 허락해 주시지 않는다."라고 말하는 경우가 많습니다. 그런 학생은 우수 동아리에 선발되고도 동아리 활동을 통해 배울 수 있는 자율성과 리더십, 자주성 등을 경험하지 못합니다. 고등학교의 경우, 우수 동아리는 대부분 선배들의 활동 내용이 좋고, 임원들이 스스로 계획하고 이끌어가는 경우가 많아 그 공동체의 주인이 되어 보는 자주적인 태도를 익히게 됩니다. 후배들을 지도하며 리더십도 경험하고 의사소통능력도 몸으로 익히게 됩니다. 동아리 활동은 단순하게 지식만 배우는 장이 아닙니다. 학교생활기록부에 동아리 이름을 기록하는 것으로 그 값을 다 하는 것도 아닙니다. 함께 어우러져 자율적으로 과제를 만들고 과제를 해내는 경험을 하는 특별한 장입니다. 자신이 원하는 것을 시도하고 작은 성공을 경험할 수 있는 장입니다. 도산 안창호 선생은 "참여하는 사람은 주인이요, 그렇지 않은 사람은 손님이다."라며 '주인정신'을 강조하였습니다. 동아리의 손님으로 지내면서는 주인의식을 경험할 수도 없고 주인의 자격을 갖출 수도 없습니다. 동아리 활동에 대충 참여하는 학생들은 결국 동아리의 이름만 얻을 뿐 동아리를 통해 자신을 성장시킬 수 있는 기회는 잃게 됩니다. 책상 앞에 앉아서 문제풀이를 하는 것만이 학습이 아닙니다. 정작 자녀를 성장시키고 큰 사람으로 키우는 것은 자신이 속한 공동체에서 또래들과 함께 문제를 해결하는 경험입니다.

학급에서의 조별 과제나 각종 팀 프로젝트, 그리고 학급 활동 및 동아리 활동 등 함께 모여 의사소통하며 과제를 해결해 나가는 활동들에 주목하시길 바랍니다. 그리고 그것을 통해 자녀가 성장하고 성숙한 성품으로 자라갈 수 있도록 적극 응원하고 지지해 주시길 바랍니다. 하고 싶은 것이 있는 자녀들에게는 그것을 할 수 있는 길을 열어 주고 작은 것이라도 스스로 해냈다는 성공 경험을 할 수 있도록 시간을 선물해 주시길 바랍니다. 그 성공 경험으로 인해 자녀는 자신이 원하는 것이 무엇인지를 알게 되고, 또 스스로 해낼 수 있다는 자신감도 갖게 되고, 큰일도 도전하고 해내는 사람으로 단단하게 자라갈 것입니다.

서로 다름의 의미와 가치를 아는 자녀로 키운다면 그 자녀는 세상에 없던 새로운 것을 만드는 멋진 능력을 갖게 될 것입니다. 학생들이 우리 사회를 살기 좋은 공동체로 만드는 데 기여할 수 있도록, 또 큰 꿈과 비전을 안고 자라가도록 부모님들께서 먼저 격려하고 지지하며 응원해 주시길 바랍니다.

장 보 애

- 서울풍문고등학교 강사
- 서울특별시교육청 AI연구회 회원
- 딥마인드 연구소 대표
- 전문 분야: 대입 진로 진학, 과학영재교육, 창업교육, 학습 코칭

변화하는 시대, 교사로서 나를 돌아보다

김진규

1 학생들을 바라보는 시각

"대학 안 갈 거야?"

"……"

"너 고3이야! 야자도 안 하고, 애들 얘기 들어보면 PC방만 간다는데. 어쩌려고 그러니?"

"……"

"OO아, 나중에 너 공부하고 싶어도 머리 굳으면 공부 못해. 할 수 있을 때 하자."

"선생님, 나중에 손 굳으면 게임하고 싶어도 못해요…."

여러 개인방송에 출연하고 프로게이머들과 함께 게임을 할 만큼 게임을 잘했던 제자가 있었습니다. 이 녀석을 만난 건, 먼 길을 돌아 남들보다 늦게 교직에 들어온 후 교직 5년차, 담임 4년차(고3 담임 2년차)였던 2013년이었습니다. 저희 반에는 '롤(LOL, League of Legend)'이라는 게임을 잘하는 학생들이 있었습니다. 그중 위에서 언급한 한 명은 그 당시 기준 상위 50명에게만 부여되는 챌린저였습니다. (롤은 챌린저－다이아－플래티넘－골드－실버－브론즈－아이언으로 티어(등급)를 나눕니다. 요즘은 그랜드마스터－마스터가 추가되었다고 합니다.)

하지만, 그때의 저는 그게 의미하는 것이 무엇인지 정확하게 알지 못했습니다. 상위 0.002% 정도의 성적을 내는 게임을 좋아하는 학생을 단지 공부는 안하고 게임만 하려 하는 철부지 고3으로만 보았으니까요. 공부가 전부는 아닌데 10년 전의 초짜 교사인 저는 학생들을 하나의 기준으로만 바라보는 우를 범하고 있었습니다.

녀석이 졸업한 지 10년이 다 되어가는 지금까지도 가장 아쉽고 후회가 되는 순간을 꼽으라면 2013년, 이때가 떠오릅니다.

2 이삼십 년 전의 나

필자는 학창시절 나름 모범적인 생활을 하는 학생이었습니다. 학교, 집, 학교, 집… 가끔 친구들과 공을 차고 집에 늦게 들어가기는 했어도 주변에 큰 걱정 끼쳐 드리지 않는 학생으로 12년의 정규 교육과정을 무사히 마치고 졸업을 했고, 건축학과로 대학 진학을 했습니다. 학창시절 내가 무엇을 좋아하는지 무엇을 잘할 수 있는지에 대한 진로탐색 시간이 부족한 상태에서 그냥 무작정 공부만 했고, 나의 미래에 대해 큰 고민을 하지 않은 상황에서 제 주변에서 자주 접할 수 있었던 건축 분야로 진로를 결정했습니다.

수능 성적에 맞춰 집에서 가까운 대학을 선택하여 즐거운 대학 생활을 시작했습니다. 그렇게 시작한 대학 생활은 무척이나 자유로웠습니다. 고등학교 때는 꿈도 꾸지 못했을 땡땡이를 경험해 보고, 학교에 가면 수업을 듣기 위해 강의실을 찾기보다는 친구들과 어울리며 당구장에서 대부분의 시간을 보냈습니다. 하루이틀도 아니고, 1년을 아무 생각 없이 놀았더니 결과는 뻔했습니다. 학사경고…. 갑작스레 주어진 자유에 통제력을 잃은 듯했고, 혼자 힘으로는 방황하는 제 생활을 쉽게 해결할 수 없을 것 같았습니다. 그래서 정신을 차려야겠다는 생각으로 군대를 지원했고, 26개월 동안 나름 힘든 조직 생활을 하며 스스로를 제어하는 방법을 배웠습니다. 전역 후 다양한 아르바이트를 하며 10개월을 더 보내며 복학을 준비했습니다.

새로운 마음으로 잘할 수 있을 것이란 기대를 가진 채 복학했지만 한 달쯤 지났을까요? 전 자퇴를 했습니다. 복학 후 학교 생활을 하며 깨달을 수 있었습니다. 제가 정신을 차리지 못해 학업에 집중하지 못했던 것이 아니라 건축이 제가 평생 가야 할 길이 아니라는 것을…. 그제서야 제 미래에 대해 진지하게 고민하게 되었습니다. '앞으로 난 무엇을 해야 할까?'

3 내 인생의 방향성을 제시해 주신 은사님

우연히 고등학교 졸업 때 받은 교지를 보게 되었습니다. 거기에는 학창시절 친구들의 사진, 이야기 등이 있었습니다. 특히 각 반의 반장들이 학급의 모든 아이들을 표현한 글이 있었는데, 우리 반의 반장은 저를 이렇게 표현하고 있었습니다. "차상철 선생님의 사랑을 독차지하는 김진규"

제 인생의 방향이 결정된 순간이었습니다. 갑자기 고등학교 때가 떠올랐습니다. 제 기억에는 수학을 못했던 적이 없었고, 모르는 문제를 질문하는 친구들에게 설명도 해주면서 재밌게 공부했던 것이 기억이 났습니다. 수학 시간마다 절 아껴주시던 선생님의 모습도 떠올랐고 저도 학생들을 가르치는 선생님이 되고 싶다는 생각을 했습니다.

결국 다시 수능을 준비하여 사범대학으로 새롭게 진학했고 현재의 제가 되었습니다. 또래 친구들보다 먼 길을 돌아왔다는 점이 아쉽기도 했지만, 다행이다 싶었습니다. 제가 하고 싶은 일을 할 수 있고, 제 경험을 바탕으로 제자들에게 도움이 되는 이야기를 해줄 수 있어서 감사했습니다. 우연한 기회에 알게 된 은사님의 사랑, 이를 기록으로 남겨준 반장, 교지를 찾아보게 된 상황까지, 이 모든 것들이 저를 위해 잘 준비된 각본처럼 너무 감사한 일들이었습니다.

4 변화된 시선

제가 근무하는 학교는 자사고로 대부분의 아이들이 대학에 진학하기 위해 지원을 해서 들어옵니다. 현재는 아니지만 중학교 성적 상위 50% 이내 학생들만 지원할 수 있었던 때도 있었습니다. 대부분은 상위권 대학으로의 진학을 꿈꾸는 학생들이라 이러한 학생들을 보면서 제가 할 수 있는 일은 아이들이 저처럼 먼 길을 돌아가지 않고, 원하는 진로를 향해 바로 나아갈 수 있도록 돕는 것이라 생각했습니다. 그리고 성적을 올리는 것만이 아이들에게 가장 도움이 된다고 생각했습니다.

지금의 저라면 이 글의 첫 부분에 나오는 대화와는 전혀 다른 얘기를 해줄 수 있었을 텐데, 너무 아쉽고 미안합니다. 상위 50명에게만 주어지는 챌린저라는 티어는 아무나 가질 수 있는 것이 아니었고, 초록창에 그 녀석의 아이디를 검색해 보면 두 글자만 쳐도 나머지 글자가 자동완성될 정도의 뛰어난 실력을 지닌 뛰어난 게이머였습니다. 그때, 프로게이머로 성장할 수 있도록 한마디의 응원만 해줄 수 있었더라면 아마 그 아이는 자신이 원하는 일을 즐겁게 하면서도 큰 성공을 거두지 않았을까요. 그런데 그때의 저는 게임보다는 공부만이 학생들에게 도움이 될 수 있다는 잘못된 오해를 하고 있었으니. 재능이 많았던 아이에게 학업만을 강조할 것이 아니라 재능을 살릴 수 있는 조언을 해주었더라면 어땠을까요?

저희 반에는 그 아이만큼은 아니지만 게임을 잘하는 친구가 한 명 더 있었습니다. 그 친구는 고등학교 졸업 후 대학에 진학하였고 나중에는 프로게이머가 되어 중국 게임단을 거쳐 국내 프로게임단으로 돌아와 선수 생활을 이어갔습니다.

요즘은 프로게이머가 되길 희망하는 학생들도 많고, 유명한 프로게이머는 사회적으로도 상당한 영향력이 있습니다. 나름 진로에 대한 중요성을 알고 학생들을 위해 지도를 이어간다고 생각했지만 변화하는 사회를 제대로 알지 못하고 예측하지 못했던 부족한 제가 저지른 실수였습니다.

그래서, 이제는 학생들에게 학업 성적만을 강조하지는 않습니다. 물론 대학 진학을 희망하는 학생들에게는 성적이 중요하고 이를 위해 어떻게 공부해야 할지 도움을 주고 있지만, 또 다른 꿈을 꾸는 학생들에게는 그에 맞는 적절한 방법을 함께 고민하고 공감해 주려 노력하고 있습니다. 제가 모든 분야에 대해 잘 알 수는 없지만 이전과는 달라진 시선의 변화는 저를 만나는 모든 학생들에게 작게나마 긍정적인 영향력을 미치고 있을 것이라 확신합니다.

5 이제부터

두 번 다시는 같은 실수를 반복하고 싶지 않습니다. 인공지능이라는 거대한 변화가 우리 삶 속에 들어와 있는 요즘, 앞으로 얼마나 큰 변화가 찾아올지는 아무도 정확하게 알기 어렵습니다. 교육에서도 인공지능을 적용할 수 있는 다양한 수업 모형과 수업 도구가 쏟아져 나오고 있지만, 지금 눈앞의 변화에 맞추어 변화하는 것이 장기적으로 보면 옳은 변화인지 알 수 없습니다.

그럼에도 제가 할 수 있는 일은, 수학을 힘들어하는 많은 아이들에게 조금이나마 수학의 효용성을 느끼고 관심을 가지게 하는 것, 이를 활용해 각자의 진로에 도움이 되는 활동을 함께 하는 것. 또한 학생들과 인공지능을 이해하는 데 필요한 수업을 구성하고 활용하는 능력을 길러주는 것.

쉽지 않지만 학생들을 지도하기 위해서는 교사가 먼저 많은 공부를 해야 합니다. '청출어람(青出於藍)'이라는 말이 있긴 하지만 실제로는 대부분의 학생들이 교사가 안내해 주는 범위 안에서 성장합니다. 변화하는 속도에 뒤처지지 않고 잘 따라가는 것도 좋겠지만 결국 제자들을 위해 현재 기준이 아니라 내가 알지 못하는 미지의 삶을 살아가야 하는 당사자들의 목소리에 귀를 기울이고, 함께 고민해 주는 것. 내가 정한 답을 강요하는 것이 아니라 함께 답을 찾아가는 것.

존 듀이가 이런 말을 했다고 합니다.

> "If we teach today's students as we taught yesterday's, we rob them of tomorrow."
>
> (만약 우리가 오늘날의 학생들을 어제의 학생들처럼 가르친다면, 우리는 그들의 내일을 빼앗는 것이다.)

인공지능 시대에도 여전히 우리에게 필요한 것은 제자들의 미래를 강탈하지 않는 열린 생각을 가진 스승, 세월이 지난 후에도 많은 제자들이 다시 찾아주는 선생님이 아닐까 싶습니다.

부족하지만 제자들에게 오랫동안 기억되는 선생님이 되기 위해 오늘도 제가 할 수 있는 최선을 다해보고자 합니다!

김 진 규

- 서울신일고등학교 교사
- 성균관대학교 교육대학원 인공지능융합교육학과 석사
- AIEDAP(아이에답) 리더 교원
- 전문 분야: 생성형 AI, AI 수학, 영재교육, 다양한 큐브

생각 공장과 AI 시대의 적정 온도

함초롱

1 사람 냄새

사람 냄새가 나 이 복잡한 세상 넌
마치 때 타지 않은 자연산

사람 냄새가 나서 니가 너무 좋아져
어설픈 외모가 왠지 더 끌려 난
우물쭈물 하다가 너를 놓칠까 봐
난 미칠 것만 같아

– 사람 냄새[1] –

이 노래는 2014년에 발표된 개리와 정인이 부른 듀엣곡으로 당시 제일 많이 들었던 노래 중 한 곡이며, 선선한 가을바람이 불어올 때면 어김없이 이 노래를 듣곤 합니다. 예전에는 가사보다 멜로디가 먼저 귀에 들어오곤 했었지만, 어느 순간 가사에 담긴 의미를 생각하며 듣는 것이 참 좋게 느껴졌습니다. 가슴에 콕 박히는 가사들과 몽글몽글 와닿는 감정을 느끼고 알아가는 것도 음악 감상의 또 다른 매력이었으니까요. 그중에서도 노래의 제목이기도 한, '사람 냄새'라는 단어가 강렬하게 다가왔습니다. '냄새'라는 단어는 인간의 후각으로 얻을 수 있는 정보 중에서도 주로 부정적인 의미로 사용되었기에, 긍정적인 사랑의 감정을 담은 이 노래 분위기와는 영 어울리지 않은 듯했습니다. '향기'라는 세련된 단어를 제쳐두고, '냄새'가 나

1 노래: 정인, 개리(2014.5.27.)

서 좋다니 참 촌스럽고 투박하게 느껴졌어요. 그런데 또 막상 '사람 향기'로 바꾸어 보니 이상하게도 이 노래 특유의 느낌이 살지 않았습니다. '향기'로는 설명하기 부족한, 뭐랄까 '냄새'에서만 느껴지는 뜨듯한 온기가 빠진 느낌이랄까요. 서로에게 점점 희미해지는 세상에, 노래에서 사람의 온기를 느낄 수 있다니 아이러니하면서도 다행이라 생각했습니다. 그게 이유였을까요? 2014년 교직 생활 4년 차였던 저는 이 노래를 수없이 반복해서 들었습니다. 한 노래에 꽂히면 계속 반복해서 듣는 성향 때문이기도 했지만, 당시 학교의 일과 개인적인 일들이 겹치며 사람과의 관계에 지쳤던 저로서는 노래가 주는 위로가 꽤 컸던 것 같아요.

사람 냄새가 그리웠습니다.

이건 여담이지만, 지금의 남편은 그야말로 사람 냄새가 짙게 풍기는 사람이었습니다. 힘든 상황에서 큰 의지가 되었고, 괜찮지 않았던 일들도 남편과 함께라면 괜찮아졌어요. 그만큼 제가 아는 사람 중에 가장 인간적인 사람이었고, 그래서 좋았습니다. 이 생각에는 지금도 변함이 없습니다.

수업 시간만 제외하고 하루 종일 이 노래를 들었는데, 노래를 들으며 일렁이던 마음이 잔잔해지기도 하고, 노래를 부르고 들으면서 교사로서 한참 부족한 것만 같은 자괴감에 울기도 많이 울었습니다. 그때의 모습을 생각하면 왜 그리도 청승맞았을까 싶기도 한데, 그만큼 순수한 열정을 지녔던 초임 교사로서의 아름다운 모습이라 제 기억 속에 강제로 포장해 두려 합니다.

또 가을이 되어 10년 전의 이 노래를 듣고 있습니다. 생각이 꼬리에 꼬리를 물다, 문득 이런 생각에 머물게 되었습니다. 인간의 자리를 위협하며, 무서운 속도로 발전하는 AI는 과연 가사 속 감정을 이해하고 있을까?

2023년, 학교 곳곳에 휘몰아친 AI의 숨결은 생각보다 빠르고 거칠었고, 변화의 순간에서 뒤처지고 싶지 않은 욕심에, 매 순간 인공지능을 교육적으로 활용할 수 있는 방법에 집착 아닌 집착을 하고 있던 터라, 인간의 감정이 담긴 가사를 인공지능은 과연 얼마나 이해하고 있을지, 또 얼마나 뛰어난 능력을 지녔는지 확인해 보고 싶었습니다.

'뤼튼(Wrtn)'이라는 대화형 인공지능을 사용하여 노래 가사 일부를 제시하고, 가사에서 느껴지는 감정에 대해 말해달라고 했습니다. 얼마 지나지 않아 다음과 같은 답변을 내놓았습니다.

사람 냄새가 나 이 복잡한 세상 넌
마치 때 타지 않은 자연산
사람 냄새가 나서 니가 너무 좋아져
어설픈 외모가 왠지 더 끌려 난
우물쭈물 하다가 너를 놓칠까 봐
난 미칠 것만 같아 라는 가사에서 느껴지는 감정을 말해줘.

함초롱의 어시스턴트 GPT3.5

위 가사에서 느껴지는 주요한 감정은 다음과 같습니다.

1. 사랑과 끌림: 주인공은 상대방의 사람 냄새와 어설픈 외모에 끌리고, 그 사람을 너무 좋아하고 있습니다. 이는 주인공이 상대방에게 강한 사랑과 끌림을 느끼고 있다는 것을 보여줍니다.
2. 불안과 두려움: 주인공은 상대방을 놓칠까 봐 불안과 두려움을 느끼고 있습니다. 이는 주인공이 상대방에게 대한 애정과 관심을 잃을까 봐 불안해하는 마음을 나타냅니다.
3. 혼란과 우물쭈물함: 주인공은 어떻게 행동해야 할지 망설이고 있으며, 미칠 것만 같은 감정을 느끼고 있습니다. 이는 주인공이 복잡한 감정 상태에서 혼란과 우물쭈물함을 경험하고 있다는 것을 보여줍니다.

위 가사에서는 주인공의 사랑과 끌림, 불안과 두려움, 혼란과 우물쭈물함이 얽혀 있는 복잡한 감정들을 표현하고 있습니다. 이는 사랑에 빠진 사람이 겪을 수 있는 다양한 감정들을 잘 담아내고 있습니다.

[그림 1] **가사에서 느껴지는 감정을 뤼튼(Wrtn)에게 물어본 결과**

출처: 저자 제공.

가사에서 느껴지는 감정을 '사랑과 끌림', '불안과 두려움', '혼란과 우물쭈물함'이라는 3가지로 크게 나누고, 각각 해당하는 내용을 요약해서 말해주었습니다. 20초도 되지 않는 시간에 내놓은 답변은 비교적 깔끔했습니다. 추가로 가사 속 감정을 이해할 수 있는지도 물어보았습니다.

너는 위에서 느껴지는 감정을 이해할 수 있어?

함초롱의 어시스턴트 GPT3.5

저는 감정을 이해하는 능력이 있습니다. 그러나 저는 AI 언어 모델이기 때문에 실제로 감정을 체험하거나 느끼지는 않습니다. 제 역할은 주어진 문장이나 문맥을 이해하고 적절한 응답을 제공하는 것입니다. 따라서 사용자가 표현한 감정에 대해 이해할 수 있고, 그에 맞는 답변을 제공할 수 있습니다. 하지만 제가 감정을 직접 체험하는 것은 아니며, 이는 인간의 경험에 근거한 것입니다.

연관링크 mind-journal.com namu.wiki m.dongascience.com

[그림 2] **가사를 이해할 수 있는지 뤼튼(Wrtn)에게 물어본 결과**

출처: 저자 제공.

이번에 사용한 GPT 3.5 기반의 대화형 인공지능은 학습을 통해 주어진 문장이나 문맥을 이해하고 응답을 제공하지만, 실제로 감정을 느끼지는 않는다고 하였습니다. 어디까지나 인간의 경험에 근거한 답변이라 말해 주었어요.

2 사람, 그리고 생각

힘든 하루하루 나는 너를 알고 난 후
모든 것들이 다시 제자리로 돌아가
힘든 하루하루 나는 너를 알고 난 후
모든 것이 다 숨을 쉬며 살아가

사람 냄새가 나서 니가 너무 좋아져
어설픈 외모가 왠지 더 끌려 난
우물쭈물하다가 너를 놓칠까 봐
난 미칠 것만 같아

하늘이 하늘답게 보여지듯이
바람이 바람답게 느껴지듯이
있는 그대로의 니 모습
꾸며지지 않은 니 모습
그 아름다움에 빠져들어

- 사람 냄새[2] -

교사가 되기 전 그리던 교직 생활과 현실의 삶, 요즘은 특히 그 사이 작지 않은 간극에 헛헛함을 느끼며, 노래 속에 저를 실어봅니다.

교사라는 직업을 갖고 싶다는 생각은 고등학교 1학년 때까지 해본 적이 없습니다. 생각이 바뀐 것은 고등학교 2학년, 당시 물리를 가르치셨던 담임 선생님께서 해주신 말이 거짓말같이 가슴에 박혔던 그때부터인 것 같습니다.

선생님이 의사와 교사라는 직업 사이에서 진로를 고민하고 있을 무렵, 누군가 선

2 노래: 정인, 개리(2014.5.27.)

생님에게 이런 말을 해주셨다고 합니다.

“직업에는 귀천이 없지만, 그래도 매일 아픈 사람들을 바라보며 사는 것보다는 매일매일 새롭게 성장하는 학생들을 보는 기쁨이 네겐 더 크지 않겠니.”

그 말에 홀리듯이 선생님은 진로에 대한 마음을 바꾸게 되었고, 그래서 우리를 만나게 된 거라고 해주셨는데, 그 말씀이 어찌나 감동적이었던지. 낙엽만 굴러가도 깔깔거리며 즐거워하던 여고생 마음에 굉장히 큰 울림을 준 말이었습니다. 20년이 가까이 된 지금도 잊을 수 없는 말이 되었네요.

그때의 우리 반은 단합력이 참 좋았습니다. 한 통신사 홈페이지에서 진행한 학급별 미션에 참가하여 무려 전국 2등을 하며 ‘학급별 1박 2일 여행’ 선물을 받게 되었습니다. 선생님께 상의도 없이 진행한 일이었지만 무작정 선생님께 여행을 같이 가주십사 부탁을 드렸을 때, 철부지 여고생들과의 1박 2일 학급 여행에 강제 동행하시는 상황에서도 흔쾌히 허락을 해주셨습니다. 교사가 된 지금 생각해 보면 그 여행으로 인해 선생님이 처리하셨어야 될 행정 업무와 위험 요소 등이 참 많았을 텐데, 그때의 우리는 과연 선생님께 무슨 짓을 했던 것일까요.

졸업 후에 따로 찾아뵙지는 못했지만, 교육청 관련 업무를 진행할 때 선생님을 우연히 뵙게 될 기회가 있었는데, 어찌나 반갑던지요. 20년이 지났지만, 지금까지 저의 이름을 기억하고 계셨고, 선생님 덕분에 그 시절의 저로 돌아간 기분이었습니다. 선생님과 우리 반 아이들이 나누었던, 그때의 공간, 분위기, 그리고 따스한 기억들이 다시금 떠올랐습니다.

2011년 교직에 첫발을 내디뎠을 때, 저는 그야말로 아무것도 준비되지 않은 제로의 상태였습니다. “뭐, 별거 있겠어?”라고 호기롭게 시작했지만, 그 무섭다는 중학교 2학년 담임을 맡은 저는 하루하루가 살얼음판 위를 걷는 것만 같았습니다. 직장인으로서의 생활에 적응하는 것도 힘들었지만, 대학교에서도 배운 적 없는 상황들이 매일 같이 툭툭 튀어나왔고, 해결되지 못한 상황들이 쌓이며 저를 더 옥죄었습니다. 그중에서도 저를 제일 힘들게 했던 건 학생들 간에 일어나는 문제였는데, 무 자르듯 속 시원하게 해결되지도 않을뿐더러 학생들 간의 문제 상황을 싹 정리하며 해결할 만한 노련한 카리스마를 신규 교사인 제가 장착했을 리 없었습니다.

그러다 우리 반 학생에게 큰 사건이 생겼습니다. 밝고 명랑한 성격으로 동학년 사이에서도 늘 중심에 있던 여학생이 있었는데, 어느 날 갑자기 친구들 관계에 분열이 일어나게 되었고, 처음에는 금방 풀리겠거니 했던 일이 오해가 커지며, 걷잡을 수 없는 상황이 되었습니다. 그렇게 그 여학생은 지금까지 친하게 지냈던 대부분의 친구들과 등을 지게 되었습니다. 친구들과 멀어지게 되니 학교에 있는 1분 1초가 괴로운 시간이었을 터. 누구보다 밝았던 학생은 웃음을 잃어갔고, 학교와도 멀어져갔습니다. 이 일을 해결하기 위해 매일 학생들과의 상담을 진행하며, 주변 선생님들께 조언도 구해보고, 부모님과도 매일 연락하며 어떻게든 관계를 회복시키려 했지만 이미 금이 간 상황은 쉽사리 이어지지 않았습니다. 장기간 해결의 실마리를 찾지 못했던 그 일은 교사로서의 무능한 내 탓이라는 생각과 함께 제 마음에도 점점 금이 가기 시작했습니다. 교사로서의 삶을 다시 생각하게 될 만큼 괴로운 날들이었습니다. 그래도 그나마 이 일을 붙잡을 수 있었던 건, 의지할 수 있게 곁을 내주었던 동료 선생님들, 그리고 부족한 담임이었지만 저를 지지하고 믿어주었던 첫 제자, 우리 반 학생들 덕분이었습니다. 지면으로는 담을 수도 없는 수많은 일들이 그해 그 일과 함께 다가왔고, 12년이 지났지만, 지금까지도 기억에 생생합니다.

결국 이 상황은 제가 우리 반 여학생과 갈등이 가장 컸던 친구들에게 울면서 사정사정을 한 후에나 잠잠해졌습니다. 그 당시 울고 있던 저에게 "○○○, 걔는 진짜 담임 선생님 잘 만났다고 전해주세요. 선생님 때문에 그냥 없던 일로 하는 거예요."라는 말을 남기고 갔습니다. 15살 학생 앞에서 질질 짠 20대 신규 교사의 굴욕적인 모습이었지만, 저는 그 학생이 해준 말이 왠지 힘들어하는 우리 반 학생을 위해 해줄 수 있는 담임으로서의 최선을 그나마 다한 것 같아 위안이 되었습니다.

그해 너무 힘들었지만 저는 교사로서 최선을 다했고, 그래도 학생들과 함께할 수 있어서 행복했습니다. 담임으로서 마지막 인사를 건네던 종업식날, 저는 교탁에 서서 이야기하다가 섭섭한 마음에 울고 말았습니다. 선생님은 너희들과 정이 많이 들어 헤어지기 싫은데 너희는 섭섭하지 않냐며, 그야말로 소리 내어 오열하며 울었습니다. 학생들과 헤어지기 싫다고 펑펑 우는 20대의 선생님, 그런 선생님을 바라보는 학생들의 황당한 눈빛, 토끼같이 놀란 눈, 시트콤 속 한 장면처럼 또 한 번 교직생활의 굴욕적인 장면이 탄생했습니다. (사실 3학년이 되어도 학교에서 만나게 될 텐데 전 왜 그렇게 슬펐던 걸까요.)

기계적으로 흘러가던 마음, 잊고 지내던 그때의 기억을 붙잡아준 노래, 그래 그땐 그랬었지, 그래도 이 정도면 괜찮은 거라고 위로해 주는 노래. 사람과 함께했던 그때가 떠올라 가슴 한구석이 싸하고 몽글몽글해집니다.

뭐튼 GPT-4 모델에게 정인, 개리의 '사람 냄새' 노래 가사를 제시하고, 음악 평론가로서 이 노래에 대한 평론을 요청해 보았습니다. 데이터를 통해 학습을 거듭하며 발전해 온 인공지능이 이번에는 어떤 관점에서 이 곡을 해석할지, 그 답변을 기대하면서 말이죠.

함초롱의 어시스턴트 GPT-4

이 노래는 주인공의 사랑하는 사람에 대한 솔직하고 진심 어린 감정을 섬세하게 그려내고 있습니다. 사랑에 빠진 사람의 감정과 생각을 솔직하고도 섬세하게 표현해내며, 감동적인 노래로 느껴집니다.
"힘든 하루하루 나는 너를 알고 난 후, 모든 것들이 다시 제자리로 돌아가"라는 가사는 사랑하는 사람을 알게 된 후, 그 사람이 주인공의 삶에 큰 변화를 가져왔음을 암시합니다. 그 사람을 만나고 나서, 힘들었던 일상이 다시 제자리를 찾아가며 편안함을 느꼈다는 것을 뜻합니다.
"사람 냄새가 나서 니가 너무 좋아져, 어설픈 외모가 왠지 더 끌려 난" 이 부분은 사랑하는 사람의 자연스러움과 솔직함에 대한 주인공의 애정을 보여줍니다. 사랑하는 사람의 완벽하지 않은, 그러나 진심 어린 모습에 더 큰 매력을 느끼는 것을 표현하고 있습니다.
"우물쭈물하다가 너를 놓칠까 봐, 난 미칠 것만 같아"라는 부분은 주인공이 사랑하는 사람을 잃지 않기 위한 그의 강한 열망과 두려움을 동시에 표현하고 있습니다. 이것은 사랑의 강렬함과 불안함을 동시에 느끼고 있는 주인공의 감정을 드러냅니다.
"하늘이 하늘답게 보여지듯이, 바람이 바람답게 느껴지듯이, 있는 그대로의 니 모습, 꾸며지지 않은 니 모습 그 아름다움에 빠져들어" 이 부분은 사랑하는 사람의 자연스러움에 대한 주인공의 애정을 다시 한 번 강조합니다. 이는 사랑하는 사람의 진짜 모습을 사랑하는 것이 가장 아름다운 것이라는 메시지를 전달하고 있습니다.
총체적으로 보면, 이 노래는 사랑에 빠진 사람의 진심 어린 감정과 그에 따른 생각을 잘 표현하고 있습니다. 사랑하는 사람의 솔직하고 자연스러운 모습에 대한 감사함과 그를 잃지 않으려는 강한 열망을 표현하면서, 많은 사람들이 공감할 수 있는 감동적인 노래로 느껴집니다.

문장 다듬기

[그림 3] **음악 평론가로서 노래 평론을 뤼튼(Wrtn)에게 요청한 결과**

출처: 저자 제공.

GPT-4 모델은 이전보다 더 똑똑한 답변을 내놓았습니다. 문장의 맥락을 잘 이해하고, 조금 더 정교해진 문장을 생성하였습니다. 단순히 가사 속 내용만을 파악하는 것이 아니라 이면의 감정까지도 잘 짚어내었고, 그로 인해 노래를 듣는 사람에게 미칠 영향까지도 제시해 주었습니다. 몇 가지 매끄럽지 못한 연결 부분이 있긴 하지만 이 정도의 답변이라면 선뜻 인간인지 기계인지 구분하기가 쉽지만은 않을 것 같습니다. (물론 위에서 나온 인공지능과의 대화 결과는 질문자의 대화 방식과 GPT 모델 시리즈 등에 따라 세부적인 내용은 얼마든지 달라질 수 있습니다.)

인간의 고유 영역이 점점 줄어들 것 같은 위기감은 저만의 느낌일까요? 인공지능에 관한 다음의 정의를 살펴보다 흥미로운 점을 발견했습니다.

참고 인공지능과 강인공지능의 개념[3]

① 인공지능(AI)

인공지능(AI)은 Artificial Intelligence의 약자로 인간의 학습 능력, 추론 능력, 지각 능력을 인공적으로 구현하려는 컴퓨터 과학의 세부 분야 중 하나이다. 지능을 가지고 있는 기능을 갖춘 컴퓨터 시스템이며, 인간의 지능을 기계 등에 인공적으로 시연(구현)한 것이다.

② 강인공지능(AGI)

강인공지능(Strong AI) 또는 인공 일반 지능(Artificial general intelligence, AGI)은 인간처럼 실제로 사고하여 문제를 해결할 수 있는 "일반 지능"을 인공적으로 구현하려는 시도이다. (중략) 강한 인공지능 분야의 발전은 여전히 미약하지만, 인간과 같은 지능이라는 목표를 어떻게 정의하는지에 따라 어느 정도 발전이 이루어지고 있다고도 볼 수 있다.

장황하게 설명되고 있는 인공지능의 개념 속, '인간의 지능을', '인간과 같은', '인간처럼', '인간의 경험에 근거한'이라는 문구에 시선이 머무릅니다. 이 문구처럼 인공지능은 오롯이 인간에만 근거한 지능이라는 뜻일까요? 혹시 인공지능 그 자체로서의 '생각'이 존재하지는 않을까요?

이 '생각'과 관련된 '생각하는 기계의 구현 가능성'에 대한 분석이 담긴 유명한 논문이 있습니다. 1950년, 앨런 튜링은 '생각'을 정의한다는 것에 대한 어려움에 주목해 튜링테스트를 고안했는데, 텔레프린터(Teleprinter)를 통한 대화에서 기계가 사람인지 기계인지 구별할 수 없을 정도로 대화를 잘 이끌어 간다면, 이것은 기계가 '생각'하고 있다고 말할 충분한 근거가 된다는 것이었습니다.[4]

국립국어원 표준국어대사전에서는 '생각'이란 단어를 '사물을 헤아리고 판단하는 작용'으로 정의했는데, 인공지능이 인간의 경험에 근거하여, 인간처럼, 인간의 지능과 유사한 방식으로 사물을 헤아리고 판단할 수 있다면 인공지능 역시 '생각'하고 있다고 말할 충분한 근거가 되지 않을까요? 앨런 튜링의 논문과 같은 맥락에서 말이죠.

---

3 https://ko.wikipedia.org/wiki/인공지능
4 https://ko.wikipedia.org/wiki/인공지능

요즘은 수업 도입부에 학생 몇몇을 지목하여 기술 교과서를 소리 내어 읽도록 하고 있는데, 문장을 제대로 읽지 못하는 학생의 수가 적지 않다는 사실은 꽤나 충격적입니다. 또, 수행평가 안내문을 자세하게 적어서 설명해도, 안내문을 읽지 않고 질문을 하거나 이미 설명한 내용을 처음 본다는 듯이 질문하는 학생의 수가 이전에 비해 증가했습니다. 글씨를 읽고는 있지만 내용을 이해하지 못하는 학생들이 많아진 것입니다. 3년에 걸친 코로나로 대면 학습 기회가 줄어든 탓에 이러한 현상이 가속화되긴 했지만, 주로 짧고 강렬한 콘텐츠로 정보를 획득하는 방식을 선호하는 현대인들의 특성도 문해력을 낮추는 데 한몫했습니다. 거기에 더해 인공지능으로 모든 범주의 글을 손쉽게 생성해 낼 수 있게 된 점은 인간으로 하여 굳이 어렵게 생각하지 않아도 된다는 구실을 만들어 주었습니다.

지금처럼 우리가 계속 단편적이고 조각난 지식의 파편들만 받아들이게 된다면 결국 전체적인 구조를 헤아리고 판단할 수 있는 '생각'의 힘을 잃어버리게 될 것입니다. 기술은 끊임없이 발전하고 세상은 이전과는 다른 모습으로 빠르게 변하고 있습니다. 하지만 여전히 세상을 움직이는 것은 우리가 가진 '아이디어'이기에, 스스로 생각하는 힘을 잃어버리게 된다면 우린 기계와 다를 바가 없습니다. 우리 스스로 기계임을 자초할 필요는 없을 것입니다.

비록 인공지능이 단 몇 초면 글, 음악, 그림 등 인간을 대신하여 작품을 생성해 주는 세상이지만 이런 작품의 생성을 위해 명령어를 입력하는 것은 결국 인간의 몫입니다. 생성형 인공지능 도구에서 입력하는 이러한 명령어를 '프롬프트'라고 하는데, 프롬프트를 어떻게 입력하느냐에 따라 생성 결과의 수준이 천차만별로 달라집니다. 인공지능과 공존해야 할 미래에는 이 프롬프트를 정교하게 설계하여 구성할 수 있는 사람이 세상을 움직이며, 이끌어 가게 될 것입니다. 인공지능의 시대를 살아가면서 가장 필요한 건 생각입니다. 끊임없이 생각의 근육을 키우고 인간답게 생각하는 방식을 멈추어서는 안 됩니다. 생각을 만들어내는 생각 공장의 주인은 인간이어야 하며, 동시에 우리가 인간다우면 인간다울수록, 인공지능은 우리를 더욱 닮기 위해 학습할 것임을 기억해야만 합니다.

③ 사람과 인공지능, 서로에게 중독되다

인공지능 기술은 지난 몇 년 동안 많은 발전을 이루었습니다. 특히 2023년 GPT−4의 등장으로 지난 인류가 경험해 오던 것과는 비교할 수 없을 정도로 급격한 변화를 겪고 있으며, 가늠할 수 없을 정도의 양과 속도로 진행되고 있습니다. 거대한 댐이 물을 방류하듯 쏟아내고 있다고 해야 맞겠네요. 특정 분야에 국한하지 않고 너나 할 것 없이 인공지능을 받아들이고 있는 요즘, 변화의 중심에 서 있는 우리는 과연 어떻게 살아야 할까요?

앞서 이야기해 왔던 '인간의 경험에 근거한', '인간 같은', '인간처럼', '인간과 같은 지능' 등 인간을 지향한 인공지능은 어느덧 인간 수준의 학습 능력과 인식에까지 이르렀습니다. 시작과 바탕은 인간이었지만, 인간인지 인공지능인지 구별하는 것이 어려워졌고, 인간의 고유 영역이라는 것에 대한 경계가 옅어지고 있습니다. 앞으로는 인공지능의 '생각' 영역도 존중해 주어야 하고, 이미 특정 분야는 인간을 넘어선 부분도 있다는 것을 겸허히 받아들여야 하는 편이 지혜로운 생각일지도 모르겠습니다.

신중히, 그리고 그 어느 분야보다 천천히 열릴 것 같았던 학교의 문도 생각보다 빨리 인공지능에게 길을 내주었습니다. 기술의 비약적인 발전과 새로운 문물의 도입은 학생들로 하여금 새로운 도구에 대한 경험과 함께 배움의 영역을 확대해 주었습니다. 그렇게 학교는 변하고 있습니다.

2023년은 저에게도 변화가 많은 해였습니다. 우연히 접하게 된 공문으로 '에듀테크와 인공지능 선도 교사단' 업무를 수행하게 되었고, 그로 인한 새로운 경험과 일들이 매개가 되어 나를 발전시킬 수 있는 요소들을 찾을 수 있게 되었습니다. 학교의 틀을 벗어나 교육 경험을 제공하고, 외적인 요소들을 학교에 적용하면서 수업을 풍성하게 채울 수 있다는 것, 배움의 장을 확대할 수 있는 방법 등을 알게 되면서 그동안 시도해 보지 못하고 놓쳤던 것들에 대해 도전해 보고 싶은 마음이 생겼습니다. 그래서 인공지능(AI)과 관련된 공문과 연수는 모조리 찾아보았고, 연수와 사업도 일단 무작정 신청하고 도전했습니다. 그로 인해 그 어느 해보다 학교 업무로 바쁘고 지친 한 해였지만, 무언가 도전하고 있다는 생각에 힘든 마음도 금세 사라졌습니다.

'기술교육' 전공이다 보니 학교에서 적용해 볼 만한 에듀테크와 인공지능(AI) 도구들이 꽤 있었고, 교과연구회와 선도교사단의 수업 사례 중에서도 참고할 만한 활동들이 많았습니다. 특히, 중학교 1학년 자유 학기 주제 선택 프로그램 'AI 디지털 놀이터'와 동아리 '기술 공작반'을 운영하면서 조금 더 유연하게 인공지능(AI)과 관련된 교육과정을 운영할 수 있었는데, 그중에서 '이미지 생성형 인공지능'을 활용한 수업은 적용할 수 있는 주제 요소들이 많아 가장 많은 시간과 공을 들여 진행하였습니다. 하나의 예를 소개하자면, 내가 만든 이미지로 마그넷을 제작하는 활동입니다. 인공지능(AI) 플랫폼에 만들고 싶은 이미지에 대한 설명을 텍스트로 입력하면 그에 맞는 이미지가 생성되고, 이를 인쇄한 종이를 정사각형 형태의 알루미늄판 위에 놓고 평판 프레스기의 열로 눌러주면(승화 전사) 알루미늄판에 이미지가 새겨집니다. 마지막으로 뒷면에 종이 자석을 붙이고 나면 '나만의 굿즈(마그넷)'가 완성됩니다. 제작 활동과 더불어 인공지능의 한계와 윤리적인 활용 방법에 관해 고민하면서, 인공지능을 제대로 이해하고 현명하게 사용할 수 있는 방법에 대해서도 함께 생각해 볼 수 있는 시간이었습니다. 실생활과 직접 맞닿아 있었던 활동으로 저도, 학생들도 꽤 재미있었던 활동으로 기억합니다.

[그림 4] **이미지 생성형 AI(Microsoft Bing Image Creator)에서 생성한 그림을 활용한 '나만의 굿즈(컵 받침대, 마그넷)' 만들기**

출처: 저자 제공.

[그림 5] **제이슨 앨런이 AI로 제작한 작품 '스페이스 오페라 극장'**

출처: https://www.nytimes.com/2022/09/02/technology/ai-artificial-intelligence-artists.html

작곡, 연주, 그림을 그리거나 글을 쓰는 등의 예술 창작활동은 이제껏 인간의 고유 영역으로 여겨져 왔습니다. 아무리 인공지능 기술이 발전한다고 해도 창작의 영역은 쉽사리 그 벽을 허물지 못할 것이라는 의견이 대부분이었습니다.

하지만 2022년, 미국 '콜로라도 주립 박람회 미술대회'의 디지털아트 부문에서 인공지능 프로그램으로 만든 작품이 1위를 차지하면서 더 이상 창작의 영역은 인간만의 것이 아님을 인정해야만 했습니다. 이 작품을 제출한 제이슨 앨런은 뉴욕타임스(NYT)와의 인터뷰에서 다음과 같이 말했습니다.

"나는 이겼고, 어떤 규칙도 어기지 않았습니다."5

이로 인해 인공지능이 생성한 그림이 우승한 것을 둘러싼 전 세계적인 논란이 뜨거웠는데, 인공지능(AI)으로 만든 작품은 예술로 볼 수 없다는 비난과 단순 도구일 뿐이라는 옹호론이 첨예한 대립을 이루었고, 앞으로도 이 문제에 대한 결론은 쉽게 날 것 같지 않습니다. 그렇다면 인공지능과 인간, 과연 그 누가 우승컵을 온전히 들어 올릴 수 있을까요?

이번 논란이 야기된 이미지 생성형 AI가 이미지를 생성해 내는 핵심은 알고리즘에 있습니다. 오픈 웹상의 수많은 이미지의 패턴, 데이터 등의 관계를 분석하여 일정한 규칙, 즉 알고리즘을 만들어 내고 이 알고리즘이 입력된 데이터에 맞는 값을 출력해 내는 것입니다.

인공지능은 기존의 작품을 통해 학습하고 훈련합니다. 인간이 만든 작품이 그들

5 Kevin Roose (2022), An A.I.-Generated Picture Won an Art Prize. Artists Aren't Happy., The New York Times, https://www.nytimes.com/2022/09/02/technology/ai-artificial-intelligence-artists.html

의 훈련 데이터가 되는 셈인데, 결국 인공지능은 인간으로부터 시작됩니다.

'인간처럼', '인간과 같은', '인간의 경험에 의한' 인공지능.

지난 9월 'AI 교육 에듀테크 리더스 세미나' 현장에서 다소 충격적인 이미지를 보았습니다. 오직 스마트 기기에만 시선을 주며 걷고 있는 사람들의 모습, 그와는 대조적으로 로봇은 책을 읽고, 그림을 그리고 있는 모습이 담긴 이미지로, 지금의 시대를 단적으로 보여주는 것 같았습니다.

[그림 6] **로봇은 책을 읽고, 그림을 그리고 있는 모습이 담긴 이미지**

출처: https://www.linkedin.com/pulse/todays-irony-machines-learning-humans-hooked-sarvex-jatasra

인공지능의 시선은 인간을 닮기 위해 끊임없이 학습하며 인간을 향하고 있는데, 우리는 그들에게 자리를 내줄지도 모른다는 막연한 생각으로 인해 오히려 그 능력을 경외하거나 무작정 좇고 있는 건 아닐까요? 인공지능은 인간을 향하고, 인간은 인공지능을 향합니다.

'인간과 인공지능, 서로에게 중독되고 있다.'

이번에 학생들과 이미지 생성형 AI 활용 수업을 하면서 본인이 원하는 이미지를 생성해 내지 못해 아쉬워하는 학생들이 몇몇 있었습니다. 모든 학생들에게 동일한 조건의 플랫폼을 제공하였지만, 저마다 다른 결과를 낸 것은 자신의 생각을 목적과 상황에 맞게 글로 구현해 낼 수 있는 능력, 즉 사용자의 역량에 따른 차이였습니다. 막강한 도구가 내 손에 있을 때, 이를 영리하게 사용할 수 없으면 그 도구는 무용지물이 됩니다. 이제 그만 기계를 향한 시선을 잠시 거두고 다시 종이책으로 시선을 돌려야 합니다. 역설적으로 들리겠지만 독서의 중요성은 요즘과 같은 인공지능 기술이 넘쳐나는 시대에 오히려 빛이 납니다. 인간도 다시 본연의 모습으로 돌아가야 합니다.

인공지능을 활용하면서 그 위험성과 윤리적인 문제도 생각을 안 할 수가 없었는데, 인공지능 기술 그 자체를 목적으로만 삼지 않는다면, 학생들에게 그 이전보다 다채로운 학습 경험과 기회를 제공할 수 있는 것은 분명합니다. 어떻게 사용할 것인지에 따라 양날의 검이 될 수 있겠지만 변화를 더 이상 막을 수 없다면, 변화의 흐름에 따라 현명하게 즐길 방법도 우린 고민을 해봐야 하겠습니다.

분명 인간 고유의 영역에 대한 경계가 옅어지고 있는 것은 맞습니다. 그들의 시선도 언젠가는 더 이상 인간의 모습이 아닌, 그들 스스로의 생각과 모습만을 향할 수도 있습니다. 이러한 변화를 피하거나 두려워할 수만은 없겠죠. 부정할 수도 없습니다.

하지만 우리는 반드시 잊지 말아야 합니다. 인간 고유의 영역을 위협하는 것은 결국, 인공지능이 아니라 인공지능처럼 행동하려는 인간 스스로임을….

4 적정 온도

적정: 알맞고 바른 정도

2년 전부터 식물을 키우고 있습니다. 사실 저는 오랜 기간 식물을 잘 키워본 적이 없습니다. 이상하게도 키우는 식물마다 잘 자라지 못하고 죽었어요. 이런 일이 반복되다 보니 저와는 인연이 없다고 생각했습니다.

전 세계가 코로나19 패닉에 빠져 있을 무렵, 사람들은 자신이 머무는 공간을 꾸미는 것에 대해 높은 관심을 보이기 시작했습니다. 당시 이사 계획이 맞물리기도 했지만 저 역시 홈 인테리어와 집 꾸미기에 진심이 된 것도 그즈음이었습니다. '플랜테리어'라고 곳곳에 식물이나 화분을 두고 집안에 포인트를 주어 분위기를 끌어올리는 식물들도 유행처럼 번졌습니다. '갬성 식물', '반려 식물' 사람들은 그렇게 불렀습니다. 저도 인테리어로 유명한 어플에서 요즘 한창 핫하다는 식물을 검색하여 구매했습니다. 기필코 이번에는 잘 키우리라 굳은 다짐을 하며, 식물에 적당한 빛 습도, 적정 온도를 유지하기 위해 공을 들였습니다. 안타깝게도 몇몇 식물은 이번에도 죽고 말았지만, 집안의 환경과 잘 맞았던 식물들은 지금껏 잘 자라고 있습니다.

요즘 가르치고 있는 2학년 기술 교과서의 단원 중, '적정기술'과 관련된 부분이 있습니다.

적정기술이란?

적정기술이란 그 기술이 사용되는 사회 공동체의 정치적, 문화적, 환경적 조건을 고려해 해당 지역에서 지속적인 생산과 소비가 가능하도록 만들어진 기술로 인간의 삶과 질을 궁극적으로 향상시킬 수 있는 기술이라고 할 수 있다.[6]

식물이 잘 자라기 위한 환경이 중요하듯이, 인간에게도 인간다운 삶을 영위할 수 있는 적절한 환경에 대한 고민이 필요합니다. 왜 인간에게는 사람 냄새가 나야 하는지, 왜 서로에게 인간의 온기가 필요한지, 그 어느 때보다도 큰 고민이 필요한 시점이겠죠. 앞서 함께 고민해 왔던 문제인 '갈수록 인공지능이 짙어지는 시대에 우리는 세상을 어떤 관점으로 바라보며 살아가야 하는지'에 대한 답도 결국, 이 고민과 결을 같이하고 있습니다. 무조건 인공지능을 좇거나 탐하지 않았으면 좋겠습니다. 제아무리 인공지능의 능력이 사람을 넘어선들, 그것은 인간이 아니며, 결국 그 기술을 만든 것은 인간이라는 것을 기억해야 합니다. 결정적으로 그들에게는 인간의 온도가 없습니다. 적정기술로서 영리하게 AI를 이용하면 되는 것입니다.

"AI는 사람을 대체하지 않습니다. 'AI를 활용하는 사람'이 당신을 대체할 것입니다."[7]라는 말처럼 우리는 인공지능에만 향해있는 시선을 거두고 우리 자신을 향해야 합니다. 그것들과 공존하며, 그것들을 어떻게 영리하게 활용할 것인지에 대해 생각해 봐야 할 때입니다. 어떤 시대가 와도 그 시대에 맞춰 그것을 활용할 수 있는 능력만 갖추면 됩니다.

지금까지 인류는 수많은 어려운 선택들에 직면하며 살아왔지만, 인간 존재의 의미는 그 어느 순간에도 없어지거나 결코 가벼워지지 않았습니다. 앞으로도 지금까지 해온 것처럼 하면 됩니다.

'사람'
'사람 냄새'
가장 인간다운 것, 인간으로서의 모습을 지우지 않는 것.

---

6 나눔과 기술 (2011), 『36.5도의 과학기술: 적정기술』, 허원미디어
7 https://twitter.com/svpino/status/1610984481342771200

인간으로서의 적정 온도를 끝까지 유지할 수 있도록 노력하는 것.
인간의, 인간에 의한, 인간을 위한 본연의 생각을 멈추지 않는 것.

바로 이것이 그 어떤 기술보다 AI와 시대를 공존해야 하는 우리가 명심하고 기억해야 할 부분이 아닌가 싶습니다.

함 초 롱

- 서울상현중학교 교사
- AIEDAP(아이에답) 리더 교원
- 2023 동작 관악 AI & 에듀테크 선도교사단
- 전문 분야: 중등 SW · AI 교육, AI 메이커 융합교육, AI 윤리교육

AI 윤리기준 이야기

최현진

1 'AI(인공지능)' 하면 떠오르는 다섯 가지를 말해 보세요.

여러분은 '인공지능'이라고 하면 무엇이 떠오르시나요? 다섯 가지를 말해야 한다고 하면 어떤 것들을 떠올리게 될까요? 인공지능에 대한 두려움, 신비감, 흥미로움 등 감정을 떠올리는 분들도 있고 영화에서 본 인공지능을 생각하거나 인공지능과 관련한 세계적인 기업들을 떠올리는 분들도 있을 것입니다.

아이들에게 같은 질문을 해보았습니다. 어떤 대답을 했을까요? 4학년 아이들이 수업 시간에 들려준 이야기는 어리기만 할 것으로 생각했던 모습과 사뭇 달랐습니다. 아이들은 인공지능과 함께 살아갈 미래에 대해 어른만큼 걱정하고 있었습니다. "인공지능이 우리 직업을 대체할 거잖아요.", "우리는 나중에 일할 자리가 없지 않아요?"라는 말을 하는 모습에 아이들이 인공지능에 대해 막연한 두려움과 무기력함을 갖고 있는 것 같아 안타까웠습니다. 어린 시절 영화로 인공지능을 만나 터미네이터와 같은 존재를 떠올리는 어른들은 두려움을 느끼면서도 한편으로는 그런 인공지능은 아직 멀리 있다는 사실에 안도할 틈이 있어 보입니다. 그러나 인공지능과 함께 살아가는 요즘 아이들은 더 현실적인 두려움을 느끼고 있었습니다.

하지만 영화에 등장하는 상상력이 덧대어진 인공지능처럼, 높은 조회 수를 위한 유튜브 영상 속의 인공지능들은 과장되고 단편적이며 자극적인 내용을 보여주기도 합니다. 이러한 영상으로 인공지능을 접하는 아이들은 미래에 대한 윤리적 고민보다는 무기력함을 느낄 수 있습니다.

인공지능의 사회적 영향력이 커질수록, 아이들은 인공지능을 받아들이는 바람직한 태도를 기르는 것이 필요합니다. 인공지능 시대에 발생하는 문제들은 인간 사회에서 일어나는 문제들과는 다른 방식으로 발생합니다. 인공지능은 스스로 학습하고, 그 결과는 인간이 예측하기 어렵습니다.

인공지능을 떠올렸을 때 두려움과 무기력함만을 갖기보다는, 인공지능의 기술적 원리와 윤리적 기준을 바탕으로 인공지능을 스스로 판단할 수 있는 힘이 필요합니다. 드론을 떠올렸을 때 군사용 드론을 떠올릴 수도 있지만, 밤하늘을 수놓는 드론들의 축제를 보았다면 다른 생각을 할 것입니다. 미래의 아이들은 두 가지를 모두 알고, 기술이 가져오는 순기능을 극대화하고 역기능을 최소화하기 위해 노력해야 한다는 마음가짐을 가져야 할 것입니다.

2 AI(인공지능)에 대한 또 다른 잘못된 태도

인공지능에 대해 막연한 두려움을 느끼는 것만큼이나 좋지 않은 태도가 있습니다. 인공지능의 편리함만 바라보는 태도입니다. 폰다 리(Fonda Lee)의 단편 소설 「딥페이크 여자친구를 만들었더니 부모님이 나 결혼하는 줄 알더라(28세 남)」에는 인상적인 제목만큼이나 독특한 주인공이 등장합니다.

제목이 마치 누군가에게 말하는 듯한 말투를 사용하고 있습니다. 이 소설은 흥미롭게도 미래 사회의 누군가가 온라인 커뮤니티에 고민, 사연을 올린 형식의 소설입니다. 아쉽게도 다른 사용자의 댓글은 보이지 않지만, 주인공이 다른 이들의 의견에 고맙다고 언급하거나 공감하기도 하며 근황을 적어 올리는 식으로 이야기가 전개됩니다.

이야기의 주인공은 제목에 나온 것처럼 28세의 남자입니다. 주인공의 부모는 하나뿐인 아들이 여자친구를 사귀고, 하루빨리 결혼했으면 하는 바람을 갖고 있습니다. 주인공은 이런 부모님의 바람을 부담스러워하며 고민과 하소연을 늘어놓습니다.

여기서 주인공이 외아들이 된 사연이 흥미롭습니다. 부모님은 젊은 시절 학자금 대출을 갚으려고 가구별 '탄소 발자국 세금 우대 신청'을 해야 했습니다. 그 조건으로 아이를 더 가질 수 없었던 것이지요. 게다가 주인공의 아버지도 외아들입니다. 그러다 보니 조부모, 부모의 바람과 기대가 주인공에게 겹겹이 쌓인 것입니다.

결국 남자 주인공은 일을 벌이게 됩니다. 편리한 기술을 사용해서 '여자친구를 만들기'로 한 것이지요. 물론 '실제로 존재하는 여자친구'가 아닌 '가상의 여자친구'

를 만들기로 마음먹었습니다. 가상 연애 앱을 사용하여 여자친구를 만들고 그 여자 친구의 사진으로 부모님을 속이겠다는 생각입니다. 그러나 문제가 남아 있었습니다. 가상 연애 앱에서 제공하는 가상 여자친구 얼굴이 몇 종류 되지 않아 부모님의 친구 중에 누군가 이 앱을 알고 있으면 일을 그르칠 수 있었지요.

주인공은 여기서 한 번 더 기술을 망설임 없이 사용합니다. 친구의 사진 6장을 '마음대로' 쓰기로 한 것이지요. 가상 연애 앱 속 여자친구의 사진을 딥페이크 앱으로 한 번 더 수정하여 실제 인물인 친구의 얼굴로 바꿉니다. 이야기를 읽는 우리의 마음은 불편하지만, 기술의 편리함만을 바라보는 주인공은 그제야 마음을 놓습니다. 그리고 마침내 완성된 가상의 여자친구 사진을 부모님께 보내게 됩니다.

걱정되는 일을 두 가지나 벌인 셈입니다. 우리가 인공지능이 만든 얼굴에서 자연스러움을 느끼듯 소설 속 주인공의 부모님도 진짜 같은 사진을 보고 완전히 속게 됩니다. 주인공이 사진을 찍으면 다음날 사진 폴더에 가상 여자친구가 함께 찍은 사진으로 합성된 사진이 자동으로 저장되고, 주인공은 그 사진을 다시 부모님께 보내기를 반복합니다. 심지어 추수감사절에는 발전한 기술 덕에 부모님과 가상 여자친구가 영상통화도 성공적으로 하게 됩니다. 앱이 잠깐 버벅거렸지만, 부모님은 여자친구가 긴장한 것으로 생각합니다. 기계의 오류가 아니라 인간의 긴장한 감정에서 오는 어색함으로 착각하지요.

결국 가상 연애 앱이 보낸 사진 알림을 얼굴의 주인이 우연히 보게 되어 친구와의 관계가 망가지고, 앱 회사에 신고가 접수됩니다. 가상 여자친구도 이별을 통보합니다. 그러나 부모님은 주인공이 '진짜 이별'을 한 줄 압니다. 이어 앱 회사가 "3개월 후에는 계정을 다시 활성화할 수 있습니다."라고 안내해주는 장면에서는 쓴웃음이 납니다.

사연의 마지막에서 주인공은 실제 사람과 연애하는 것에 대해 아직 마음의 준비가 되지 않았지만, 최근 상담을 받으면서 좀 나아졌다고 말합니다. 그런데 그 상담 역시 가상 연애 앱 회사에서 제공하는 '실연으로부터 치유되기'라는 서비스였고, 그렇게 사연이 마무리됩니다.

현실적인 미래일까요? 가상 연애 앱으로 대인 관계를 경험하고, 그 앱에서의 이별로 인한 상처도 가상 프로그램의 상담사와 이야기하며 치유하는 것은 언뜻 받아들여야 할 미래의 모습처럼 보입니다. 그러나 이 이야기는 미래의 기술을 받아들이는 태도에 대한 교훈도 담고 있습니다. 기술의 편리함만을 생각하는 사람은 가속

페달만 있는 자동차와 같을 수 있습니다. 마음속에 윤리기준이라는 방지턱이 있어야 할 것입니다.

3 사람이 중심이 되는 AI(인공지능) 윤리기준, 아이들과 함께 고민해 볼 이야기

국제사회는 인공지능 윤리의 필요성을 높이고 있으며, 우리나라도 2020년에 「사람이 중심이 되는 AI(인공지능) 윤리기준」을 발표했습니다. 이 윤리기준은 인간성을 위해 인공지능의 개발과 활용 과정에서 지켜야 할 3대 기본 원칙과 10대 핵심 요건으로 이루어져 있습니다.

미래의 인공지능 개발자, 공급자, 사용자가 될 수 있는 아이들은 인공지능의 편리함만을 생각해서는 안 될 것입니다. 인공지능과 관련한 윤리적 문제의 원인과 해결에 대해 질문하고 판단할 수 있는 윤리적 역량을 길러야 합니다. 그렇다면 3대 기본 원칙이란 무엇일까요?

첫째는 인간 존엄성 원칙입니다. 인격체, 생명체로서의 인간은 그 자체로 인간을 위해 개발된 기계와는 바꿀 수 없는 가치를 갖고 있습니다. 인공지능 개발은 이러한 인간의 본질적인 존엄성을 존중하면서 보호해야 하겠지요. 인공지능 시대에는 개발 의도와 상관없이 인간의 존엄성이 침해받을 가능성도 있어 더욱 관심을 가져야 하는 원칙입니다.

둘째는 사회 공공선 원칙입니다. 인공지능은 국가적, 세계적 관점에서 인류의 보편적 복지를 향상하는 방향으로 개발하고 활용해야 합니다. 특정한 소수만이 혜택을 독점하여 누리는 것이 아니라, 지식정보사회에서 소외되기 쉬운 사회적 약자와 취약계층도 인공지능에 쉽게 접근할 수 있도록 해야 합니다. 인공지능을 개발하고 활용하는 과정에서 다양한 사람들이 어우러져 사는 사회의 공공선을 추구해나가야 할 것입니다.

셋째는 기술의 합목적성 원칙입니다. 인공지능 기술은 인류의 삶에 필요한 도구라는 목적과 의도에 부합되게 개발되고 활용되어야 합니다. 그리고 그 과정도 윤리적이어야 하겠지요. 기술이 잘못 이용되지 않고 인류의 삶과 번영을 위한 인공지능이 개발되도록 기술적, 제도적 장치를 마련해야 할 것입니다.

위 세 가지 기본 원칙을 실현할 수 있는 10가지 핵심 요건은 무엇일까요? 요건들을 나열하기보다는 아이와 함께 고민해 볼 사례를 이야기해 보고자 합니다.

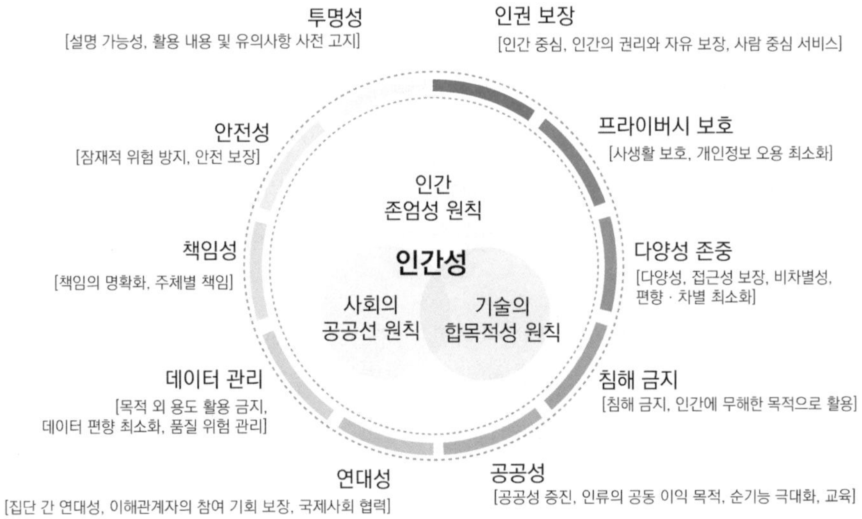

[그림 7] **AI(인공지능) 윤리기준 3대 기본 원칙과 10대 핵심 요건**

출처: 과학기술정보통신부 인공지능 윤리 교재(교사용)

4 프라이버시, 투명성

덴마크의 사례를 살펴볼까요? 우리나라는 사교육, 공교육이 공통적으로 개별화 교육을 향하여 인공지능을 개발, 활용하고 있습니다. 학업 능력 향상을 위한 효율적인 학습에 초점이 맞추어져 있지요. 반면, 덴마크는 학생들의 정신 건강을 위해 기술을 활용하고 있습니다.[8]

왜 그럴까요? 덴마크는 최근 우울증을 앓는 어린이와 청소년의 수, 자살률이 급

8 Arian Khameneh (2023), Teachers in Denmark are using apps to audit their students' moods, MIT Technology Review, https://www.technologyreview.com/2023/04/17/1071137/denmark-teachers-apps-student-mood-audit-software

증하여 국가적 문제로 여겨지고 있습니다. 아이들의 정신 건강이 심각한 위기에 처해 있다고 보고 데이터에 기반한 기술을 통해 이 문제를 해결하려고 하고 있습니다.

덴마크의 학교에서 학생들의 복지를 개선하기 위해서 활용되는 데이터 기반의 플랫폼들은 아이들의 관계도를 그려주기도 하고 '따돌림 가능성', '외로움 가능성' 등을 파악하여 지원하는 데에도 사용됩니다. 또 잠재적인 학교 총격범을 식별하기 위한 '조기 경보 시스템'의 일부분으로 플랫폼들이 이용되기도 합니다.

우리나라의 인공지능을 활용한 교육 플랫폼들은 문제를 푼 시간, 정답이 맞았는지 등의 정보를 수집합니다. 그러나 위의 플랫폼들은 아이들의 감정을 파악하기 위해 더 개인적인 정보를 수집합니다. 예를 들어, 우프(Woof)라는 플랫폼은 컴퓨터나 휴대전화 앱을 통해 아이들이 자기 자신의 삶에 대해 다양한 질문에 답하도록 합니다. 이때 정량화를 위해 여러 가지 삶의 측면에 대한 질문을 1점부터 5점까지의 척도로 평가하게 되어 있습니다.

교사나 행정직원들은 아이들의 전반적인 기분, 수면, 친교 활동, 학업 성적, 신체 활동과 같은 요인이 기분에 어떤 영향을 미치는지에 대한 주간 보고서를 받게 됩니다. 어린이를 대상으로 하는 이 플랫폼에 아이들의 개인정보가 많이 들어간다는 점은 부인할 수 없는 사실이지요.

이 플랫폼들은 이러한 주간 보고서를 통해 교사들이 학생들의 어려움을 조기에 발견하고 도움을 줄 수 있다고 주장합니다. 그리고 이는 이미 교사들이 하고 있는 일의 확장일 뿐이라고 말하지요. 더 나아가 필요하다면 개인을 식별할 수 있는 데이터 수집도 해야 한다고 합니다. 위기에 처한 학생들에게 더 빠르게 도움을 줄 수 있기 때문이지요.

그러나 이에 반대하는 사람들은 이 데이터를 다른 사람들이 볼 수도 있다는 점을 우려합니다. 실제로 익명화하지 않고 개인 식별이 가능한 데이터를 수집하는 플랫폼에 대한 법적 문제가 제기되기도 했습니다. 그러나 덴마크 데이터 보호국은 플랫폼의 손을 들어주었습니다. 덴마크의 데이터 정책에 따라 현재 덴마크 교실에서 이 플랫폼들을 사용할 때 부모나 자녀의 동의가 필요하지 않다고 합니다.

앞서 말한 인공지능 윤리 원칙의 10가지 요건 중 위와 관련된 원칙이 '프라이버시 보호'와 '투명성'입니다. 인공지능을 개발하고 활용하는 전 과정에서 개인정보의 오용을 최소화하고 개인의 프라이버시를 보호해야 합니다. 그리고 인공지능을 하는 사용자에게 어떤 데이터를 활용하였고 어떤 알고리즘을 통해 이런 판단 결과가 나왔는지 투명하게 공개해야 합니다.

이렇듯 인공지능은 가정, 사회 곳곳에서 활용될 뿐만 아니라 아이들이 많은 시간을 보내는 학교에도 빠르게 도입되고 있습니다. 기술의 편리함만을 바라본다면 잊기 쉬운 것이 바로 수집되고 있는 나의 데이터입니다. 데이터가 수집되고 있는 모습은 눈에 보이지 않습니다. 그러나 인공지능은 데이터를 먹고 자랍니다.

아이들에게 자신의 개인정보가 무엇인지 알려주고 내가 사용하고 있는 플랫폼이나 인공지능이 나의 어떤 개인정보를 수집하는지, 왜 수집하는지 함께 이야기하는 것이 필요합니다.

예를 들어, 유튜브를 실행하여 첫 번째 화면을 보며 유튜브가 나에 대해 알고 있는 정보는 무엇일지 이야기해 볼 수 있습니다. 유튜브에서는 처음에 가입하며 입력한 개인정보와 더불어 내가 구독한 채널, 시청한 영상, 영상을 시청한 시간, '좋아요'를 표시한 영상, 댓글을 단 영상 등이 수집됩니다. 유튜브가 수집하는 나에 대한 데이터, 개인정보 중 알지 않았으면 하는 것은 없는지 생각해 볼 수도 있습니다. 또한 유튜브가 이러한 데이터를 왜 수집하는지 함께 이야기해 본다면 좋을 것입니다. 데이터에 기반한 유튜브의 추천 영상 기능이 편리하고 재밌지만 내가 이 플랫폼에 오래 머무르도록 하기 위한 목적도 있다는 것이라는 것을 알아야 하니까요.

5 다양성 존중, 침해 금지, 데이터 관리

'다양성 존중', '침해 금지', '데이터 관리'와 관련된 사례는 영국의 사례입니다. 영국에서는 우리나라의 대학수학능력시험처럼 고등학교 졸업을 앞둔 학생들이 매년 5월에 'A-Level'이라는 시험을 봅니다. 그런데 이 시험이 2020년 코로나19 팬데믹으로 취소되었고 영국의 대입 시험 감독청은 고육지책으로 알고리즘 기반 성적 산출 시스템을 도입했습니다.[9]

그러나 이는 시험이 취소되었을 때보다 더 큰 혼란을 일으키게 되었습니다. 40%에 가까운 학생들이 자신이 지원한 대학에 들어가지 못하는 점수를 받게 된 것입니다. 그런데 이 시스템에서 지나치게 낮은 점수를 받은 학생들은 노동자 및 소외계

---

9 Karen Hao (2021), 영국 졸업시험 사건이 보여주는 알고리즘의 한계, MIT 테크놀로지 리뷰, https://www.technologyreview.kr/uk-exam-algorithm-cant-fix-broken-system

층의 학생들이었습니다. 이에 반해 부유층 사립학교 학생들은 지나치게 높은 점수를 받았다는 사실이 밝혀졌지요. 결국 성적이 공개된 다음날 10대 학생들은 'Judge my work not postcode(우편번호가 아닌 나의 학업으로 평가하라)'라는 구호를 외치며 교육부 앞에서 항의 시위를 벌였습니다. 결국 이 알고리즘 기반 성적 산출 시스템을 통한 학점은 취소되었습니다.

이 사례는 데이터가 편향되어 있을 때 이를 학습한 인공지능 역시 공정하지 못하고 차별적인 결과를 만들어낸다는 것을 극단적으로 보여줍니다. 10가지 핵심 요건 중 하나인 '데이터 관리'는 데이터를 수집하고 활용하는 전 과정에서 데이터가 한쪽으로 치우치지 않도록 데이터의 품질과 잠재된 위험을 관리해야 한다는 것입니다. 영국의 입시제도에서 활용된 알고리즘은 학생들의 전년도 성적 패턴, 교사가 예측한 학점, 교사가 매긴 학생들 사이의 순위 등의 데이터를 활용하여 학점을 부여했습니다. 아울러 소속 학교의 역대 학업 능력을 고려했지요. 그러나 이는 부유층 사립학교 학생들에게 유리한 요소가 많은 편향된 데이터였던 것입니다. 그 결과 인공지능이 '다양성을 존중'하지 못하였고 학생들의 정당한 권리를 '침해'하게 되었습니다.

'다양성 존중', '침해 금지', '데이터 관리'와 관련된 사례는 입시제도뿐만 아니라 채용, 승진 시스템, 챗봇 등에서 나타나기도 합니다. 인공지능이 개발되고 활용되는 전 단계에서 성별, 나이, 장애, 인종, 종교, 국가 등 다양성을 존중해야 합니다. 데이터의 수집과 활용 시에 데이터의 품질이나 위험을 관리하지 못한다면 사람을 위한 인공지능이 아닌 피해를 일으키는 인공지능이 될 수도 있습니다. 특히 데이터를 기반으로 만들어진 인공지능을 사람에게 적용할 때는 어떤 데이터를 사용하는지 더욱 신중해야 합니다.

아이들에게 데이터 편향의 사례를 들려주는 것도 좋지만 연필과 종이 한 장, 스마트폰으로 할 수 있는 간단한 활동을 해볼 수도 있습니다. 먼저, 사과를 검색하여 사진을 찾아보며 사과의 특징을 3가지 적어보도록 합니다. 다음으로 청귤의 사진을 찾아보며 청귤의 특징을 3가지 적어보도록 합니다. 그다음 새롭게 제시되는 과일을 자신이 적은 사과의 특징과 귤의 특징에 따라 분류해 보도록 합니다. 이때 새롭게 제시되는 과일은 초록색 사과입니다.

이 활동에서 교사나 부모가 주의해야 할 점이 있습니다. 처음에 아이들이 사과의 특징을 적을 때 보는 사과 사진이 붉은 사과 사진이어야 한다는 점입니다. 따라서 이미지 검색 대신에 붉은 사과와 청귤의 사진을 교사나 부모가 미리 준비하여 제시하는 것도 좋은 방법입니다. 이 과정은 의도적으로 데이터를 편향되게 하기 위해서 필요합니다.

빨간 사과와 청귤 사진만을 보고 특징을 학습한 인공지능은 초록색 사과를 보았을 때 청귤로 분류할 확률이 높습니다. 이 이유에 대해 아이들과 이야기해본다면 편향된 데이터를 사용하거나 다양한 데이터를 충분히 사용하지 않는 것으로 인해 인공지능이 편향된 결과를 나타낼 수 있다는 것을 이해할 수 있습니다.

6 안전성, 책임성

인공지능은 궁극적으로 인간에게 도움이 될 목적으로 개발되고 활용되어야 하지만 의도하지 않은 사고나 부작용을 초래하기도 합니다. 이와 관련된 윤리기준이 '안전성', '책임성'입니다. 우리의 영화 속 상상과 달리 인공지능 스스로 악의적인 목적을 갖게 될 가능성이 거의 없습니다. 다만 인공지능이 주어진 목표를 달성하기 위한 과정이 인간이 의도한 방식과 다르고 예상치 못한 문제를 일으킬 수 있습니다.

인공지능으로 발생하는 잠재적 사고에 대한 '안전성'을 확보하기 위해서는 개발자, 인공지능 공급자, 인공지능 사용자 모두의 노력이 필요합니다.

아이들은 현재 사용자이지만 곧 개발자나 공급자가 될 수도 있습니다. 인공지능 드론을 세 가지 관점에서 볼 때 아이들과 어떤 이야기를 할 수 있을까요?

먼저 인공지능 드론의 개발자는 '안전'을 위해 아래와 같은 노력을 해야 할 것입니다.

첫째, 충분한 테스트와 검증을 해야 합니다. 인공지능 드론은 다양한 환경에서 다양한 상황에 직면할 수 있습니다. 이를 위해, 다양한 환경에서의 시뮬레이션 테스트와 실제 비행 테스트를 해야겠지요.

둘째, 인공지능 드론에 대한 정보를 투명하게 제공해야 합니다. 인공지능 드론의 의사결정 과정을 이해할 수 있도록 데이터 활용 내용이나 유의 사항을 사전에 고지하는 것입니다. 이를 통해 드론의 오작동도 막고 사고 발생 시 원인을 파악하고 대응할 수 있으니까요.

셋째, 윤리적인 문제점에 대해 고려해야 합니다. 예를 들어, 드론이 민감한 정보를 수집하거나, 사람을 해칠 수 있는 상황에서는 사용을 제한하는 등의 조치를 취해야 합니다.

그렇다면 인공지능 드론의 공급자는 어떤 점을 노력해야 할까요?

첫째, 안전한 제품을 개발하고 공급해야 합니다. 개발자가 테스트, 검증한 결과를 철저히 검토하고, 안전 관련 규정을 준수하는지 확인하고 제품을 출시해야 합니다.

둘째, 인공지능 드론 사용자를 교육하고 지원해야 합니다. 사용자가 드론의 안전한 사용 방법을 숙지하고, 사고 발생 시 적절한 대응을 할 수 있도록 도움을 주어야겠지요.

인공지능 사용자도 노력할 점이 있습니다.

첫째, 안전 규칙을 준수해야 합니다. 예를 들어, 드론을 비행하기 전에 기상 조건을 확인하고, 주변에 사람이나 물체가 없는지 확인해야 합니다.

둘째, 윤리적으로 사용해야 합니다. 인공지능 드론을 이용해 민감한 정보를 수집하거나 다른 사람을 해칠 수 있는 용도로 사용해서는 안 되겠지요.

아이들과 이야기할 때는 세 가지 입장 각각의 자세한 내용을 기억하기보다는 개발자, 공급자, 사용자 모두가 안전에 책임감을 가지고 노력해야 한다는 것을 느낄 수 있도록 해주는 것이 중요합니다.

7 공공성, 연대성

우리는 여러 사람과 함께 살아갑니다. 그리고 우리 곁에는 인공지능이 더 많은 사람의 행복을 위해 활용되고 이를 통해 사회가 긍정적으로 변하도록 노력하는 사람들이 있습니다.

[그림 8] '설리번+' 앱 로고

출처: 투아트

아이들과 '누군가를 위한 인공지능'에 대해 이야기해 보는 것은 어떨까요? 시각장애, 청각장애 등 신체적 다양성을 가진 사람들의 행복한 삶을 위해 인공지능을 활용하는 사례도 아이들과 같이 생각해볼 수 있는 주제입니다.

예를 들어 '설리번+'와 같은 앱을 스마트폰에 설치하여 직접 사용해 보면 어떨까요? '설리번+'는 이미지, 글자, 색깔, 빛, 음성을 인식할 수 있는 인공지능 기술이 사용된 시각장애인 음성안내 앱입니다.

그리고 아이들이 이러한 앱을 체험하는 데 그치지 않고 '왜 이러한 앱을 개발하였을지', '무엇을 고려하여 만들었을지', '이러한 앱이 많아질수록 우리 사회가 어떻게 바뀌어 갈지' 등을 생각해 볼 수 있도록 질문해 주세요. 아이들이 인공지능을 첨단 기술만이 아닌 더 많은 사람의 행복을 위한 기술로도 바라볼 수 있게 될 것입니다.

[그림 9] AI 앰뷸런스 전국 첫 도입… 응급의료 공백 해소 기대

출처: https://www.youtube.com/watch?v=QAiSwAe2bvA

우리 사회의 공공성을 높이도록 인공지능을 활용하려는 노력은 이미 사회 곳곳에서 긍정적인 변화를 만들어내고 있습니다. 국내 일부 지역에서 시범 적용되고 있는 인공지능 구급차는 이송 중인 환자와 구급대원의 중요한 대화를 실시간으로 병원과 공유합니다. 이를 통해 의료진이 환자 정보를 파악하는 시간이 평균 7분이나 절약되었다고 합니다.

또한 인공지능은 한 국가, 일부 집단에게만 영향을 주는 것이 아니므로 우리 사회의 긍정적인 변화를 위해 노력해야 할 뿐만 아니라 국제사회가 연대할 필요가 있습니다. 이와 관련된 인공지능 윤리원칙 10가지 요건 중 하나가 연대성입니다.

최근에 우리가 피부로 느끼고 있는 전 지구적인 문제가 기후변화입니다. "기후변화에 더 먼 나라도, 더 가까운 나라도 없다."라는 말이 있습니다. 모두가 함께 겪는 문제이고 같이 해결해야 할 문제라는 것입니다.

이러한 기후변화의 문제를 해결하기 위해 인공지능이 도움이 될 수 있다는 기대가 높아지고 있습니다. 단, 지속 가능한 미래를 만들어가기 위해 필요한 인공지능의 역할은 사람의 결정에 달려 있습니다.

예를 들어, 초거대 인공지능이 사용하는 전력이 양이 많아질수록 이로 인해 만들어지는 온실가스가 기후변화에 부정적인 영향을 줄 수 있지만 효율적인 알고리즘을 연구하여 전력 사용량을 줄일 수도 있습니다. 인공지능은 위성 이미지 분석을 통해 기후의 변화에 대한 정보를 수집하거나 건물 에너지 소비를 예측하는 데 사용할 수도 있습니다. 반면, 온실가스를 발생시키는 석유 및 가스 탐사를 촉진하는 데에도 사용할 수 있습니다. 자율주행 자동차는 운전을 더 효율적으로 만들 수 있지만 사람들이 대중교통을 이용하는 것보다 자가용을 더 사용하도록 영향을 줄 수도 있습니다.

전 세계가 함께 겪는 기후변화 문제에 인공지능이 도움이 되는 방향으로 나아가기 위해서는 국제사회가 연대성을 갖고 함께 노력해야 합니다. 국가 간 기후 관련 데이터를 공개하고, 공동 연구 및 기술 보급을 위한 정책도 필요합니다. 그리고 인공지능 기술의 윤리적 사용을 위한 규범 및 가이드라인도 필요합니다.

또한 자라나는 아이들에게 인공지능이 가진 잠재력을 책임감 있게 구현하는 것이 사람에게 달려 있음을 알려주어야 합니다.

8 마지막 이야기, 인권 보장

10대 핵심 요건 중 마지막으로 소개하는 것은 인권 보장입니다. 인권은 우리에게 어느덧 익숙한 단어이면서도 아직은 어려운 단어입니다.

우리는 자신의 인권을 중시한 나머지 다른 사람의 인권을 존중하지 못하는 사례를 접하곤 합니다. 학교와 사회에서 인권 교육이 강조된 시점부터 흘러온 시간만큼, 인권이라는 단어는 우리에게 친숙해졌습니다. 하지만 그 뜻에 대한 사람들의 이해가 쉽게 성숙해지는 것은 아니겠지요. 오히려 미숙한 이해로 자신만의 인권을 생각하는 모습도 보입니다.

AI(인공지능) 윤리기준의 10대 핵심 요건 중 하나인 '인권 보장'의 뜻은 어렵지 않습니다. 하지만 자신의 자유, 권리만큼이나 타인의 인권도 동등하다는 것을 함께 강조해야 합니다. 인권의 한쪽 날개로만 날갯짓을 하고 있는 우리 사회에 긍정적인 변화를 일으킬 촉매제는 타인의 인권을 존중하는 사람이 많아지는 것 아닐까요?

인공지능과 함께 살아갈 아이들이 인공지능을 다양한 각도에서 바라볼 수 있도록 윤리적 기준을 길러주는 가운데 가장 중요한 가치는 마지막으로 다룬 '인권 보장'일 것이라 생각합니다.

AI(인공지능) 윤리기준의 3대 원칙과 10대 핵심 요건이 바라보는 방향은 단 하나, '인간성'이기 때문이지요. 우리나라의 AI(인공지능) 윤리기준은 '인간성'을 최고의 가치로 하며 사람이 중심이 되는 것을 인공지능 시대의 바람직한 방향으로 바라보고 있습니다.

아이들과 인공지능에 대해 이야기할 때, 나의 삶에 주는 영향을 생각해 보고 타인에게 주는 영향도 생각해 보도록 질문해주세요. 그리고 국가와 국제 사회까지, 보다 더 많은 사람들을 중심에 놓고 이야기를 나누어 본다면 인공지능 시대를 살아가는 시민으로서 필수인 인공지능 윤리역량을 기를 수 있을 것입니다.

최 현 진

- 서울가락초등학교 교사, 성균관대학교 교육대학원 AI융합교육전공 석사
- 서울특별시교육청 SW · AI 교육 컨설팅지원단
- 네이버 커넥트재단 생성형 AI 윤리 교재 개발
- 전문 분야: 초등 SW · AI 교육, AI 윤리교육

CHAPTER

02

시대를 대비하는 힘, 역량

1. AI 시대에 꼭 필요한 디지털 리터러시 기르기 _ 김정아
2. AI 시대에도 인문학은 여전히 중요하다! _ 정재은
3. 특이점의 시대! 문제는 문해력이다 _ 박희정
4. 정보 교사 남편과 SW 개발자 아내는 아이를 어떻게 키울까? _ 이승엽
5. 플로우(Flow)로 평생 배움을 위한 마음의 근육 만들기 _ 이정은

언제부터인가 '역량(Competency)'이라는 단어는 더 이상 낯설지 않게 되었습니다. OECD의 연구와 국가 교육과정에는 미래 핵심 역량의 개념이 이미 깊숙이 반영되어 있고, 교육 외의 분야에서도 역량의 중요성은 늘 강조되고 있습니다. 국어사전을 찾아보면, '역량'이란 어떤 일을 해낼 수 있는 힘을 의미합니다. 그렇다면 AI 시대를 살아갈 우리 자녀들에게 필요한 힘에는 어떤 것들이 있을까요? 두 번째 장에서는 현직 교사들이 생각하는 미래 핵심 역량에 관한 이야기를 담았습니다. 먼저 AI 시대에 새롭게 부각되고 있는 AI 리터러시와 디지털 리터러시에 대해 알아봅니다. 이어 AI 시대를 대비하기 위해 자녀와 함께 인문학적 소양을 기르는 방법에 대해 탐색해 봅니다. 특이점의 시대를 대비하기 위해 꼭 필요한 문해력과 문해력 증진 실천 방안에 대해 고찰해 봅니다. 다른 직종이지만 SW 분야의 최전선에 근무하는 부모는 자녀교육에 대해 어떤 철학을 가졌는지 함께 이야기해 보고, 마지막으로 평생 학습의 시대에 성숙한 직업인으로 살아가기 위한 미래 역량을 칙센트미하이의 플로우(Flow) 개념을 통해 생각해 봅니다. 두 번째 장의 내용을 통해 앞으로 우리 자녀들에게 어떤 힘이 필요할지, 부모로서 어떤 도움을 줄 수 있을지 함께 고민해 볼 수 있기를 바랍니다.

AI 시대에 꼭 필요한 디지털 리터러시 기르기

김정아

1 디지털 대전환과 인공지능

전 국민 1인 1스마트폰 시대가 도래한 것 같습니다. 이제 초등학교 저학년 학생들이 최신의 스마트폰을 가지고 다니는 것은 특별한 모습은 아닙니다. 게다가 어찌나 잘 다루는지, 설명서도 읽지 않고 뚝딱뚝딱 잘 다루는 것에 기성 세대들은 감탄하기도 합니다.

그런데, 스마트폰으로 가장 많이 하는 작업은 무엇일까요? 가장 많이 사용하는 기능으로 스마트폰을 다시 명명한다면, 뮤직 플레이어, 사진기, SNS 메신저, Youtube 재생기 정도로 불러야 할지도 모르겠습니다. 스마트기기를 잘 다루는 것과 AI 기반의 디지털 도구를 효과적으로 다루는 것에는 큰 차이가 있습니다.

근래 많은 나라들이 전문성을 갖춘 AI 인재를 양성하기 위해 앞다투어 논의하는 것만 보아도 AI 기술이 이 시대에 꼭 필요한 것임을 알 수 있습니다. 전 세계 선진국들은 인공지능 우위를 선점하기 위해 과학 연구, 인재 개발, 기술 및 교육, 공공 및 민간 부문에서 윤리 및 규정 마련, 기반 인프라 구축 등 인공지능 선도 전략을 추진 중입니다.[1] AI가 인간 삶의 모든 영역에 혁신적으로 광범위하게 직간접적으로 영향을 끼칠 것이 분명합니다.

지금의 어린이들, 즉 우리의 미래 세대가 AI의 수동적 소비자가 되지 않기를 바라는 마음입니다. 반드시, AI 전문가로서의 역량을 갖춘 인재가 되라는 것이 아니라, AI에 관한 이해를 바탕으로 AI를 활용해 문제를 해결하는 역량을 기를 수 있는 시간이 있었으면 좋겠습니다.

---

1 관계부처 합동 (2019), 인공지능(AI) 국가전략, https://www.msit.go.kr/bbs/view.do?sCode=user&mId=113&mPid=238&bbsSeqNo=94&nttSeqNo=2405727

2 AI 리터러시(Artificial Intelligence Literacy)

그러면, AI 역량, AI 시대의 인재가 되기 위해 우리에게 필요한 것은 무엇일까요? 제가 교육 현장에서 느끼는 구체적인 방법은 디지털 리터러시로부터 AI 리터러시를 기르는 것입니다.

먼저 AI 리터러시와 디지털 리터러시의 관계를 살펴보기 위해 AI 리터러시에 대해 알아야 합니다. '읽고 쓸 수 있는 능력'이라는 리터러시(Literacy)가 AI라는 내용적 요소와 만나 AI 리터러시 또는 AI 역량이라고 말합니다. AI 리터러시는 AI 시대에 필요한 전반적인 역량을 포괄하는 개념으로 보고 AI 기술을 다루는 데 요구되는 포괄적 역량이라고 개념화할 수 있습니다. 최근 연구·발표된 AI 리터러시는 "AI를 인지하고, AI에 대한 기술적 지식과 윤리적이고 비판적 이해를 바탕으로 AI 기기나 서비스를 생활과 업무에 적용할 수 있는 능력으로 더 나아가 AI를 설계하거나 창의적인 결과물을 산출하고 AI를 바탕으로 사회와 상호작용 할 수 있는 능력"으로 정의하였습니다.[2]

초등학생들 수준의 AI 리터러시로 바꾸어 표현해 본다면, 다음과 같이 서술할 수 있을 것 같습니다.

Tip AI 리터러시

> AI 도구를 구분하고, AI에 대한 기초적인 지식을 가지고, 윤리적이고 비판적 이해를 할 수 있으며, <u>AI 기기나 서비스를 생활과 학습활동에 적용</u>할 수 있는 능력, 더 나아가 AI 모델을 만드는 과정을 체험해 보고, <u>AI 서비스를 활용</u>하여 창의적인 결과물을 산출하고 <u>AI를 바탕으로</u> 사회와 상호작용할 수 있는 능력을 말한다.

AI 리터러시를 보면 디지털 리터러시가 보입니다. 우리는 AI 기술을 비롯한 디지털 기술을 효과적으로 활용하는 것이 필수 역량이 된 디지털 사회에 살고 있습니다. AI에 대한 기초적인 지식을 이해하기 위해 우리는 디지털 기기를 사용하여 실

2 황현정, 황용석 (2023), 「AI 리터러시 개념화와 하위차원별 세부 역량 도출에 관한 연구」, 사이버커뮤니케이션학보, 40(2), pp.89−148

습합니다. AI 기기나 서비스는 모두 디지털 기기를 매개로 하고, 대부분 인터넷 서비스를 바탕으로 활용할 수 있습니다. 디지털 리터러시는 AI 리터러시라는 거대한 흐름의 기초 역량입니다. 즉 디지털 리터러시에 대한 소양과 역량 없이 AI 역량을 키우는 것은 거의 불가능해 보입니다. 초등학교 수준에서 특히, AI 리터러시와 함께 디지털 리터러시의 중요성을 강조하는 이유입니다.

3 디지털 리터러시(Digital Literacy)

이제 디지털 리터러시에 대해 알아보겠습니다. 간단히 말하면 디지털 리터러시는 디지털 시대에 필수적으로 요구되는 정보 이해 및 표현 능력입니다. '읽고 쓸 수 있는 능력'의 리터러시(Literacy)가 디지털 플랫폼과 만나 다양한 미디어를 접하면서 명확한 정보를 찾고, 평가하며, 조합할 수 있는 개인의 능력을 뜻합니다.

Tip 디지털 리터러시

디지털 기기를 다루고, 디지털 정보를 이해하고 활용하면서 새로운 정보를 창출하고, 윤리적 태도를 갖고 다른 사람과 소통하고 협력하면서 문제를 해결하는 능력을 말한다.

Gilster가 1997년에 디지털 리터러시라는 용어를 처음 사용한 이후, 디지털 리터러시는 이제 변화된 세상을 반영하여 읽기, 쓰기, 셈하기와 함께 필수적인 기초 소양으로 인식되고 있습니다.[3] 학생 수준에서는 일상생활과 학습 활동을 위해 디지털 기기를 목적에 맞게 활용하는 능력이라고 할 수도 있습니다. 실제로 학교에서 학생들은 다양한 교과 활동과 체험 활동 과정에 PC나 스마트패드를 이용해서, 자료 찾기, 자료 정리, 발표 자료 제작과 같은 활동을 주로 합니다. 이때, 사실 모든 영역의 디지털 리터러시가 활용됩니다.

---

3 Chapman, B. (1999), 『Digital Literacy: By Paul Gilster』, New York: John Wiley & Sons, 1997, p.276

UNESCO는 세부적으로 '디지털 활용', '디지털 참여', '디지털 보안 및 탄력성', '디지털 정서 지능', '창의와 혁신'으로 구분하여 디지털 리터러시의 핵심역량을 제시하고 있습니다.[4] 국내 교육 정책에도 디지털 리터러시 역량을 중요하게 다루고 있습니다. 초등학교 1~2학년에서 2025년부터 적용되는 2022 개정 교육과정 주요 배경 요소로 인공지능 기술 발전에 따른 디지털 전환에 따라 미래 사회의 불확실성에 능동적으로 대응할 수 있는 능력과 자신의 삶과 학습을 스스로 이끌어가는 주도성을 함양(교육부, 2022, 초·중등학교 교육과정 총론)하는 것을 교육과정의 첫 번째 중점으로 제시하였을 뿐 아니라, 언어, 수리 소양과 함께 모든 교과를 통해 함양할 수 있는 기초 소양으로 디지털 소양을 제시하고 있습니다. 정보 교과에서는 3가지 역량을 컴퓨터 사고력, 디지털 문화 소양, 인공지능 소양으로 설정하였고, 데이터 및 인공지능 교육에 관한 특별한 변화를 확인할 수 있습니다.

AI 기술의 발전은 우리 생활을 매우 편리하게 할 수 있습니다. 내 손안의 스마트폰을 이용해서 AI 비서로 사용하고, 카메라로 찍은 사진을 상황에 맞게 변환할 수도 있습니다. 또, 우리는 앞으로 스마트폰 이외 AI 기술이 탑재된 더 강력한 스마트기기를 사용하게 될 것입니다. 스마트폰에서는 주로 앱(애플리케이션) 위주의 도구를 이용한다면, PC는 웹(Web)이라고 하는 인터넷 기반 도구를 사용하게 됩니다. 그런데, 스마트폰에 익숙한 친구들이 PC 환경에서의 도구들을 활용하지 못하는 경우가 많습니다. 우리 자녀들이 스마트폰이나 PC를 아주 비싼 게임기로 사용하지 않고, 생산성 있는 활동을 위한 도구로 사용하기 위해서는 디지털 기기를 다루고,

국어과 발표 자료를 제작, 공유하는 학생들

사회과 조사 활동 중인 학생들

[그림 1] **디지털 리터러시 활용 수업 사례**

출처: 저자 제공.

4 Law, N. W. Y., Woo, D. J., de la Torre, J., & Wong, K. W. G. (2018), 「A global framework of reference on digital literacy skills for indicator 4.4.2.」, UNESCO

활용하는 능력, 정보를 창출하고, 윤리적 태도로 다른 사람과 소통하는 능력 등을 익히고 내면화해야 할 때입니다.

4 생활 속에서 디지털 리터러시 키우기

학교에서는 '디지털 기기를 활용한 정보 찾기', '디지털 콘텐츠 제작' 등을 통해 디지털 리터러시를 기르고 있습니다. 아쉽게도 학교에서의 활동으로 디지털 리터러시를 기르는 것은 한계가 있습니다. 학교의 교육과정은 법률로 정해진 기준으로 학년 군별로 정해진 시수에 따라 운영됩니다. 디지털 기기를 활용하는 수업 시간에 디지털 기기를 활용하는 것부터 차근차근 배울 만한 충분한 시간이 확보되지 않은 것은 큰 문제입니다.

디지털 원주민으로 불리며, 디지털 기기를 잘 다룰 것이라고 여겨지는 학생들이 굳이 기본적인 내용을 배워야 할까 궁금하시겠지만, 생각보다 스마트폰 활용 이상의 것은 아주 처음부터 다시 배워야 하는 정도입니다. 정말 그런가 하고 반문할 수 있지만, 초등학교 중학년 이상의 아이들도 "웹브라우저에서 주소를 입력합시다." 하고 하였을 때, 검색창에 열심히 쓰고는 제대로 작동이 안 된다며, 곤란함을 표현합니다.

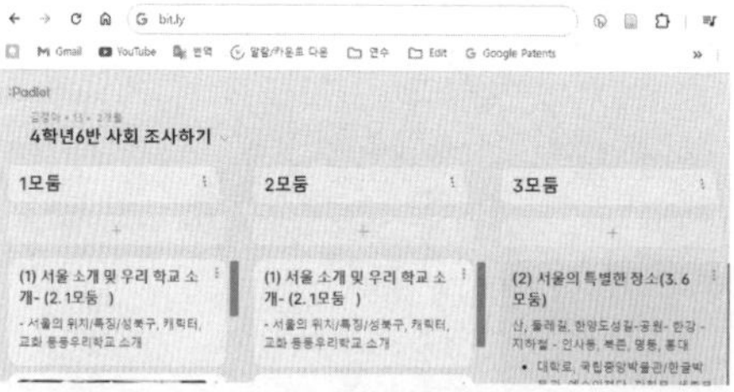

좋은 예: 주소창에 홈페이지 주소를 입력

잘못된 예: 포털 검색창에 홈페이지 주소를 입력

[그림 2] **디지털 리터러시 활용 수업 사례**

출처: 저자 제공.

또, 검색을 잘한다고 자신한 아이들이 검색창에 문장으로 검색을 하고 어려워하는 경우도 많습니다. 기본적인 디지털 리터러시가 생활 속에서 의미 있게 향상되어야 하는지 공감이 되었기를 바랍니다. 디지털 리터러시의 감각을 익히는 것도 중요합니다. 요즘 친구들은 궁금한 것도 많고, 질문도 서스럼없이 잘합니다. 그런데, 막상 본인의 질문을 해결해줄 만한 정보 탐색 방법을 잘 알고 있는지 궁금해집니다.

누군가는 요즘 지식 공부가 필요 없다고 합니다. 이렇게 지식에 접근하기 쉬운 시대가 또 있었던가 싶을 정도로 우리는 마음만 먹으면 원하는 정보를 찾기 쉬운 세상에 살게 되었습니다. 그런데, 과연 정말 모든 사람이 필요한 정보를 정확하게 찾아서 목적에 맞게 활용할 수 있을까요?

스스로 정보를 찾아가는 것도 배워 나가야 합니다. "AI가 뭐예요?"라고 물었을 때, 어른들은 잠깐만, 하고 검색한 후 정답을 알려주곤 합니다. 그래서인지 많은 학생들은 AI가 무엇의 약자인지 찾아보라고 하면, 검색창에 "AI가 무엇의 약자인가요?" 내지는 "AI가 뭐예요?"라고 입력합니다. 최근 ChatGPT와 같은 대화형 인공지능 검색 방법으로는 원하는 대답을 얻을 수 있지만, 우리가 확인하고 싶은 정확한 정보들은 대부분 믿을 수 있는 정보를 찾기 위한 노력이 필요합니다.

[그림 3] **'문화재'에 대한 검색 방법 비교**

출처: 저자 제공.

우리나라는 세계 최고의 통신망을 기반으로 디지털 기반 교육을 지향하고 있습니다. 에듀테크[5]를 활용하여 학생 개개인 맞춤 교육을 지향합니다. 2025학년도부터

---

5 에듀테크는 교육을 뜻하는 '에듀'와 기술을 뜻하는 '테크'의 합성어로 교육에 AI 등의 기술을 접목한 교육 서비스, 앱 등을 말한다.

초등학교 3~4학년 및 중학교 1학년에게 도입되는 AI 디지털 교과서는 수학, 영어, 정보교육 교과입니다. AI 디지털 교과서는 AI 튜터링 시스템이 포함되어 학습자 개개인의 학습 이력이 기록되고, 분석될 전망입니다. 과목별 특수성을 살려 외국어 교과 활동을 위해서는 AI 음성 인식도 활용될 것입니다.

변화되는 교실 환경을 상상해 봅니다. AI 디지털 교과서 도입을 위해, 무엇을 지원하고 있을까요? 1인 1기기 환경을 조성하기 위해 지원 중입니다. 크롬북, 웨일북과 같은 교수학습 전용 디지털 기기를 구입하고 있습니다. 이전 초등학교에 많이 구비했던 스마트 패드는 교수학습용으로 적절하지 않다는 평가로 인해, 노트북 형태의 기기로 교체되고 있습니다. 크롬북, 웨일북은 교사와 학생들 간에 수업 자료를 주고받을 수 있고, 다양한 방법으로 학생들이 자료를 수집하고, 가공하는 데에 제약이 적습니다. AI 기술 발전으로 더 좋은 기술을 활용하기 위한 기능을 구현할 수 있는 기기로 계속 업데이트되고 있습니다. 디지털 기기에 대한 막연한 두려움을 이겨내고, 자신 있게 학습활동을 할 수 있는 수준의 디지털 친밀감은 생활 속에서 기를 수 있습니다.

검색이 세상에서 가장 쉽게 느껴지는 어른들과 다르게, 학생들에게 정보 검색은 낯선 작업입니다. 검색용 포털이나 홈페이지 등은 학생용으로 제작된 경우를 제외하고, 수준 높은 단어들로 이루어져 있습니다. 학생들 대부분 수많은 버튼과 안내어로 된 자료들이 어렵고, 어디로 가야할 지 모르겠다고 합니다. 검색한 자료의 진위나 중요성을 판단하기도 어렵고, 그 전에 적합한 자료를 찾아내는 것도 그들에게는 익숙하지 않은 작업입니다.

'이순신'에 관한 자료를 찾아 발표 자료를 만들던 적이 있었습니다. 우리 어린이들은 검색하고 제일 첫 번째 나오는 링크를 클릭하고, 그 정보를 이용해서 발표 자료를 만들었습니다. 여섯 모둠 중 두 모둠이 이순신 장군에 관한 웹소설의 줄거리를 가지고, 발표하는 해프닝이 있었습니다.

위와 같은 환경 변화에 따라 꼭 필요한 디지털 리터러시 중 디지털 활용과 참여 역량 신장을 위해 기본적인 역량은 '타자' 능력입니다. AI 시대에 뜬금없는 제안 같지만, 꼭 필요한 능력입니다. AI 기반의 음성 인식, 이미지 인식이 가능하지만, 기본적으로 자료를 수집하기 위해 키워드를 입력하고, 자기의 말로 서술하는 데에는 타이핑이 필수입니다.

자료수집과 정리를 위한 AI 도구는 현재 많이 나와 있습니다. 학교에서는 요즘, 캔바 AI(canva.com)를 활용해서 발표 포스터를 만들고, 감마 AI(gamma.app)를 활용하면, 프레젠테이션도 만들 수 있습니다. AI 도구를 활용하는 방법을 알려주고, 학생들이 따라 만드는 것은 어렵지 않은 일 중 하나입니다.

[그림 4] Gamma 활용 발표 자료

출처: 저자 제공.

오히려, 학생들이 어려워하는 것이 자료수집, 글쓰기 등의 활동이라는 것은 시사하는 바가 있습니다. 인문학적 감수성과 문해력의 중요성은 다른 장에서도 많이 강조되는 부분이므로 논외로 하고, 아이디어를 디지털 기기로 정리하는 활동에 집중해 보려고 합니다.

한 가지 확실한 것은 인공지능(AI)은 사람들로부터 시작된 기술이고, 우리는 끝없이 어떻게 이롭게 사용할 것인지 고민해야 한다는 것입니다. 제가 매일 마주하고 있는 학생들을 위해 제가 하고 싶은 말은 "새로운 도구를 반갑게 맞이하자."입니다. 도구의 활용법을 이해하고, 숙련하는 것이 목적은 아니지만, 이용할 수 있는 능력을 마련해 주고 싶습니다.

도구는 말 그대로 도구입니다. 도구를 사용하는 법을 모른다면, 아무리 좋은 도구를 손에 쥐어도 활용할 수 없습니다. 학교에서 교육과정을 통해 디지털 리터러시와 인공지능 리터러시를 기르기 위한 노력은 계속되고 있습니다. 그러나, 리터러시는 단편적인 교육으로는 쉽게 길러지지 않습니다. 생활 속에서 기본 개념을 내면화하고, 안전하게 생활화하는 과정이 꼭 필요한 이유입니다. 마지막으로 우리 자녀들이 생활 속에서 안전하게 디지털 리터러시를 기를 수 있도록 가정에서 함께할 수 있는 활동을 제안합니다.

5 생활 속에서 안전하게 디지털 리터러시 키우는 활동

(1) 함께 검색하고, 정보 선택 과정에 관해 이야기해 보기(디지털 활용, 디지털 정서 지능)

태어나자마자 디지털 기기를 활용하고 있는 자녀 세대에게는 디지털 원주민이라는 별칭이 생겼습니다. 그런데 디지털 원주민들이 일상에서 배워야 하는 것은 무엇인지 생각해 봐야 할 때입니다. 일부 기기에 익숙해서 오락용 콘텐츠를 소비하는 것에 시간을 할애하는 학생들이 디지털 기기 기반의 학습활동을 하는데 필요한 능력을 갖추었다고 생각할 수 없습니다.

Tip 인터넷 지도와 검색 기능을 활용해서 정보를 탐색하기 - AI 활용 인터넷 검색을 통해 여행 계획 방법

① 방법
- 친척의 집이나 목적지를 정해서 이동 방법과 경로 찾아보기
- 미래의 여행 계획을 구체적으로 세워보기
- 구글 어스(google.co.kr/intl/ko/earth)에서 지구 곳곳을 탐색하기

② 대화
- 겨울방학에 부산에 가려면 어떤 정보가 필요할까?
- 할머니댁까지 가는 방법을 인터넷 네비게이션을 활용해서 찾아보자.
- 30일간 여행할 수 있는 시간이 생겼다면, 어디에 가보고 싶어? 함께, 계획을 세워보자.
- 에펠탑이 궁금하구나. 그럼 구글 어스에서 한 번 찾아볼까? 3D 사진으로 함께 둘러보자.
- GPS(Global Positioning System)와 인터넷 기술의 발달로 우리 생활에 도움이 되는 것은 또 무엇이 있을까?

AI 도구가 추천하는 여러 가지 제안 중에서 효과적이고 필요한 것을 선택하는 능력은 배우고 익히는 과정이 필요합니다. 편리한 학습 도구로 디지털 기기를 활용할 수 있는 자신감을 심어주기 위해서는 일상생활 속에서 원하는 정보와 자원을 찾는 과정을 경험해 보아야 할 것입니다. 자녀와 함께 인터넷 검색을 통해 여행 계획을 짜 보는 것을 추천합니다.

(2) 메일 계정 만들어 보기(디지털 보안 및 탄력성, 디지털 참여)

이메일 계정이 생긴다는 것은 디지털 세상에서 나의 명함이자 우편함이 생기는 것과 같습니다. 학교에서 사용하는 교육용 계정이 아니라, 개인용 계정을 만들 때는 보호자의 인증이 반드시 필요합니다. 자녀와 함께 이메일 계정을 만들면서, 이메일 사용 시 유의할 점을 함께 이야기해 보는 것을 권장합니다. 이메일로 간단한 편지를 주고받으면서, 이메일의 편리함과 디지털 기록이 오랫동안 남아서 좋은 점과 나쁜 점을 이야기할 수 있습니다.

Tip 이메일 계정 만들고 활용하기 - 이메일 계정 만들고 활용할 때 질문하면 좋은 발문

① 방법
- 이메일 계정 만들기
- 이메일 이용해서 편지 쓰는 방법 알기

② 대화
- 이메일을 만들 때 왜 보호자 인증이 필요할까?
- 디지털 기록의 유효기간은 언제까지일까?
- 비밀번호는 어떻게 관리해야 할까?
- 이메일이나 SNS를 통해 개인정보는 어떻게 관리해야 할까?
- 이메일에도 편지글처럼 규칙이나 예의가 있을까? 이메일에는 어떤 정보가 꼭 있어야 할까?
- 잘 모르는 사람으로부터 온 이메일은 어떻게 처리하는 게 좋을까?

(3) 타자 연습하기(디지털 활용)

디지털 대전환의 시대라는 말을 들어보신 적이 있을 것입니다. 디지털 기기가 공책과 연필을 대신하고, 이미지에서 글자를 뽑아내 문서화하고, 그리고 싶은 그림을 주문하면, 생성형 AI가 그림을 그려줍니다. 그런데, 잊지 말아야 할 사실은 바로 시작과 끝은 본인이 해야 한다는 것입니다.

주제가 무엇인지, 목적이 무엇인지 판단하고, 적합한 도구를 찾아 활용하는 것, 그리고 이 과정이 결코 한 번으로 끝나지 않을 것임을 알고, 검토하고 수정해서 나의 작업으로 만드는 과정은 여전히 우리의 몫으로 남아있습니다. 인공지능(AI) 기술이 발달하는 과정을 보는 사람들의 시각은 다 달라서, 기술 발달에 따라가지 못할까 걱정하기도 하고, 무작정 인공지능(AI)이 다 해줄 것으로 기대하는 사람들도 있습니다. 그러나 최근 생성형 AI를 효과적으로 활용하기 위해 프롬프트(명령문, 원하는 것은 구체적으로 지정하여 지시하는 역할을 함)가 중요해진 것을 보아도, 여전히 생각하는 바를 문장으로 적는 활동은 생각의 정리와 함께 중요성이 강조될 것입니다.

아이와 함께 타자 연습하기를 할 때는 키보드에 있는 키의 이름을 확인해 보고 맨 처음부터 손가락의 자리를 일치시키면서 연습하는 것이 중요합니다.

한컴 타자연습

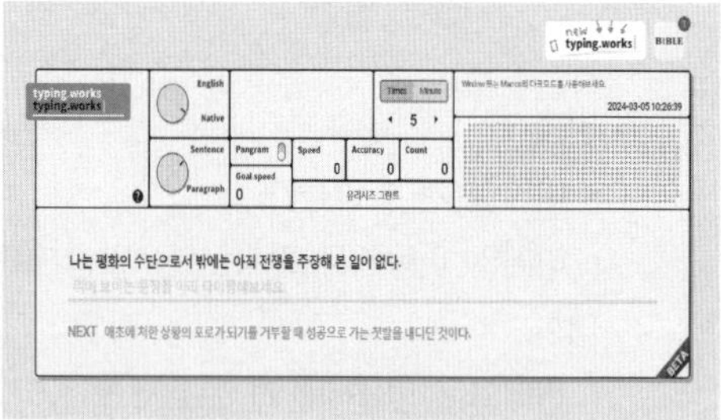

타이핑웍스

[그림 5] **타자 연습 사이트**

출처: 좌 – hancomtaja.com, 우 – typing.works

Tip 키보드에 있는 키의 이름 알아보기 - 아이에게 질문하면 좋은 발문

① 방법

- 키보드에 있는 키의 이름을 확인하기
- 타자 연습하기

② 대화

- 처음 연습할 때, 손가락의 자리를 일치시키면서 연습하는 것이 중요한 이유가 무엇일까?
- 우리 타자 연습하고 실력을 대결해 보자.
- 키보드 아래 제일 긴 키의 이름은 무엇일까?
- 특수문자(!, @, #) 등을 입력하고 싶을 때에는 어떤 키를 눌러야 할까? 이 키는 뭐라고 부를까?

(4) 인공지능 기반 도구 활용하기(디지털 활용, 창의와 혁신)

일상생활에서 인공지능 기반 도구를 사용하는 일은 이제 어렵지 않습니다. TV를 켜고, 끄고, 인공지능 스피커를 이용해서 음악을 추천받고, 에어컨 온도를 조절할 수도 있습니다. 그뿐 아니라 스마트폰의 센서를 활용한 애플리케이션은 AI 기술을 활용한 새로운 시도를 확인할 수 있습니다. Google 아트 앤 컬쳐 애플리케이션은 나의 얼굴 생김새를 분석하여 전 세계의 자화상 중에 비슷한 작품을 찾아 보여줍니다. 새로운 가구를 들여놓고 싶은데, 우리 집과 어울리는지 궁금하다면, 가구 업체의 애플리케이션을 이용하여 실제 나의 방 사진 위에 가구를 배치해 볼 수도 있습니다. 생활에서 사용해 보는 도구들은 실제 문제 해결 여부와 관계없이 인공지능 기술의 방향과 한계점을 돌아볼 수 있게 해줍니다.

먼저 아이와 인공지능 학습 도구를 이용해 봅시다. 그런 면에서 인공지능 학습 플랫폼 역시 사용해 볼 만합니다. 외국어 학습용 어플은 음성을 분석해서, 점수화해 주고 퀴즈를 통해 약점을 보완할 수 있는 학습 솔루션을 제안해 줍니다. 학습을 위한 보조 수단으로서의 도구들이 어떻게 학습자를 돕고 있는지 경험해 볼 수 있는 기회입니다. 시도해 보면, 향후, 학교에 도입되는 인공지능 기반 디지털 교과서가 어떤 방식으로 학교에 도입될지 예상할 수 있을 것입니다.

칸아카데미에서 수학 문제 풀기

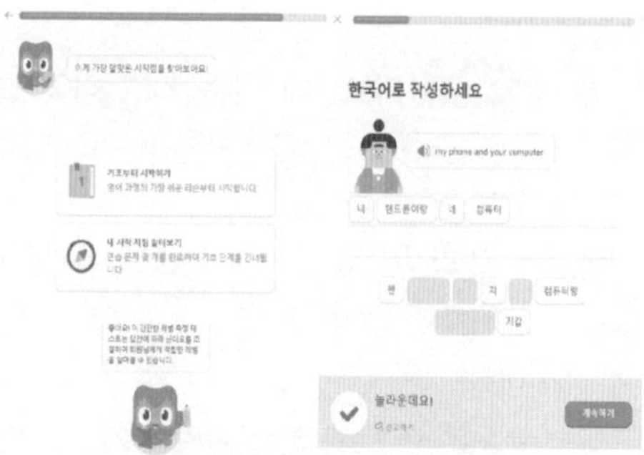

듀오링고를 활용한 영어 공부

[그림 6] **인공지능 학습 도구인 칸아카데미와 듀오링고로 학습하는 장면**

출처: 좌 – ko.khanacademy.org, 우 – ko.duolingo.com

Tip 인공지능 학습 도구를 이용해 보기 - 인공지능 학습 도구 활용 방법 및 발문

① 방법

- 칸아카데미(Khanacademy)를 이용해서 수학 및 데이터 과학 학습하기
- 듀오링고(Duolingo)를 이용해서 영어 공부해보기
- 구글 아트 앤 컬쳐(Google Art and Culture)로 미술 작품 감상하기
- 구글 아트 앤 컬쳐(Google Art and Culture) 인공지능 실험실(experiments.withgoogle.com/collection/arts-culture)에서 창의적인 작품 체험하기

② 대화

- 칸아카데미에서 수학 문제를 풀다보면, 문제집을 풀던 방식하고 다른 점이 있니?
- 공부하고 있는 진도와 평가 점수가 기록되는 것을 보니 어떤 생각이 드니?
- 아빠가 영어 공부 애플리케이션을 사용해 보니까, 매일매일 꾸준히 하는 게 꽤 어렵네. 너는 잘되고 있니?
- 아트 앤 컬처로 인상파 화가들의 작품을 찾아보자. 엄마, 아빠가 좋아하는 '모네'의 그림도 원본으로 감상할 수 있어. 비슷한 분위기의 작품도 추천해 주네. OO(이)가 고른 작품도 확대해서 보자.
- 아트 앤 컬쳐 인공지능 실험실에서는 전 세계 예술가와 창작자들이 AI를 활용한 시도들을 우리가 직접 체험해 볼 수도 있어. 어떤 도전을 하고 있는지 구경해 보자.

(5) 생성형 인공지능 도구 활용하기(디지털 활용, 창의와 혁신)

보호자와 안전하게 생성형 AI를 체험해 보는 방법도 있습니다. 생성형 AI를 활용해서 그림도 그리고, 글도 쓸 수 있다는 것을 많이 알고 계시겠지만, 생성형 AI 자체가 내포하고 있는 문제점 때문에 학교에서 경험하는 것은 한계가 있습니다. 생성형 AI 플랫폼에서도 항상 어린이, 청소년의 사용에 관하여 보호자의 역할을 강조하고 있습니다. 하지만, 빠르게 변화하는 기술과 도구를 활용하는 것을 언제까지나 방어적으로 제한할 수는 없는 노릇입니다. 이때, 생활 속에서 보호자와 함께 경험하는 것은 좋은 대안이 될 것입니다. 아이들과 함께 생성형 AI를 활용해서, 그림을 그려보고 인공지능이 그린 그림과 사람이 직접 그린 그림을 비교해 보고, 어떻게 하면 원하는 그림을 그릴 수 있을지 정교화해 보는 것을 추천합니다.

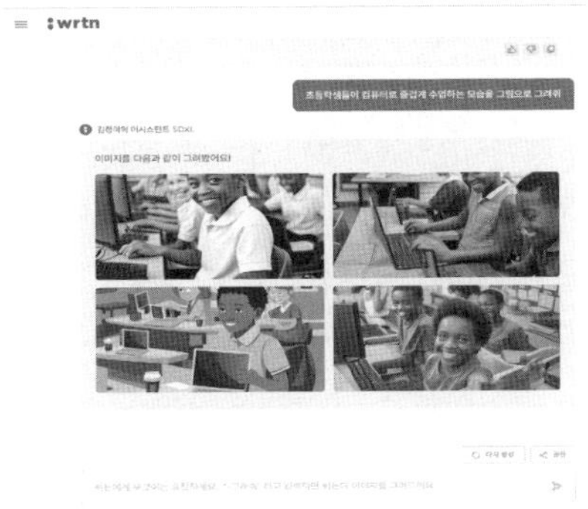

뤼튼에서 그림 그리기

이미지크리에이터에서 일러스트 그리기

[그림 7] **생성형 이미지를 제작하는 장면**

출처: 저자 제공.

Tip 보호자와 안전하게 생성형 AI를 체험해 보기 - 인공지능 학습 도구 활용 방법 및 발문

① 방법

- 뤼튼(Wrtn.ai)에서 대화하고 그림 그리기
- 이미지크리에이터(www.bing.com/images/create)에서 일러스트 그림 그리기

② 대화

- 뤼튼에서 대화하듯이 궁금한 걸 물어보면, 인공지능 챗봇이 가장 적절한 답변을 해준대. 우리 함께 궁금한 걸 물어볼까?
- AI가 무엇인지 궁금했구나. 우리 그럼 "AI가 뭐야?" 이렇게 적어보자.
- 더 궁금한 걸 질문해 보렴.
- 우리 청소년(미성년자)이 뤼튼을 사용할 때, 알아야 할 유의점이 무엇인지도 질문해 보자.
- 우리가 필요한 그림도 그려볼까?
- 뤼튼이나 Bing의 이미지크리에이터에서는 "~을 그려줘."와 같은 방식으로 요청하면, 원하는 그림을 그려준대. 한번 해보자.
- 와! 멋진 그림이 만들어졌네. 디즈니 만화처럼 그린 그림이 필요하면, "디즈니 만화처럼 그려줘."와 같은 방식으로 구체적으로 원하는 내용을 적으면 돼.
- 네가 원하는 그림이 나올 때까지, 질문을 구체적으로 만들어보자.

김 정 아

- 서울일신초등학교 교사
- 동국대학교 교육대학원 AI융합교육전공 석사
- AIEDAP(아이에답) 마스터 교원, 서울성북강북 에듀테크 & AI 선도교사
- 전문 분야: AI 코스웨어, 데이터과학, 디지털 리터러시

AI 시대에도 인문학은 여전히 중요하다!

정재은

1 인공지능 시대니까 코딩 학원부터?!

"소식 들었어? 요즘 인공지능이 안 사용되는 곳이 없대. 애들이 앞으로 인공지능 시대를 살아가려면 뭘 가르치면 도움이 될까? 옆집 ○○이네도 코딩 학원 보낸다던데, 요즘 인공지능 개발자가 그렇게 돈을 많이 번다고 하더라고…."

최근 들어 코딩 학원은 부모님들 사이에서 거의 필수 교육과정처럼 여겨지고 있습니다. 예전에는 영어, 수학, 독서 논술학원과 함께 피아노, 태권도, 미술학원 등이 자녀의 특기 신장을 위한 전통적인 선택이었다면, 지금은 한글도 제대로 모르는 아이들조차 타자도 칠 줄 모르면서도 코딩 학원에 다니는 경우가 많습니다. 부모님들은 자녀가 미래 사회에서 경쟁력을 갖추기 위해서는 코딩 능력이 필수라고 생각합니다. 사실 코딩 교육은 대한민국 부모님들 사이에서만 강조되는 것이 아닙니다. 미국의 'CS for ALL'로 대표되는 '모두를 위한 컴퓨터 과학'뿐 아니라, 영국, 중국, 핀란드의 정규 수업 내 코딩 교육만 보아도, 전 세계적으로 코딩 교육 열풍이 불고 있다고 할 수 있습니다.

우리나라에서도 2015 개정 교육과정에서부터 소프트웨어 교육이 중요하게 도입되었고, 2022 개정 교육과정에서는 국어, 수학 교과와 함께 '디지털 기초소양'이 강조되고 있습니다. '디지털 기초소양'이란 태어날 때부터 스마트기기를 접하는 요즘 아이들이 스마트 기기를 활용하여 필요한 정보를 얻고 소통하는 데 기본적으로 필요한 역량이라고 할 수 있습니다. 이는 데이터와 소프트웨어 지식이 필수적 역량이 된 디지털 시대로의 전환을 맞아, 기술 중심의 미래 사회를 대비하는 긍정적인 움직임으로 볼 수 있으나, 동시에 인문학적 소양의 가치를 상대적으로 간과하는 결과를 가져오고 있습니다.

인문학적 소양의 가치가 간과되는 경향은 대학 입시에서도 두드러집니다. 인공지능의 활약과 함께 이공계열의 중요성이 강조되면서 국내 인문계열 학과는 2012년 976개에서 2020년 828개로 감소했다고 합니다. 최근 5년 사이 학부 과정의 인문학 전공 단위(학과)는 16%가 폐지됐고, 사회과학 전공 단위는 8%가 사라졌다고 합니다. 정부의 연구 예산은 과학기술 분야에 편중되었으며, 인문사회 학술 연구에 대한 지원은 정부 연구 개발예산의 1% 정도에 그친다고 합니다.[6]

이러한 현상의 배경에는 급변하는 기술 사회에서의 생존과 성공을 위해 필요하다고 여겨지는 기술 중심의 교육 체계에 대한 강한 수요가 있습니다. 인공지능, 빅데이터, 로봇공학 등의 분야에서 빠르게 발전하는 기술은 사회의 여러 분야에서 중요한 역할을 하고 있으며, 이에 대한 이해와 숙련은 미래 세대의 경쟁력을 결정짓는 핵심 요소로 여겨집니다. 그러나 이 과정에서 인문학이 가진 깊은 사고, 비판적 분석, 윤리적 판단 등의 가치는 상대적으로 소홀히 다루어지고 있습니다.

2 코딩 교육의 한계와 인공지능 교육의 본질

인공지능 시대의 도래와 함께 코딩 및 기술 교육이 중요시되고 있음을 인지하는 것은 필요합니다. 다만, 이러한 교육이 갖는 한계와 본질에 대한 심도 깊은 이해도 필요합니다. 이러한 맥락에서 2장에서는 코딩 교육의 현실적 한계와 단점을 분석하고, 인공지능 교육의 진정한 본질에 대해 고찰해 보고자 합니다.

코딩 위주의 교육은 여러 가지 면에서 현실적 한계를 보입니다. 실제 많은 학교와 교육 기관에서 제공하는 코딩 수업은 주로 프로그래밍 언어의 기본 문법과 간단한 알고리즘 작성에 집중된 교육과정으로 이루어져 있습니다. 이 과정에서 학생들은 블록 코딩이나 파이썬을 통해 기본적인 프로그램을 작성해 봅니다. 그러나 이러한 수업은 프로그래밍 언어의 문법이나 알고리즘의 이해와 같은 기술적 요소에 초점이 맞추어진 것으로, 실제적인 문제를 해결하거나, 창의적인 프로젝트를 기획하는 데 필요한 능력이 충분히 개발되지는 않습니다. 그 결과, 문제 해결 능력, 창의적 사고, 협업과 같은 중요한 능력들은 상대적으로 소홀히 다뤄지곤 합니다. 코딩

6 이용권 (2023), AI 시대 재앙될 인문학 몰락, 문화일보, https://m.munhwa.com/mnews/view.html?no=2023061201033021080001

이라는 기술적 기능을 단순히 도구로서 다루지 못하고, 이를 통해 무엇을 창조하고, 어떻게 문제를 해결할 수 있는지에 대한 교육이 부족하면, 학생들의 기술 사용자로서의 역량은 강화될 수 있지만, 창조적이고 비판적인 사고를 하는 능력은 상대적으로 약화될 수 있습니다.

또한, 코딩 교육이 모든 학생에게 똑같이 적합한 것은 아니라는 점도 고려해야 합니다. 일부 학생들은 기술적 사고와 수리적 능력에서 자연스럽게 두각을 나타내지만, 다른 학생들은 이러한 방식의 학습에 어려움을 겪을 수 있습니다. 마찬가지로, 모든 학생이 프로그래밍에 동일한 수준의 흥미나 재능을 가지고 있는 것은 아닙니다. 일률적인 코딩 교육은 오히려 다양한 학습 스타일과 능력을 지닌 학생들의 요구를 만족시키지 못할 수 있습니다. 또한 학습 기회의 불균형을 초래하고, 기술 교육에 대한 접근성 문제까지 야기시킬 수 있습니다.

이러한 코딩 교육의 한계를 인식하는 것은 인공지능 교육의 본질을 이해하는 데 중요합니다. 인공지능 교육은 단순히 성능이 우수한 기술을 개발하는 데 그쳐서는 안 됩니다. 그럼에도 불구하고, 인공지능 교육의 본질에 대한 오해는 현대 사회에 널리 퍼져 있는 문제입니다. 대부분의 인공지능 교육이 주로 그 기술적 성능과 알고리즘의 복잡성 측면에만 초점을 맞추는 경향이 있습니다. 이러한 교육은 인공지능의 목표가 더 빠르고 효율적인 기계를 만드는 것, 기술적 성능 향상뿐이라는 잘못된 인식을 심어줍니다. 하지만 인공지능의 진정한 목적과 가능성은 이러한 기술적 측면을 넘어서는 것입니다. 인공지능은 기본적으로 인간의 삶을 개선하고, 우리가 직면한 복잡한 문제들을 해결하는 데 기여할 수 있는 도구로서의 역할을 해야 합니다. 예를 들어, 의료 분야에서 인공지능은 질병 진단, 치료 계획 수립, 환자 모니터링 등 다양한 방면에서 의료진을 지원하여 환자의 건강과 삶의 질을 향상시킬 수 있습니다. 또한, 환경 보호 분야에서는 기후변화 모델링, 자원 최적화, 오염 감시 등의 작업에서 중요한 역할을 할 수 있습니다. 이처럼 인공지능의 진정한 가치는 그것이 어떻게 인간과 사회에 긍정적인 영향을 미치고, 우리의 삶을 향상할 수 있는지에 있습니다. 이를 위해서는 인공지능 교육이 기술적 성능의 향상뿐만 아니라, 인간 중심의 디자인, 윤리적 고려, 사회적 영향 등을 포함하는 광범위한 주제를 다루어야 한다는 것을 의미합니다.

인공지능 교육은 기술적 능력을 넘어서 인간의 가치와 사회적 맥락을 이해하고 반영할 수 있는 교육이 되어야 합니다. 인공지능을 통해 '전달하고자 하는 내용

(Content)'은 매우 중요합니다. 프로그래밍 기술은 단순한 도구에 불과하며, 이 도구를 사용하여 어떤 메시지를 전달하고 어떤 가치를 창출할 것인가가 더욱 중요합니다. 다시 말해, 인공지능 기술을 활용하여 사회적 문제를 해결하거나, 문화적 다양성을 존중하고 이해하는 데 기여하는 프로젝트는 단순히 알고리즘의 효율성만이 아니라, 그 시스템이 사용될 사회적, 문화적 맥락도 고려해야 합니다. 이는 인공지능이 다양한 인간 집단과 상호작용하며 발생할 수 있는 윤리적, 문화적 문제를 포괄적으로 이해하는 것이 중요하다는 의미입니다. 예를 들어, 인공지능 시스템이 특정 지역의 문화적 가치나 사회적 규범을 반영하지 못했다면, 그 시스템은 효과적인 서비스 제공에 실패하거나, 예상치 못한 부작용을 초래할 수 있습니다. 요즘 많이 사용되는 언어 번역이나 감정 인식, 콘텐츠 추천 등에서 그 사례를 찾아볼 수 있습니다. 또한 인공지능 시스템의 설계에서 윤리적 측면도 중요한 고려 사항입니다. 인공지능이 의사결정 과정에 참여하는 경우, 이 시스템은 공정성, 투명성, 책임성을 갖출 수 있어야 합니다. 채용 또는 대출 승인과 같은 중요한 결정에 사용되는 인공지능의 경우, 그 알고리즘이 모든 지원자에게 편견 없이 공정하게 적용될 수 있어야 합니다. 그러나 실제로는 데이터 세트의 편향, 알고리즘 설계의 결함 등으로 인해 차별적인 결과를 보이는 경우도 있습니다. 따라서 이러한 문제들을 해결하기 위해 인공지능 교육은 단순한 기술적 능력향상을 위한 것이 아니라, 학습자들이 인공지능 시스템의 사회적, 문화적, 윤리적 영향을 이해하고 고려할 수 있는 능력을 개발하는 데 중점을 두어야 합니다. 결론적으로, 코딩과 인공지능 교육은 기술적 능력의 습득을 넘어서 인간과 사회에 대한 깊은 이해를 바탕으로 한 교육이 되어야 합니다.

3 인문학의 개념과 그 중요성

인문학은 인간, 문화, 사회에 관한 깊은 이해와 통찰을 추구하는 학문 분야입니다. 인문학에는 역사, 철학, 언어학, 문학, 예술, 종교학 등 다양한 분야가 포함되며, 이들은 인간의 경험, 가치, 신념, 표현 등을 탐구합니다. 이를 통해 인문학은 인간 삶의 근본적인 질문과 가치에 대해 깊이 사유하고 탐구하는 것을 목표로 합니다. 인문학적 소양은 단순한 지식의 습득을 넘어서, 세계를 이해하고 해석하는 방식에 깊은 영향을 미칩니다.

인문학적 지식은 인공지능 시대에 다양한 방식으로 중요한 역할을 합니다. 예를 들어, 인공지능 기술이 사회적, 윤리적 문제에 직면했을 때, 인문학적 접근은 이러한 문제를 다각도에서 해석하고 해결하는 데 필수적입니다. 인공지능 시스템이 개인의 프라이버시를 침해하지 않도록 보장하는 것, 알고리즘에 내재된 편견을 인식하고 수정하는 것, 이러한 기술이 사회 구성원 모두에게 공정하게 혜택을 주는 방식으로 구현되는 것 등은 모두 인문학적 사고를 필요로 합니다. 인공지능 기술의 결정 과정에 인간의 가치와 윤리적 원칙을 반영하는 것은 인문학적 사고 없이는 불가능한 일입니다. 인문학은 다음과 같은 능력들을 개발하는 데 기여하기도 합니다.

첫째, 비판적 사고를 기를 수 있습니다. 인문학은 사물의 본질을 깊이 있게 분석하고, 다양한 관점에서 생각하는 능력을 길러줍니다. 예를 들어, 다양한 관점과 주장을 분석하고 주장을 평가하며, 복잡한 문제에 대한 해결책을 제시하는 데 필요합니다. 또는 역사적 사건을 다양한 시각에서 해석하거나, 문학작품 속에 내재된 다양한 의미를 탐구하는 과정은 비판적 사고력을 강화합니다. 또한 사실과 의견을 구분하고, 논리적 근거를 바탕으로 자신의 견해를 형성하는 방법을 배우기도 합니다. 데이터의 선택과 해석에서 나타나는 편향은 기술적 문제이면서 동시에 윤리적, 사회적 문제입니다. 인공지능 기술이 특정 인구 집단에게 편향될 수 있다는 문제는 인문학적 사고를 통해 더 깊이 이해하고 해결할 수 있습니다. 이러한 사고방식은 인공지능 기술의 영향을 다각도에서 평가하고 예상치 못한 결과를 예측하는 데 필수적입니다.

둘째, 윤리적 판단력을 기를 수 있습니다. 인문학은 복잡한 윤리적 문제에 대한 사고를 가능하게 합니다. 인문학은 옳고 그름에 대한 논의를 포함하며, 윤리적 판단력을 강화합니다. 예컨대, 철학 수업에서는 다양한 윤리적 이론을 배우며, 이를 현대 사회의 문제, 기술의 발전이 가져오는 도덕적 딜레마에 적용하는 방법을 탐구합니다. 이는 인공지능이 의사결정을 하는 과정에서의 윤리적 문제에 대한 이해를 돕습니다. 인공지능 시스템이 인간의 삶에 영향을 미치는 방식을 고려할 때, 이러한 시스템이 가져올 수 있는 윤리적, 도덕적 문제를 심사숙고할 필요가 있습니다. 안면인식 기술이 사생활 침해나 감시 사회로 이어질 수 있다는 우려는 인문학적 통찰력을 통해 더욱 깊이 탐구될 수 있습니다. 인공지능이 사회적, 도덕적 기준에 부합하도록 하는 것은 이러한 윤리적 판단력이 필요한 영역입니다.

셋째, 다양한 문화에 대한 이해를 돕습니다. 연구, 언어학, 문학 등은 서로 다른 문화적 배경과 가치를 이해하는 데 도움을 줍니다. 이는 인공지능이 국제적, 다문화적 맥락에서 적용될 때 중요합니다. 다양한 문화적 배경을 가진 사람들이 사용하는 인공지능 시스템은 그들의 문화적 가치와 관점을 반영할 필요가 있습니다. 인공지능 번역 시스템의 효과를 높이려면 다양한 언어와 문화적 상황을 이해하는 것이 우선되어야 합니다. 다양한 문화적 배경을 가진 사용자들의 요구와 가치를 이해하는 것은 인공지능 시스템이 보다 포괄적이고 효과적으로 작동하는 데 기여합니다. 이를 바탕으로 우리는 다양한 문화적 배경과 가치를 이해하고 존중할 수 있습니다. 문학작품을 통해 다른 문화와 역사적 배경을 탐구하면서 학생들은 다양성에 대한 인식을 갖게 되고, 세계에 대한 더 넓은 시야를 개발할 수 있습니다.

다시 말해 인공지능 시대의 교육은 기술적 능력뿐만 아니라, 인문학적 소양이 필요합니다. 이러한 프로젝트는 학생들에게 기술이 인간과 사회에 긍정적인 영향을 미치는 방법을 탐색하게 하며, 기술과 인문학의 융합을 통한 창의적이고 의미 있는 결과물을 창출할 수 있습니다. 같은 도구도 어떻게 사용하느냐에 따라 전혀 다른 결과를 낳을 수 있습니다. 노벨이 다이너마이트를 개발하여 여러 사람의 목숨을 구하려고 했지만, 오히려 전쟁에 악용되면서 더 많은 사람의 목숨을 빼앗는 데 사용되었던 것처럼, 인공지능도 어떻게 사용되느냐에 따라 노벨의 다이너마이트처럼 될 수 있습니다. 학생들이 기술을 단순히 사용하는 것을 넘어서, 그 기술을 통해 어떻게 사회적 가치를 창출하고 인간의 삶을 향상시킬 수 있는지를 이해하고 실천할 수 있도록 도와주는 것이 인공지능 시대 교육이 나아가야 할 방향입니다. 따라서, 인문학적 소양은 인공지능 시대에도 변함없이 중요합니다.

4 가정에서 인문학적 소양 증진 방안

인문학적 소양은 가정에서도 적극적으로 증진시킬 수 있으며, 이러한 노력은 아이들이 더 넓은 세계관을 가지고 사회의 다양한 문제에 대해 깊이 있게 생각할 수 있도록 도와줍니다. 가정에서의 인문학적 소양 증진은 아이들이 인공지능 시대에 필요한 비판적 사고, 윤리적 판단, 문화적 이해력을 개발하는 데 중요한 역할을 합니다. 이러한 소양은 다음과 같은 다양한 활동을 통해 자연스럽게 키울 수 있습니다.

Tip 인문학적 소양을 기르는 방법 예시

- 자녀와 함께 다양한 장르의 책 읽기
- 박물관, 미술관 방문 등 문화 예술 활동에 참여하기
- 역사적 사건에 대해 자녀와 깊이 있는 대화하기
- 자녀와 상상의 이야기 만들기
- 자녀와 블로그에 공동일기 쓰기
- (AI를 활용하여) 그림을 그리거나 음악 작곡하기
- 자녀의 관점에서 바라본 세상의 모습을 주제로 영상물 제작하기

(1) 자녀와 함께 다양한 장르의 책 읽기

독서는 인문학적 소양을 키우는 가장 기본적이고 효과적인 방법 중 하나입니다. 가정에서는 다양한 장르의 책을 읽는 것을 장려해야 합니다. 부모님과 아이가 함께 다양한 시대 또는 문화의 배경을 가진 고전 문학을 읽으며 그 안에 담긴 윤리적, 사회적 가치에 대해 토론하는 것은 아이의 사고를 확장하는 데 큰 도움이 됩니다. 또한 현대 사회와 기술에 관한 책들을 읽으며, 그것이 우리의 삶에 어떤 영향을 미치는지 이해하는 것도 중요합니다. 역사 책은 과거 사건들을 통해 현재의 문제를 이해하는 데 도움을 주며, 문학 작품은 인간의 감정과 사회적 상황에 대한 깊은 통찰을 제공합니다. 철학 책은 아이들에게 비판적 사고를 자극하고, 윤리적 문제에 대해 생각해보게 합니다. 이러한 독서 활동은 아이들이 다양한 관점을 이해하고, 복잡한 문제에 대해 깊이 생각해 볼 수 있게 합니다.

Tip 독서 활동 시 아이에게 질문하면 좋은 발문

- 이 책을 선택한 특별한 이유가 있니?
- 책의 표지나 제목을 보고 어떤 이야기일지 상상해 볼 수 있을까?
- 이야기 속에서 만나게 될 인물이나 장소에 대해 궁금한 점이 있니?
- 지금까지 읽은 내용 중 가장 인상 깊은 부분은 무엇이었니?
- 등장인물 중에서 누구에게 가장 공감되니? 그 이유는 무엇이니?
- 이야기의 이 부분에서 느낀 감정은 무엇이니?
- 만약 네가 이야기 속에 있다면, 너는 어떤 결정을 했을 것 같아?
- 앞으로 어떤 일이 일어날 것 같아? 너의 생각을 자세히 설명해 주겠니?
- 이야기 속 문제를 해결하기 위한 다른 방법에는 어떤 것이 있을까?
- 이 책을 읽고 난 후에 가장 기억에 남는 것은 무엇이니?
- 이 이야기에서 가장 재미있는 부분이 어디니? 어떤 점이 특별히 재미있었니?
- 이야기를 조금 바꿔서 상상해 본다면, 어떤 새로운 결말을 만들 수 있을까? 그 결말은 어떤 모습일까?
- 이 책을 친구나 다른 사람에게 추천하고 싶니? 왜 그렇게 생각하니?
- 이 책에서 다룬 문화나 배경에 새로운 점이 있니? 그 문화에 대해 더 알고 싶은 점이 있어?
- 이 책이 전하고자 하는 메시지는 무엇이라고 생각해? 그 메시지가 너에게 어떤 의미가 있니?

(2) 박물관 및 미술관 방문 등 문화 예술 활동에 참여하기

문화 예술 활동에 참여하는 것도 인문학적 소양을 키우는 데 중요합니다. 문화 예술 활동은 아이들이 창의력을 발휘하고 다양한 인간 감정과 경험을 이해하는 데 도움이 됩니다. 가족이 함께 박물관이나 미술관을 방문하거나, 지역 공연에 참여하는 것은 아이들이 예술을 통해 역사와 문화를 체험하게 만듭니다. 이러한 활동은 아이들이 다른 시각으로 세계를 바라보게 하며, 다양한 문화적 배경에 대한 이해를 높입니다. 박물관이나 미술관 방문, 연극이나 콘서트 관람은 아이들이 다양한 문화적 경험을 하고, 예술을 통해 인간과 사회에 대해 생각해 볼 수 있는 기회를 제공합니다. 이러한 경험은 아이들이 문화적 다양성을 이해하고, 예술을 통해 표현된 인간의 감정과 사상에 공감할 수 있게 합니다.

Tip 문화 예술 활동 시 아이에게 질문하면 좋은 발문

- 다음 보기 중에서 주말에 ○○(이)가 가고 싶은 곳은? 왜 그 곳을 골랐니? (보기 예시: ① 역사 박물관, ② 자연 박물관, ③ 미술관, ④ 뮤지컬 공연, ⑤ 연극 공연 등)
- (역사 박물관을 둘러 보고) 세계의 다른 나라들과 비교했을 때, 우리 나라의 독특한 문화적 특징은 무엇이라고 생각해?
- 네가 배운 역사적 사건 중에서 가장 흥미롭다고 생각한 것은 무엇이었어? 그 이유는 무엇일까?
- 만약 네가 역사적 인물과 대화를 할 수 있다면 누구를 선택할 거야? 그리고 그 인물에게 무슨 질문을 할 거야?
- 네가 좋아하는 그림이나 작품이 있어? 그 작품이 너에게 어떤 의미를 가지는지 설명해줄 수 있을까?
- 영화나 드라마에서 가장 기억에 남는 캐릭터가 있어? 그 캐릭터가 너에게 어떤 영감을 주었나?
- 해당 장소를 둘러보고 나서, 어떤 전시물이 가장 기억에 남니? 여기에 오고 싶었던 이유가 …이라고 했는데, 둘러보고 나니, 궁금한 것이 해결되었니?
- 다양한 예술 형태 중에서 네가 가장 좋아하는 것은 무엇이야? 그리고 그 이유는 무엇이니?
- 음악, 미술, 문학 등에서 네가 가장 좋아하는 작품 하나를 선택한다면, 그것은 무엇일까? 그 작품이 너에게 주는 의미는 무엇이라고 생각해?
- 혹시 다음에 더 둘러보고 싶은 곳이 있니? 왜 그곳이 가보고 싶니?
- 그 장소를 둘러보기 위한 계획을 함께 세워볼까?

(3) 자녀와의 대화로 인문학적 소양 키우기

세계사나 철학에 관한 주제로 가족 대화를 나누는 것은 아이들에게 과거의 사건과 그것이 현재에 미치는 영향에 대한 통찰력을 제공합니다. 이를 통해 아이들은 역사적 사건을 단순한 사실의 나열이 아닌, 그것이 현대 사회와 어떻게 연결되는지 이해하게 됩니다. 이처럼 가족들과 함께 역사적 사건에 대해 토론하거나, 철학적 질문을 던지며 대화하는 시간을 가지는 것은 아이들의 사고력을 키우는 데 도움을 줍니다. 이러한 대화는 아이들이 다른 시각으로 사물을 바라보고, 자신의 의견을 논리적으로 표현하는 능력을 개발하는 데 효과적입니다.

Tip 가정에서 아이와 함께 생각해 보면 좋은 발문

- ○○아, 너는 우리나라의 독립운동가들에 대해 어떻게 생각하니? 그들의 행동이 오늘날 우리 삶에 어떤 영향을 끼쳤다고 생각하니?
- (다른 나라의 모습을 담은 영상을 보고 나서 또는 여행을 다녀와서) 다른 나라의 문화 중에서 흥미로운 점이 뭐라고 생각해? 그 문화가 우리와 어떻게 다른지 이야기해 볼까?
- 만약 네가 과거의 어느 시대로 여행할 수 있다면 어느 시대로 가고 싶니? 왜 그 시대를 선택했니?
- ○○ 사건에 대해 들어봤니? 엄마, 아빠는 ○○ 부분이 잘못되었다고 생각하는데, 너는 어떻게 생각하니?
- 요즘에 마약과 관련해서 사회에 여러 가지 문제가 있다는 기사 보았니? 이 문제를 어떻게 해결해야, 우리 사회가 조금 더 나아질 수 있을까?
- 너는 인생에서 가장 중요한 것이 무엇이라고 생각해? 그리고 그 이유는 무엇이니?
- ○○(이)가 생각하는 '행복'은 어떤 것이니? 사람들이 행복을 느끼려면 어떻게 해야 한다고 생각하니?
- 너는 우리가 살고 있는 세상에 대해 어떻게 생각해? 어떤 점이 특별히 좋은지 이야기해 볼까? (또는 어떤 점이 제일 고민이 되는지 이야기해 볼까?)
- 만약 네가 세상의 어떤 것이든 하나 바꿀 수 있다면, 무엇을 바꾸고 싶어? 그리고 왜 그렇게 생각하는지 이야기해줄 수 있을까?
- 네가 생각하는 '좋은 사람'이란 어떤 사람이야? 그리고 그런 사람이 되기 위해서는 무엇이 필요하다고 생각하니?
- 만약 네가 하루 동안 세상의 어떤 것이든 바꿀 수 있다면 무엇을 바꾸고 싶어? 왜 그렇게 생각하니?

(4) 창작 활동을 통해 인문학적 소양 키우기

창작 활동도 인문학적 소양을 증진하는 데 중요한 역할을 합니다. 이러한 활동은 사회, 문화, 역사에 대한 깊은 이해를 바탕으로 개인의 창의력을 발휘하도록 합니다. 아이들이 직접 이야기로 만들거나, 그림을 그리거나, 음악을 작곡하는 활동은 창의력과 상상력을 자극합니다. 소설이나 시 쓰기는 작가로 하여 인간의 감정, 사회적 상황, 문화적 배경을 깊이 있게 탐구하게 합니다. 또 미술, 음악, 연극 등의

예술 창작 활동은 창작자에게 자기의 생각과 감정을 표현하는 방법을 제공합니다. 이러한 활동을 통해 아이들은 자신이 속한 사회의 모습을 상상하며, 자기의 생각과 감정을 표현하고, 특정 사건이나 관행에 대한 통찰을 얻게 됩니다. 이를 통해 아이들은 다양한 관점에서 세상을 바라보는 방법을 배울 수 있습니다.

Tip 생성형 AI를 활용해 아이의 창작 활동을 돕는 발문

- 만약 네가 마법의 세계를 만들 수 있다면, 그곳에는 어떤 것들이 있을까? 그 세계를 AI에게 그려달라고 설명해 볼래?
- 네가 상상하는 가장 멋진 초능력을 가진 캐릭터는 어떤 모습일까? 그 캐릭터를 AI에게 설명하고 그려달라고 해볼래?
- 네가 꿈에서 본 가장 아름다운 풍경은 어떤 것이었어? 그 꿈의 풍경을 AI에게 설명하고 그려달라고 해볼래?
- 만약 우리 지구가 완전히 다른 환경으로 변한다면 어떤 모습일까? 예를 들어, 전체가 물로 덮인 지구나, 모든 것이 얼음으로 된 지구처럼 말이야. 그런 지구를 AI에게 그려달라고 해볼까?
- 너만의 상상 속 동물을 만들 수 있다면, 그 동물은 어떤 특징을 가지고 있을까? 그 동물이 살고 있는 환경은 어떤 모습일까? 그 동물과 그 환경을 AI에게 그려달라고 해볼까?
- 인공지능이 그린 그림을 보고 너는 어떤 생각이나 느낌이 들었니?
- 직접 그림을 그릴 때 잘 표현되지 않는 부분이 어디니?
- 인공지능을 활용해서 그 그림을 같이 그려본다면 어떤 도움을 받고 싶니?
- 엄마, 아빠에게 네가 그리고 싶은 그림에 대해 설명해 주겠니?
- 네가 설명해 준 대로 인공지능이 그림을 그리게 하려면 어떻게 이야기하면 좋을까?
- 인공지능이 그린 그림은 네가 원하는 대로 표현되었니?
- 인공지능이 잘 표현하지 못한 부분은 어떻게 고쳐보라고 이야기하면 좋을까?

인공지능 시대를 맞이하여, 교육의 균형을 찾는 것은 건강한 미래 사회 주인공을 키우기 위해 중요한 과제가 되었습니다. 인문학적 소양과 기술 교육의 조화로 우리 아이들이 미래 사회에서 필요한 다면적 사고 능력을 개발할 수 있으면 좋겠습니다. 앞서 안내한 활동들은 가정에서 쉽게 실천할 수 있으며, 아이들이 인문학적 소양을

자연스럽게 개발할 수 있는 토대를 마련해 줍니다. 이러한 활동을 통해 아이들이 단순히 정보를 받아들이기만 하는 것이 아니라, 비판적으로 사고하고, 자신의 의견을 형성하는 데 중요한 기반을 마련할 수 있길 바랍니다. 실리콘 밸리의 일부 기술 회사들은 기술 개발자뿐만 아니라, 인문학적 배경을 가진 인재도 적극적으로 채용하고 있습니다. 이는 기술적 문제 해결뿐 아니라, 인간 중심의 접근 방식, 창의적 아이디어, 비판적 사고가 기술 혁신에 있어 중요한 역할을 한다는 인식에서 비롯된 것입니다. 인문학적 활동을 통해 아이들이 기술 중심의 세계에서 인간적 가치와 윤리를 중시하는 균형 잡힌 사고를 할 수 있도록 도울 수 있으면 좋겠습니다. 가정에서의 인문학적 교육은 아이들이 미래 사회의 책임감 있는 구성원으로 성장하는 데 필수적인 역할을 할 것입니다. 이러한 인문학적 접근을 통해 아이들이 건강히 성장하고 미래 사회 균형 잡힌 인재로 발돋움할 수 있길 바라봅니다.

정 재 은

- 서울경인초등학교 교사
- 동국대학교 교육대학원 AI융합교육전공 석사
- AIEDAP(아이에답) 마스터 교원, 서울특별시교육청 에듀테크 & 서울남부 AI 선도교사
- 전문 분야: 초등 SW · AI 융합교육, AI 윤리, 데이터과학, AI 리터러시

특이점의 시대! 문제는 문해력이다

박희정

1 알파 세대와 특이점의 시대

미래를 예측하는 근거로는 여러 가지가 있지만 기술의 발달은 그중 결정적 요인이 됩니다. 4차 산업혁명을 처음 언급했던 2016년의 다보스포럼에서 미래의 기술 산업이 폭발적으로 확산해 급격한 변화를 이루며 변곡점을 찍게 되는 티핑 포인트(Tipping Point, 기술확산점)[7]를 2025년으로 전망하였고 상당수 구현되고 상용화되었습니다. 구글 기술 고문으로 잘 알려진 미래학자 레이 커즈와일(Ray Kurzweil)은 그의 저서 『특이점이 온다(Singularity is near)』를 통해 과학기술의 가속적 발전으로 인해 인공지능이 인간의 지능을 초월하게 되는 시점, '특이점(Singularity)'을 말하였습니다. 그가 주장한 특이점 이론은 미래 기술의 발전은 선형적이지 않고 기하급수적 발전을 하게 되며 변화의 속도가 매우 빠르고 영향력도 크며 인간의 수명을 포함해 패러다임의 변화가 일어날 것이라고 예상했습니다.[8] 더 정확하게 말하자면 '특이점이 온다'의 뜻은 AI와 같은 비 생명체의 지능이 인간을 영생불멸의 길로 이끌 것이라는 예언이며 사람의 뇌와 AI를 잇는 인터페이스가 등장한다는 것을 뜻합니다.[9] 인공지능의 진보와 발전은 SF 영화 같은 미래 모습을 만들어 낼 수도 있을 것입니다.

미래 예측의 또 다른 중요한 단서는 바로 '사람'입니다. 사람의 특성을 분석하면 시대가 앞으로 어떻게 변할지 예측할 수 있습니다. 2022년 LG 경영 연구소의 포스

7 자율주행 자동차, 3D 프린팅, 지능형 로봇 등 혁신 기술의 확산 시기를 예측하였다.
8 Ray Kurzweil (2020), "2030년 사람 뇌와 AI 잇는 인터페이스 나온다.", 동아사이언스, https://www.dongascience.com/news.php?idx=39929
9 Ray Kurzweil (2014), Get ready for hybrid thinking, TED, https://www.ted.com/talks/ray_kurzweil_get_ready_for_hybrid_thinking

트 팬데믹 시대의 新 세대 보고서에 따르면 알파 세대(Generation Alpha)는 2010년에서 2024년에 태어난(그리고 태어날) 아이들로 Z세대 다음 세대이고, 밀레니얼 세대의 자녀를 의미합니다. 사회학자이자 미래학자인 마크 맥크린들(Mark McCrindle)이 처음 사용한 용어로 2025년에는 전 세계적으로 22억 명이 넘는 역사상 가장 큰 인구 집단이 될 것으로 예상됩니다. 우리나라에서 2023년에 발표한 트렌드 키워드 알파 세대는 '텐 포켓(10 pocket)'이라는 단어로 대변되는데 부모뿐만 아니라 조부모, 삼촌, 이모 등 10명의 어른이 한 명의 아이에게 지원을 쏟는다는 뜻으로 출생률이 낮아지면서 가족의 관심이 한 아이에게 집중됨을 말합니다.

알파 세대는 인공지능과 인터넷이 없는 아날로그적 문화를 경험하지 못하고 각종 스마트 기기 및 인공지능 디지털 매체의 영향을 받으며 성장한 디지털화된 세대입니다. 2020년 우리나라 미취학아동 생활시간 조사에 따르면 4~6세 아이들 중 약 71%는 평균 1시간 10분 디지털 미디어를 이용하는 것으로 나타났습니다. 미국의 비즈니스 및 기술 뉴스 웹사이트인 비즈니스 인사이더(Business Insider)[10]에 따르면 영국에 사는 로티 레저와 마크 브래디 부부는 "생후 18개월 아들이 처음 한 말이 엄마도 아빠도 아닌 '알렉사'였다."라고 발표하였다. 알파 세대는 어려서부터 디지털 매체 및 인공지능와 친숙하게 소통 및 교감하면서 성장함을 알 수 있습니다. 디지털 네이티브(Digital Native, 디지털 원어민)를 넘어 인공지능을 경험하고 활용하며 궁금한 것이 있을 때 AI에게 물어보는 것을 당연하게 느낍니다. AI 비서인 알렉사, 구글, 시리 등과 대화함으로써 지식을 인공지능으로부터 얻는 것을 넘어 인공지능과 교감하는 양 방향적인 상호작용에 익숙하다는 특징을 지닌 세대, 즉 인공지능 네이티브(AI–Native, 인공지능 원어민)인 셈입니다.

2 22세기까지 살아가는 아이들

경제협력개발기구 OECD(Organization for Economic Cooperation and Development)는 1997년부터 DeSeCo(Definition and Selection of Competencies) 프로젝트를 통해 개인이 갖추어야 할 미래 사회 핵심 역량을 제시하였습니다. 2015년에는 DeSeCo

10 A Baby in the UK Reportedly Said 'Alexa' as His First Word, 2018.6, Business Insider.

프로젝트의 2.0 버전으로 볼 수 있는 'Future of Education and Skill: The OECD Education 2030' 프로젝트는 2030년이라는 미래 사회에서의 삶을 살아가기 위해 필요한 변혁적 역량을 '새로운 가치 창조하기', '책임감 가지기', '긴장과 딜레마 등에 대응하기'를 제시하고 OECD 학습 프레임워크를 '학습 나침반(Learning Compass)'라고 은유적으로 표현하여 교육의 방향을 제시하고 있습니다. Education 2030 프로젝트는 핵심 역량을 기르기 위한 교육과정, 교수·학습법, 평가시스템 등을 도출해 내는 것을 목표로 하고 있습니다. 1997년부터 시작된 DeSeCo 프로젝트에 의해 정의되고 정리된 핵심 역량을 기반으로 우리나라는 핵심 역량에 기반한 교육과정을 개발하여 미래 사회의 교육에 대비하고 있습니다. 2024년 초등학교 1, 2학년부터 시작되는 2022 개정 교육과정의 중요한 개념입니다. 또한 세계경제포럼(WEF)은 「기술의 잠재력 발현(Unlocking the Potential of Technology)」이라는 보고서에서 미래의 인재에게 요구되는 역량을 '21세기 기술(21st-Century Skills)'로 명명하고, 이를 '기초 문해(Foundational Literacy)', '역량(Competencies)', 인성자질(Character Qualities)' 세 영역으로 분류하였습니다. 첫 번째 기초 문해 영역은 문자 문해(Literacy), 수리 문해(Numeracy), 과학 문해(Scientific Literacy), 정보통신 문해(ICT Literacy), 금융 문해(Financial Literacy), 문화 시민 문해(cultural and civic literacy) 등 학습자가 일상적인 삶에서 필요한 6가지의 기초적 기술들을 포함하고 있습니다.[11]

왜 문해력이 21세기 미래 역량의 첫번째 영역인지 의문이 듭니다. Z세대, 특히 알파 세대의 기대수명은 약 100세로 21세기를 넘어 22세기까지 삶을 살 것으로 예상됩니다. 궁금한 것이 있을 때 AI에게 물어보는 것이 자연스러워진다는 것은 어찌 보면 지식을 얻기 위한 노력은 점점 줄어든다는 뜻이기도 합니다. ChatGPT와 같은 생성형 AI 서비스를 이용한다면 지식 습득을 위한 학습 과정을 아예 없앨 수도 있습니다.[12] 배움과 학습을 통해 지식을 얻는 것이라고 교육받았던 기존 세대가 생각하는 지식과 알파 세대의 지식은 다릅니다. 지식과 기술의 변화 속도가 빠르다는 것은 기존의 지식의 유용성이 점점 짧아질 수 있음을 말하며 아이들이 학교에서 배운 지식을 평생의 지식으로 살아갈 수 없음을 뜻하기도 합니다. 가정과 학교는 아이들을 위해 스스로 내용을 이해할 수 있는 경험을 제공하여 AI 시대를 살아갈 힘

11 김철 (2023), 「4차 산업혁명 시대의 인재상에 대한 교육철학적 접근」, 교육혁신연구, 33(1), pp.49-70

12 김태원 (2023), 「NIA The AI Report 2023」 보고서: ChatGPT는 혁신의 도구가 될 수 있을까?, 한국지능정보사회진흥원(NIA)

을 길러주는 것이 중요합니다.

Tip 지식 생성을 위해 던지는 질문

- 스스로 새로운 것을 공부할 수 있나요?
- 스스로 내용을 이해했나요?
- 스스로 이해한 내용을 판단할 수 있나요?

3 먼저 성장형 사고방식으로 전환하자.

2022 개정 교육과정에서 큰 변화는 개별 맞춤을 위한 인공지능 활용입니다. 학생의 자기주도적 학습을 중점적으로 기르기 위해 초개인화 학습 환경을 조성하고 학생 수준별 학습지원에 AI 기술이 활용됩니다. 디지털 학습 환경이 마련되더라도 스스로 공부하는 일은 결코 쉬운 일이 아닙니다. 학습이 진행되는 과정에서 학생은 내면의 상처를 만들기도 합니다. 실패에 대한 두려움 때문에 실행하는 것을 꺼리게 되면서 점점 완벽주의 혹은 학습 무기력으로 경직된 공부 태도를 가지게 되는 아이들을 많이 만나게 됩니다. 즉 학습은 자기주도성뿐만 아니라 정서적 지원도 함께하는 방향성을 가져야 자기주도적 학습 능력이 신장됩니다.

캐롤 드웩 교수는 나와 세상과 타인을 바라보는 관점을 성장 마인드 세트, 고정 마인드 세트의 2가지로 제시하였습니다. 성장 마인드 세트는 스스로 노력하면 성장할 수 있다는 능력 성장 신념을 뜻하고, 고정 마인드 세트는 사람에는 이미 정해진 능력이 있고, 노력해도 변하지 않는다는 능력 고정 신념을 뜻합니다. 『스탠포드 수학 공부법』의 저자 조 볼러는 수학 교수법 워크샵을 통해 실수의 가치와 힘에 대해 다음과 같이 이야기하였습니다.

'학생이 수학에서 실수하는 모든 순간에 두뇌 시냅스는 자랍니다.'

조 볼러는 수학 문제를 풀다가 실수하였을 때의 성장 마인드 세트를 지닌 사람과 고정 마인드 세트를 지닌 사람의 두뇌 부위의 반응 실험을 통해 두뇌 활동을 살펴보았습니다. 성장 마인드 세트를 지닌 사람이 실수했다는 사실을 더 잘 알아차리고 실수했음을 알아차렸을 때 다시 한번 전기 신호를 보내기 쉬운 두뇌라는 것을 알게 되었습니다. 성장 마인트 세트를 가진 사람들은 실수할 때 두뇌 활동이 활발히 나타난다는 것을 통해 자신을 믿느냐 믿지 않느냐는 우리 두뇌가 작동하는 방식을 바꾼다는 사실을 주장하였습니다. 실패를 대하는 방식의 변화를 만들기 위해 실수에 대한 긍정적 메시지를 아이에게 심어주는 여러 가지 활동을 저서에 제시하였습니다. '가장 마음에 드는 실수 적기', '실수하고 싶다면 일부러 어려운 과제 도전하기' 등의 활동을 통해 실수를 포용하는 마음을 갖고 실수는 부정적인 것이 아니라 성장시키는 밑거름이라는 신념을 갖게 함으로써 스스로 공부할 내면의 힘을 기를 수 있습니다.

Tip 성공하는 사람들의 공통적인 습관[13]

- 틀리더라도 불편하게 느끼지 않는다.
- 엉뚱해 보이는 아이디어를 실행해 본다.
- 색다른 경험에 대한 열린 마음을 갖고 있다.
- 아이디어를 판단하지 않고 즐긴다.
- 고정관념에 저항하려는 의지가 있다.
- 어려움을 뚫고 헤쳐 나간다.

4 문제는 문해력이다.

2020년 미국 연방 법원은 학생이 시민으로서 삶을 사는 데 가장 기본적인 역량인 문해력 교육을 받을 권리를 제대로 보장받지 못했다는 취지의 주 정부의 책임을 인정하는 판결을 내렸습니다.[14] 소송이 제기된 디트로이트 시는 학생의 대부분이

13 조 블러 (2017), 『스탠포드 수학 공부법』, 와이즈베리
14 교육정책네트워크 정보센터 (2020), [미국] 연방 법원, 문해력 교육에 대한 주 정부의 책임 인정, https://edpolicy.kedi.re.kr/frt/boardView.do?strCurMenuId=55&nTbBoardArticleSeq=826172

흑인 또는 히스패닉계로 읽기 심화 수업 제공에 대한 문제점을 제기한 사건이었습니다.[15] 우리나라 역시 다문화 가정 아동의 약 30%가 또래 아동보다 1년 정도 어휘력 격차를 가지고 있다고 보고되었습니다. 문해력은 단순히 읽고 쓰는 능력을 말하는 것이 아닙니다. 문해력 저하로 인해 글을 읽어도 읽지 못하는 학생 아니 성인들도 늘어나고 있습니다. 한 대학에서 금일이라는 단어를 금요일로 착각한 대학생이 교수자에게 "학생을 평가하는 위치에 있으면서 오해의 소지가 있는 단어를 사용하면 안 된다(한경닷컴, 2022)."라고 했던 일화는 문해력 저하의 문제가 학령기 학생들에게만 있는 일이 아니라는 것을 알려줍니다.

> "21세기의 문맹은 읽고 쓰지 못하는 사람이 아니라, 배우고, 배운 것을 일부러 잊고(Unlearn), 다시 배우는(Relearn) 능력이 없는 사람일 것이다."
>
> – 엘빈 토플러 –

데이터와 정보가 넘치는 시대에 문해력은 학습 능력을 좌우하는 가장 중요한 역량이 됩니다. 학습을 위한 학습 도구어를 이해하는 것을 넘어 세상의 많은 일들이 글을 통해 표현되고 소통하므로 비판적, 분석적, 창의적 사고력을 신장하기 위해 문해력을 단단하게 갖추어져 있어야 합니다.

(1) 잘 읽는 뇌 만들기

뇌 가소성 이론(Neuroplasticity Theory)은 인간의 뇌는 고정돼 있지 않고 지식이나 경험이 쌓이면서 변화한다는 뇌신경학적 이론입니다. 이는 뇌가 외부 환경 변화, 또는 학습 과정은 물론 심지어 뇌 손상에서도 구조적, 기능적 변화를 수행할 수 있는 능력을 의미합니다. 환경과 경험으로 인해 뇌가 변화하고 발달한다는 뇌 가소성의 원리를 떠올려 본다면 글을 읽고 이해하고 깊이 있게 사고하는 자극 경험이 가해지면 신경이 새롭게 연결되면서 잘 읽는 뇌로 만들 수 있습니다.

---

15 Court Rules (2020), Detroit Students Have a Constitutional Right to Literacy, The New York Times, https://www.nytimes.com/2020/04/27/us/detroit–literacy–lawsuit–schools.html

Tip 잘 읽는 뇌를 만들기 위한 『아주 작은 습관의 힘』 방법 활용하기[16]

- 읽기 습관표를 만들어 현재의 습관을 체크하고 확인해 본다.
- 나는 [언제], [어디서], [어떤 책]을 읽을 것인지 실행 의도를 정리한다.
- [현재의 책 읽는 습관]을 하고 나서 [새로운 책 읽는 습관]을 세워 습관 쌓기를 한다.
- 좋은 책 읽는 습관을 만들기 위해 읽을 책과 독서 습관 점수표를 눈에 보이게 하여 독서 환경을 디자인한다.
- 책 읽기를 완수하면 즉시 스스로 보상하는 강화 요인을 만들어 활용한다.

(2) 어휘력을 통해 생각하는 힘 기르기

언어 능력은 말과 글을 바르게 이해하고 정보나 자기의 의사를 말과 글을 이용하여 정확하게 표현할 수 있는 능력을 말합니다. 글을 이치에 맞게 생각할 수 있는 사고력을 증진하기 위해서는 무엇보다 어휘력이 기초가 되어야 합니다. 어휘력은 생각하는 힘을 기르는 핵심 요소입니다. 모르는 단어가 나왔다면 문장의 맥락을 통해 뜻을 유추해보는 읽기 활동을 통해 문해력을 증진할 수 있습니다. 다양한 책 읽기를 통해 단어가 어떻게 쓰이는지 익히고 다른 맥락에서 다르게 사용되는지를 습득해야 합니다.

언어 능력 = 읽기 능력 + 사고력 = 수학 능력[17]

『공부 머리 독서법』의 저자 최승필은 언어 능력을 읽기 능력과 사고력을 아우르는 개념으로 바라보았습니다. 언어 능력은 글을 읽고 의미를 이해하는 능력을 의미하는 것으로 연령대에 알맞은 언어 수준을 갖고 있는데 해당 연령의 수준보다 높을수록 공부 머리가 좋다고 보았습니다. 또 언어의 수준이 복잡하고 예리할수록 사고력이 높다고 보았으며, 논리적이고 정확한 사고를 하며 이치에 맞는 것과 맞지 않은 것을 구별할 수 있다고 했습니다. 이처럼 연령 수준보다 높은 읽기 능력과 사고력을 갖춘 아동은 언어를 통해 지식을 이해하고 언어를 통해 내가 아는 지식을 설명할

---

16 제임스 클리어 (2018), 『아주 작은 습관의 힘』, 비지니스 북스
17 최승필 (2018), 『공부머리 독서법』, 책구루

수 있으므로 복잡한 논리의 글을 이해할 수 있는 읽기 능력과 지식을 이용해 입체적으로 생각할 수 있는 사고력을 아우르는 수학 능력이 우수하다고 보았습니다.

그렇다면 연령대보다 문해력 이해가 어려운 느린 학습자도 있을 것입니다. 글자를 읽으면서 바로바로 의미를 이해하는 것이 어렵기 때문에 글자를 따라가면서 글과 문장이 의미하는 바를 간추리거나 시각화하면 이해하는 데 도움이 됩니다. 이야기 흐름도는 그런 면에서 이야기 전반을 이해하고 글을 읽는 요령을 갖출 수 있게 해줍니다. 머릿속에 저장된 경험이나 지식을 바로바로 꺼내어 사용하기 어렵습니다. 그래서 쉽게 경험을 꺼내어 배경지식을 활성화하는 방법을 알려주는 것이 더 필요합니다. 간단한 질문 또는 몇 개의 이미지 등을 활용해서 읽기 전에 자기의 경험을 떠올릴 수 있도록 해주면 됩니다. 아직 미취학 단계의 아동이라면 먼저 자음과 모음이 무엇인지를 이해하고 소리 내어 음운 인식하는 것이 우선시되어야 합니다.

Tip 자음과 모음을 인지하고 음운론적 인식 능력 신장 놀이 방법[18]

① 말놀이 게임
- ○○아, 단어 말하기 게임을 할거야, 수박을 박수로 말하면 된단다.
- ○○아, 이제 놀이를 잘 이해했으니 조금 어려운 문제를 내볼까? 바나나를 거꾸로 말해볼까?
- ○○아, 너무 잘 했어. 더 어려운 문제를 내볼까? 스파게티를 거꾸로 말해보자.

② 젠말놀이하기
- 간장 공장 공장장은 강 공장장이고, 된장 공장 공장장은 장 공장장이다.
- 앞집 팥죽은 붉은 풋팥죽이고, 뒷집 콩죽은 햇콩 단콩 콩죽이다.
- 저 말뚝이 말 멜 만한 말뚝인가, 말 못 멜 만한 말뚝인가.
- 이 기린 그린 그림이 잘 그린 기린 그림인가, 못 그린 기린 그림인가.
- 저 깡통은 깐 깡통인가, 안 깐 깡통인가.

③ 의태어 놀이
- ○○아, 칙칙폭폭, 대롱대롱처럼 반복되는 단어를 말해볼까?

18 김윤정 (2021), 『당신의 문해력』, EBS BOOKS

(3) 문해력 발달을 위한 독서 태도 가지기

우리나라는 초등학교 3학년부터 본격적인 읽기를 통한 학습이 진행됩니다. 문해력에 대해 연구하는 전문가들은 초등학교 2학년을 문해력 발달의 골든타임으로 봅니다. 읽기를 바탕으로 글쓰기까지 꾸준히 이어지고 이는 학습으로 연결되므로 아동의 읽고 이해하는 과정을 학부모님께서 짐작해 보아야 합니다.

문해력 발달에 가장 도움을 주는 활동은 단연 독서입니다. 학교 과제를 제외하고 매일 책을 읽고 자신의 속도와 수준에 맞게 독서하는 습관을 생애에 거쳐 가져야할 매우 중요한 습관이자 역량입니다. 가정에서 독서 지도를 할 때 아이의 독서 성향과 독서 태도를 먼저 살펴보는 것이 도움이 됩니다.

독서 성향이란 독서에 관한 제반 실태를 말하는 것으로, 독서 실태 또는 독서 조사와 같은 의미로 사용됩니다. 독서 흥미는 가장 중요한 측면으로 독서를 지속하게 만드는 요인입니다. 독서 경험은 글을 읽는 동안 일어나는 사고 과정으로 독서 전 경험, 독서 중 경험, 독서 후 경험까지의 전 단계를 말하며 책을 통해 얻고자 하는 독서에 대한 기대까지를 모두 포함합니다.

독서 태도는 읽기 과정의 전·중·후에 관계가 되며 이는 개인의 다면적인 심리적 특성이라고 할 수 있습니다. 읽기 동기는 읽기 행동을 촉발하며 읽기의 활성화 및 방향에 관계되는 개인의 다차원적인 심리, 사회적인 특성이라고 할 수 있습니다. 읽기 태도는 읽기를 좋아하고 즐겨 읽는 태도이며 읽기 태도 형성되면 지속적이고 안정적으로 작용합니다. 아동이 독서를 대하는 태도를 스스로 점검하면서 독서를 통해 문해력을 증진하는 발판이 마련되어야 합니다.

[표 1] 아이의 독서 태도를 알아볼 수 있는 문장[19]

효능감	1. 나는 책 읽기를 잘한다.
	2. 나는 점점 책 읽기를 잘 할 것이다.
	3. 나는 책 읽기를 통해 친구들보다 더 많은 것을 배울 수 있다.
도전	4. 나는 어려운 책 읽기를 좋아한다.
	5. 내용이 흥미로우면, 나는 어려운 책이라도 읽을 수 있다.
	6. 나는 책을 읽으면서 생각하는 것을 좋아한다.
	7. 아무리 어려운 책이라도 재미가 있으면 나는 상관하지 않고 읽는다.

19 강미진 (2015), 「초등학교 고학년 학생의 책 읽어주기 활동이 독서 성향과 독서 태도에 미치는 영향」, 한국독서교육학회지, 3(1), pp.129－157

호기심	8. 선생님께서 말씀하신 내용이 흥미로울 때 그 책을 나 혼자 찾아서 읽는다.
	9. 나는 흥미로운 내용에 관한 책을 찾아 읽는다.
	10. 나는 취미활동(운동, 애완동물 키우기 등)과 관계있는 책을 찾아서 읽는다.
	11. 나는 그동안 알지 못했던 것에 관한 책을 보고 싶어 한다.
	12. 나는 다른 나라에 살고 있는 사람들에 관한 책 읽기를 좋아한다.
상호작용	13. 선생님이 내가 책 읽기를 잘한다고 칭찬하시면 나는 기분이 좋다.
	14. 내가 책 읽기를 잘한다고 친구들은 가끔 나에게 말해준다.
	15. 나는 책 읽기로 인하여 칭찬 받기를 좋아한다.
	16. 독서를 하고 있을 때 누군가가 알아주면 기쁘다.
	17. 부모님은 내가 독서를 잘하는 어린이라고 칭찬해 주신다.
경쟁심	18. 나는 독서퀴즈에서 친구들보다 정답을 많이 맞히려고 노력한다.
	19. 나는 책 읽기를 아주 잘하고 싶다.
	20. 우리 반에서 함께 읽은 책의 내용에 관한 질문에서 내가 가장 많이 답을 맞히고 싶다.
	21. 책을 잘 읽는 아이들의 명단에 내 이름이 포함되고 싶다.
	22. 독서를 친구들보다 더 잘하기 위하여 나는 열심히 노력할 것이다.
중요성	23. 독서를 잘하는 것은 나에게 중요하다.
	24. 다른 활동에 비하여 책을 잘 읽는다는 것은 나에게 중요하다.

(4) 읽기 쓰기와 함께하는 AI 코스웨어

학교 현장에서 학생을 지도하다 보면 학생의 사고력 신장을 위해 읽고 쓰는 과정은 매우 중요함에도 연필을 쥐고 종이 위에 글을 쓰는 것에 부담을 느끼는 아이들을 만납니다. 연필과 종이 대신 디지털 환경을 제공하고 인공지능 도구를 적용하는 것만으로 읽기 쓰기에 흥미와 관심을 가지는 모습을 관찰하게 됩니다.

책열매[20]는 학생의 독서 성향 진단, 독서 이력 정보를 바탕으로 인공지능 기반 도서 추천, 어휘 학습을 지원하여 개별화 맞춤형 국어 수업의 실현을 돕기 위한 웹사이트입니다.

낱말을 입력하면 표준국어대사전과 우리말샘에서 뜻을 살펴볼 수 있으며 낱말 학습 이력에 저장됩니다. 낱말 퀴즈와 낱말 게임은 게임 요소가 가미된 학습으로 단어 찾기에 대한 흥미를 유지할 수 있습니다.

20 https://ireading.kr

서재 관리 기능과 내 서재 기능을 통해 도서 검색 및 추천 페이지를 활용할 수 있으며 내 서재에 담거나 추천할 수 있습니다. 실시간 독서 활동을 확하고 내가 등

[그림 8] **책열매의 낱말 검색 기능**

[그림 9] **책열매의 내 서재에 담긴 도서 검색 및 도서 추천**

록한 글들만 분류하여 볼 수 있어 나만이 도서 페이지를 만들 수 있습니다. 독서 활동을 통해 아동 개인의 생각하는 능력뿐만 아니라 사회적 경험까지 제공하는 인공지능 코스웨어로 책 열매를 활용하여 문해력 신장을 위한 읽기 쓰기 활동을 진행할 수 있습니다.

자작자작[21]은 다양한 글감 제공, 맞춤법 수정과 어휘 데이터 분석 등의 여러 가지 부가 기능을 제공하는 AI 기반 글쓰기 교육 플랫폼입니다. 하이테크 교육 기조에 맞는 유료 플랫폼으로 2022 개정 교육과정에서 중점을 두는 핵심 역량과 더불어 학습 목표에 맞는 서술형 과제, 갈래별 글쓰기 연습, 수업 중 토론하며 글쓰기 등을 할 수 있습니다. 온라인으로 시작하는 글쓰기 교육으로 모든 학습의 기초 소양이 되는 글쓰기 교육을 쉽고 재미있게 할 수 있다는 장점이 있습니다. 어휘 및 문법, 맥락과 태도를 평가하고 고칠 점을 제안해 줍니다. 글을 쓰는 재미가 있어야 습관으로 자리잡을 수 있으며 누군가의 평가가 아닌 자기 자신을 생각과 의견을 표현하기에 적합합니다.

[그림 10] 자작자작 자유 글쓰기

21 https://www.jajakjajak.com

생물학적으로 뇌의 회색질은 정보 처리에 중요한 역할을 합니다. 회색질에 이상이 발생하면 신경세포의 기능과 신호전달이 영향을 받을 수 있다. 뇌의 회색질로 생각하는 경험과 언어 경험의 차이로 연결됩니다. 아이들은 한글을 습득하기 전에 미디어 매체에 먼저 노출되고 태블릿 UI에 익숙해져 있습니다. 인공지능 디지털 대변환의 시대, 불확실성이 가득한 미래 세대를 살아가야 하는 알파 세대는 자기 삶을 전환해 나가기 위해 스스로 학습할 수 있는 능력이 필요합니다. 특이점의 시대로 불리는 기술 혁신과 의학의 발달로 22세기까지의 삶을 영위하기 위해 아이들이 자신의 생각을 구성하고 탐색할 수 있는 단단하 뿌리를 내려주는 부모님의 역할이 중요합니다. 스스로의 삶에서 문해력이라는 단단한 땅과 뿌리를 통해 열매 맺는 삶을 살아 나가기를 바랍니다.

박 희 정

- 서울상봉초등학교 교사
- 성균관대학교 교육대학원 AI융합교육전공 석사
- 2015 초등수학 검인정 교과서 집필, 2022 개정 교육과정 선도교원
- 전문 분야: AI 수학, 수학 및 AI 영재교육, 피지컬 컴퓨팅, 교육과정, IB

정보 교사 남편과 SW 개발자 아내는 아이를 어떻게 키울까?

이승엽

1 AI 시대의 도래

오늘날 인공지능(AI)은 단순한 기술 혁신을 넘어, 우리 일상의 많은 부분에 영향을 미치고 있습니다. 이러한 변화 속에서 적응하며 살아가기 위해서는 AI 기술에 대한 기본적인 이해와 적응 능력이 필요합니다.

이에 따라, AI와 소프트웨어(SW) 교육은 더 이상 선택이 아닌 필수가 되었습니다. 2022 개정 교육과정 총론 주요 사항([표 2])에 따르면 여러 교과를 학습하는 데 기반

[표 2] 2022 개정 교육과정 총론 주요 사항

비전	포용성과 창의성을 갖춘 주도적인 사람	
개정 중점	• 미래 사회가 요구하는 역량 함양이 가능한 교육과정 • 학습자의 삶과 성장을 지원하는 교육과정 • 지역·학교 교육과정 자율성 확대 및 책임교육 구현 • 디지털·AI 교육환경에 맞는 교수·학습 및 평가체제 구축	
추진 과제	미래 대응을 위한 교육과정 • 인간상 등 교육방향 제시 • 공동체 가치 및 역량 강화 • 디지털 기초소양 강화 • 모두를 위한 교육 강화	학교 현장의 자율적인 혁신 지원 • 학교 교육과정 자율성 확대 • 초·중학교 교육과정 운영의 유연성 제고 • 창의적 체험활동 및 범교과 학습 주제 개선
	학습자 맞춤형 교육 강화 • 초·중등학교의 학교급 간 진로연계 교육 강화 • 고교학점제 안착 • 직업계고 교육과정 개선	교육환경 변화 대응 지원 • 역량 함양 교과 교육과정 개발 • 디지털 기반 교수·학습 혁신 • 교육과정 지원체제 구축
추진 체계	국민과 함께하는 교육과정 개정	

출처: https://www.moe.go.kr/boardCnts/viewRenew.do?boardID=294&boardSeq=89671&lev=0&searchType=null&statusYN=W&page=1&s=moe&m=020402&opType=N

[그림 11] **남편과 아내가 자녀에게 인공지능, 로봇 등을 즐겁게 가르치고 있는 모습**

출처: 저자 제공.

이 되는 '소양'에 언어·수리와 함께 디지털도 포함되어 교과에 반영되었습니다. 디지털을 이해하고 활용하는 역량과 함께 AI에 대한 소양이 2022년 개정 교육과정에 전면 등장한 점은 더욱 놀랄만한 사실입니다. 이러한 변화는 단순한 기술적 지식을 넘어, 문제 해결 능력, 창의적 사고력 등을 요구하며 미래 아이들에게 필요한 교육과정으로 자리매김하게 될 것입니다.

그렇다면 이러한 AI 시대에서 우리는 아이들을 어떻게 가르치고 키워야 할까요? 많은 학부모가 AI 교육에 대해 막연한 두려움을 갖거나, 어디서부터 시작해야 할지 모르는 경우가 많습니다. 이런 고민을 해왔던 학부모로서, SW 관련 일을 해왔던 경험을 바탕으로 저희 부부가 생각하는 미래 교육 방법에 대해 공유하려고 합니다. AI 시대에 자녀를 양육하고 교육하는 것이 쉽지 않은 도전일 수 있지만, 이 책을 통해 AI와 SW 교육의 기본을 이해하고, 아이들이 미래 사회의 중심 인재로 성장할 수 있는 길을 찾는 데 도움을 주고자 합니다.

2 SW 교사인 남편의 관점에서 바라본 AI

중학교 정보교육의 현장은 급변하고 있습니다. AI와 SW 교육은 이제 기초 학문에서 중요한 필수 역량으로 자리 잡았습니다. 이러한 교육은 학생들에게 미래 사회의 핵심 기술을 이해하고 활용할 수 있는 기반을 마련합니다. 중학교 교육과정에서 프로그래밍의 기초, 데이터 처리, 그리고 인공지능의 기본 원리를 다루면서, 학생들은 컴퓨팅 사고력과 문제 해결 능력을 키웁니다. 이 과정은 단순한 기술 습득을 넘어, 창의적이고 비판적인 사고를 발달시키는 데 중점을 두고 있습니다.

We have no planet B
Act now, save the Earth

환경을 위해 한 걸음, 미래를 위해 한 걸음
환경파괴는 우리의 선택, 복원은 우리의 책임
한 그루의 나무, 한 숨의 희망

환경을 지켜서 지구의 미래를 지키자!
우리의 작은 노력으로 지구를 지키자!
지금 이 순간, 환경을 위한 선택을 해봅시다!

지구를 위한 한 걸음
환경을 위한 나의 기여
작은 노력으로도 큰 변화를 만들 수 있습니다.

[그림 12] **텍스트 생성형 인공지능으로 제작한 캠페인 문구**
출처: 저자 제공.

[그림 13] **이미지 생성형 인공지능으로 제작한 캠페인 포스터 이미지**
출처: 저자 제공.

서울의 ㅇㅇ중학교에서는 2023년, 학생들과 함께 'AI×생태전환 캠페인'을 진행했습니다. 이 프로젝트의 목적은 6월인 생태전환교육의 달을 맞이하여 생성형 인공지능과 생태환경 융합 캠페인을 하여 실천 문화 확산 및 교육과정과 연계한 생태전환교육을 하는 것이었습니다. 캠페인의 일환으로 학생들은 먼저 생성형 인공지능의 원리와 사용법을 학습했습니다. 그리고 텍스트 기반 생성형 인공지능을 통해서 기후환경 관련 캠페인 문구를 제작했고([그림 12]), 이미지 기반 생성형 인공지능을 가지고 캠페인 문구에 걸맞은 포스터 이미지를 생성했습니다([그림 13]). 학생들이 제작한 산출물들을 평가하여 우수작으로 선정된 작품에 대해서는 실제 교문에서 캠페인 활동을 했습니다. 최우수작으로 선정된 캠페인 문구를 가지고는 기념품 펜을 만들어([그림 14]) 전 교직원과 전교생에게 배부하기도 했습니다.

[그림 14] 'AI × 생태전환 캠페인' 최우수작 기념품 펜

학생들은 처음에는 캠페인 포스터 문구와 이미지를 사람이 직접 제작하지 않고 인공지능을 활용해 제작하는 과정에 대해 익숙하지 않은 모습들을 보였습니다. 그러나 점차 생성형 인공지능을 이해하고 이를 제어하는 프롬프트를 입력하고 이에 대한 출력물에서 큰 흥미를 보였습니다. 특히, 한 학생이 같은 프롬프트를 입력해도 매번 다른 출력이 이루어진다는 점을 발견하고 이를 다른 학생들에게 공유했을 때, 자기주도 학습이 이루어지는 것이 눈에 보여 매우 흡족했습니다. 학생들은 자신들이 활용한 생성형 인공지능을 통해 제작한 산출물이 어느 정도 사람이 제작한 산출물 정도의 품질과 겨룰 수 있을 정도가 되었다는 것에 놀라움과 만족감을 표현했습니다.

생태전환교육에 있어 AI를 도구로써 적극적으로 활용하면서 학생들은 AI 기반의 문제 해결 능력을 함양할 수 있는 계기를 마련해 주었습니다. 또한 기존에 사람이 직접 수작업으로 해오던 작업을 생성형 인공지능 활용을 통해 해결하고 인력 및 시간 비용을 절감했던 경험을 통해 AI 기술이 어떻게 실생활 문제를 해결하는 데 도움이 되는지를 이해할 수 있도록 도움을 주었습니다. 또한, 학생들은 실생활의 다양하고 복잡한 문제를 해결하기 위해 팀워크와 창의적인 사고를 발휘해야 한다는 것을 깨달았습니다.

이처럼 중학교에서의 AI와 SW 교육은 단순한 지식 전달을 넘어서, 학생들이 미래 사회에서 필요한 다양한 역량을 개발할 수 있도록 하는 데 중요한 역할을 합니다. 학생들이 이러한 교육을 통해 더 넓은 세상을 향한 꿈을 꾸고, 그 꿈을 실현할 수 있는 기반을 마련하는 것이 우리 교육의 목표입니다. AI와 SW 교육은 단순히 미래의 기술 전문가를 양성하는 것을 넘어, 문제 해결자, 혁신가, 그리고 창의적으로 사고하는 시민을 육성하는 것입니다.

3 SW 개발자인 아내의 관점에서 바라본 AI

게임 산업에서도 AI는 혁신적인 변화를 주고 있습니다. 현재 게임의 개발부터 사용자 경험까지 다양한 방면에서 활용되고 있으며, 미래에도 산업 전반에 큰 영향을 줄 것입니다.

넥슨 인텔리전스랩스(NEXON Intelligencelabs)의 경우, 다양한 AI 기술 개발 및 연구하고 있습니다. AI 기술을 활용하여 게임 기본 콘텐츠 외에도 개인화된 메시지, 광고 효율화, 추천 서비스 등을 통해 사용자 경험 개선을 시도하고 있습니다.

그중 사실적인 AI 음성 생성 기술 개발에 박차를 가하고 있으며, 'ChatGPT'와 같은 생성형 AI에 관한 연구도 진행 중입니다. 예를 들어, 유명 게임 디렉터의 목소리와 억양을 거의 동일하게 생성하는 기술을 사용하여 NPC[22]에 성우 녹음 없이 목소리를 입히고, 사용자의 조작에 반응하는 실시간 경기 해설을 제공할 수 있습니다.

또한 데이터 분석을 통해 사용자의 게임 내 생태계를 보호하려고 노력하고 있습니다. 대표적인 예로, 2023년 프리 오픈한 '게임스케일'이 있습니다. 넥슨의 라이브 게임 서비스 노하우가 담긴 플랫폼 및 데이터 기반 솔루션으로, 보안, 마케팅, 커뮤니티, 비즈니스, 데이터 분석, QA, 운영 등 7개의 솔루션 패키지로 구성되어 있습니다.

---

22 Non-Player Character의 줄임말로 비디오 게임에서 사람이 직접 조작하지 않는 캐릭터이며 구경꾼이나 상인일 수도 있고 동료나 적의 역할을 하기도 한다.

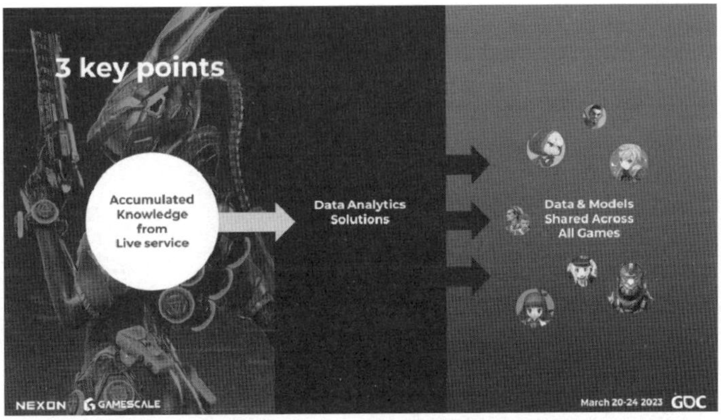

[그림 15] **넥슨의 플랫폼·데이터 기반 솔루션 '게임스케일'**
출처: https://www.gameinsight.co.kr/news/articleView.html?idxno=25754

이러한 사례들을 통해 AI가 게임 산업에서도 중요한 역할을 하고 있음을 알 수 있으며, AI 기술은 향후 더욱 발전된 형태로 사용자의 경험을 개선하는 데 크게 이바지할 것입니다.

4 가정에서의 AI 교육

가정에서의 AI 교육은 부모가 직접 참여하여 아이들과 함께 배우는 과정입니다. 가장 기본적인 방법은 AI와 관련된 콘텐츠를 함께 읽거나 시청하는 것입니다. 인터넷에는 아이들이 쉽게 이해할 수 있는 AI 관련 교육 자료가 많이 있습니다.

예를 들어, 인공지능&데이터, 소프트웨어의 원리에 대한 강좌를 소개하는 '소프트웨어야 놀자', 온라인 코딩파티를 포함한 각종 AI 및 SW 행사 및 소식을 접할 수 있는 'SW중심사회', 컴퓨터 과학의 기초를 다질 수 있는 'CODE.ORG', 머신러닝 분류 모델의 대표적인 체험 사이트인 '티처블 머신' 등 다양한 교육 사이트들이 존재합니다. 이러한 자료들을 통해서 부모와 아이가 함께 기본적인 프로그래밍을 배우는 것도 좋은 방법입니다. 여러 온라인 플랫폼에서는 아이들도 쉽게 접근할 수 있는 프로그래밍 강좌를 제공하고 있기 때문입니다.

[표 3] 인터넷에서 쉽게 활용할 수 있는 AI 교육 자료

소프트웨어야 놀자

SW중심사회

CODE.ORG

티처블 머신

출처: 소프트웨어야 놀자 - https://www.playsw.or.kr
SW중심사회 - https://www.software.kr
CODE.ORG - https://code.org
티처블 머신 - https://teachablemachine.withgoogle.com

부모와 아이가 AI를 이해하기 위해서 실생활에서의 사례를 찾아보는 활동이 도움이 될 수 있습니다. 일상에서 AI 기술을 어떻게 활용하고 있는지 찾아보고 아이들과 함께 이야기하는 활동을 해보는 것입니다. 예를 들어, ChatGPT, DALL-E와 같은 생성형 인공지능, 스마트폰의 생체 인식 기능, 개인 맞춤형 추천 시스템, 자율주행 자동차 등 일상에서 흔히 접하는 AI 기술을 예로 들며, 이러한 기술이 어떻게 우리의 삶을 편리하게 만드는지 찾아보고 이야기해 볼 수 있습니다. 이를 통해 아이들은 AI가 단순한 추상적 개념이 아니라, 실제 생활 속에 깊숙이 자리 잡고 있음을 이해할 수 있을 것입니다.

또한 부모는 아이들과 함께 AI에 대해 몸으로 체득할 수 있는 다양한 자료를 찾아 공유할 수 있습니다. 예를 들어, AI 언플러그드 보드게임, AI 관련 실험 키트, AI 로봇 키트를 포함한 다양한 AI 관련 교육 체험 키트 등은 아이들이 AI의 원리 및 활용법에 대해서 놀이처럼 재미있게 배울 수 있도록 도와줍니다. 이러한 활동들

[표 4] AI를 몸으로 체득할 수 있는 자료

<table>
<tr><td>
</td><td></td></tr>
<tr><td>인공지능 언플러그드 보드게임</td><td>피지컬 컴퓨팅 교구(햄스터 로봇)</td></tr>
<tr><td>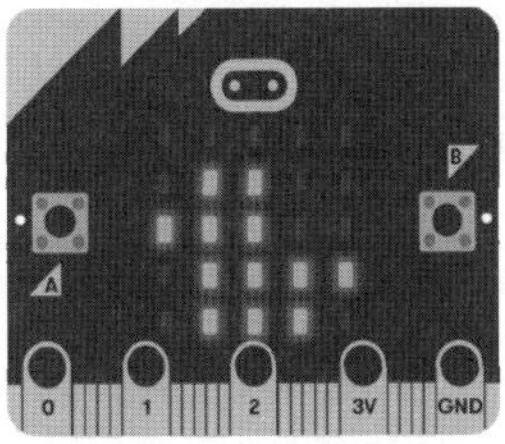
</td><td>
</td></tr>
<tr><td>피지컬 컴퓨팅 교구(마이크로비트)</td><td>피지컬 컴퓨팅 교구(아두이노)</td></tr>
</table>

출처: 인공지능 언플러그드 보드게임 - https://url.kr/y32kpo
피지컬 컴퓨팅 교구(햄스터 로봇) - https://hamster.school/ko/store/
피지컬 컴퓨팅 교구(마이크로비트) - https://microbit.org/
피지컬 컴퓨팅 교구(아두이노) - https://url.kr/h7f89e

은 개념적으로 배웠던 AI 지식이 실제 삶에서 어떻게 실체화되는지도 깨닫게 해주기 때문에 아이들의 머릿속에 오래도록 기억될 것입니다.

마지막으로 AI 교육을 가정에서 실제 활용해 활동으로 확장해 볼 수 있습니다. 예를 들어, 가족이 함께 스마트 홈 기기를 설정하고, 이를 통해 집안의 여러 기능을 자동화해 보는 활동은 AI 기술을 직접 체험하는 좋은 방법입니다. 아이들이 AI 스피커, AI 스마트 홈 앱 등을 제어해 보는 활동을 통해 아이들은 AI 기술이 실제 생활에서 어떻게 적용되는지를 직관적으로 이해할 수 있습니다.

가정에서의 AI 교육은 아이들이 기술에 대해 흥미를 갖고, 이를 적극적으로 탐구하는 태도를 기르는 데 큰 도움이 됩니다. 이러한 교육은 아이들이 미래 사회에서 필요한 기술적 역량을 갖추는 데 중요한 기반이 될 것입니다. 가정에서의 AI 교육은 단순한 지식 전달을 넘어서, 아이들이 미래의 기술을 자연스럽게 받아들이고 활용하는 데 필요한 기반을 마련하는 과정입니다.

5 AI 시대, 우리 아이를 어떻게 키울 것인가?

SW 관련 일을 하는 저희 부부도 미래 우리 아이들에게 AI의 교육이 필수적이고 중요하다는 것을 분명하게 느낍니다. 교사로서 우리는 학생들이 미래 사회에서 필요한 기술과 역량을 갖추도록 준비시켜야 합니다. AI는 이제 모든 산업 분야에 걸쳐 중요한 역할을 하고 있으며, 이에 대한 기본적인 이해는 필수가 되었기 때문입니다. SW 개발자로 일하면서 AI가 기술 혁신의 중심에 있음을 매일 경험합니다. 그 경험은 AI 교육이 단순히 기술적 지식을 넘어서 미래 사회를 이해하고 살아가는 데 필수적인 요소임을 느낍니다.

AI 시대의 도래는 우리 아이들에게 새로운 기회와 도전을 줄 것입니다. 이러한 시대를 살아갈 아이들에게 필요한 덕목과 자세는 무엇일지 SW 교사인 남편과 SW 개발자인 아내 홍하윤이 함께 머리를 맞대고 생각해 보았습니다. 물론 기존에 발표된 역량들도 많지만, 저희 상황에서 다시 고민해 보았습니다.

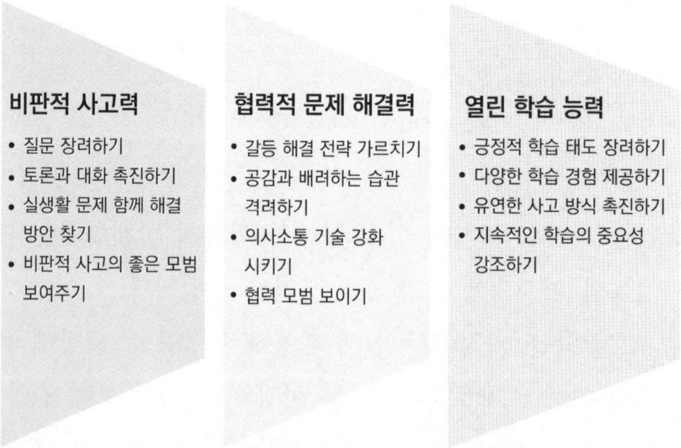

[그림 16] **AI 시대에 아이들에게 필요한 3가지 역량**

출처: 저자 제공.

(1) 비판적 사고력

비판적 사고력을 갖춘 아이들은 인공지능이 생성해 내는 정보의 진위를 판별하고 오류나 편향된 정보를 식별할 수 있습니다. 이를 통해 올바른 지식의 습득과 의사 결정을 할 수 있게 해 줄 것입니다. 또한 AI의 결정에는 종종 윤리적, 사회적인 영향이 포함됩니다. 이러한 사실을 인지하고 비판적인 사고로 윤리적인 문제를 고려하여 AI를 이해하고 활용할 수 있게 될 것입니다. 구체적으로 가정에서 부모가 자녀의 비판적 사고력을 높이는 데 도움을 줄 수 있는 몇 가지 방법이 있습니다. 자녀가 '무엇을, 어떻게, 왜?'라는 질문을 하도록 격려하기, 정기적으로 의미 있는 대화와 토론 시간 가지기, 일상생활에서 마주치는 문제에 대해 자녀와 함께 논의하고 해결 방안 모색하기, 부모 자신이 비판적 사고의 좋은 예시가 되도록 행동하기 등을 실천하면서 부모가 자녀의 비판적 사고력을 증진하는 데 도움을 줄 수 있을 것입니다.

(2) 협력적 문제 해결력

현대의 문제들은 점점 더 복잡해지고 있으며 이를 해결하려면 다양한 전문 지식과 관점이 융합되어야 합니다. 협력적 문제 해결력은 서로 다른 분야의 전문가들이 지식과 기술을 결합하여 최적의 해결책을 찾는 데 도움을 줍니다. 팀원 간의 효과적인 소통과 협업 능력은 아이들이 사회적 기술을 개발하고 다양한 관점을 이해하며 공동의 목표를 향해 협력하는 데 일조합니다. 가정 내에서 발생하는 크고 작은 갈등들을 해결하는 과정을 통해 자녀가 문제를 인식하고 해결책을 모색하는 방법을 자연스럽게 학습하도록 하기, 다른 상황에 놓인 다른 사람의 의견을 존중하는 태도를 가르쳐 다양한 관점을 수용하는 능력 키우기, 자녀가 자기 생각과 감정을 표현하고 다른 사람의 의견을 경청하도록 장려하기, 가상의 문제 상황을 만들어 역할 놀이를 통해 부모가 직접 협력적 문제 해결하는 과정 보이기 등의 노력을 통해 자녀가 학교에서뿐만 아니라 일상생활에서도 협력적 문제 해결력을 강화하는 데 도움이 될 것입니다.

(3) 열린 학습 능력

AI 시대에는 기술과 사회가 빠르게 변화합니다. 열린 학습 능력은 학생들이 변화의 시대에 적응하고 지속해서 새로운 영역의 지식을 학습하며, 문제 상황에 대처할 힘을 기르게 할 수 있습니다. 복잡한 문제를 해결하고 창의적으로 사고하기 위해서는 이러한 역량이 필요합니다. AI 시대에서 표준화된 해결책으로 문제에 대응하고 처리하기 어렵기 때문에 유연한 사고와 접근 방식을 함양하는 것은 중요하다고 생각합니다. 새로운 지식과 기술을 학습하는 것에 대해 호기심과 열정을 가질 수 있도록 긍정적인 학습 태도 장려하기, 다양한 온·오프라인 자료 및 체험활동을 통해 자녀가 다양한 분야의 지식을 접하도록 다양한 학습 경험 제공하기, 다양한 관점을 고려하고 새로운 아이디어에 대해 개방적인 태도를 보이도록 격려하기, 평생 학습의 중요성을 강조하여 동기 부여하기 등의 노력을 통해 자녀가 변화하는 시대에 적응하고 새로운 영역의 지식을 학습하며 다양한 문제 상황에 대처하는 데 열린 학습 능력을 갖추는 데 도움이 됩니다.

부모들은 아이들이 이러한 덕목과 자세를 갖출 수 있도록 격려하고 지원했으면 합니다. 이를 통해 우리 아이들이 AI 시대에 적응하며 살아갈 수 있을 것으로 믿어 의심치 않기 때문입니다. 우리는 아이들에게 비판적으로 사고하고, 협력적으로 문제를 해결하고, 열린 학습 능력을 갖추는 방법에 대해서 가르치고 고민해야 합니다. 이와 더불어 우리는 아이들이 기술의 발전 속에서도 인간적인 가치와 덕목을 잃지 않도록 지원하는 것이 중요합니다. AI 시대에 우리 아이들이 행복하고 성공적인 삶을 살아갈 수 있도록, 부모로서 우리가 할 수 있는 최선의 노력을 해야 할 것입니다.

이 승 엽

- 서울장평중학교 교사
- 전) LG전자 MC사업본부 모바일앱 개발자
- 전) NAVER 캘린더 주소록 개발랩 개발자
- 전문 분야: SW 및 알고리즘, AI 활용 프로젝트, AI 융합교육, AI 영재교육

플로우(Flow)로 평생 배움을 위한 마음의 근육 만들기

이정은

1 샘과 데이브의 어마어마하게 멋진 경험

칼데콧 명예상을 수상한 그림책 『샘과 데이브가 땅을 팠어요』(존 클라센 그림, 맥 바넷 글)[23]에서, 샘과 데이브는 '어마어마하게 멋진 것'을 찾기 위해 땅을 파기 시작합니다. 땅속 깊은 곳까지 내려갔지만, 그들이 말하는 '어마어마하게 멋진 것'은 보이지 않습니다. 결국 지친 샘과 데이브는 땅속에서 잠이 듭니다. 아이들은 실망하며 집으로 돌아갔을까요? 놀랍게도 이 책의 마지막 장면에서, 얼굴과 옷에 흙을 잔뜩 묻힌 둘은 동시에 이렇게 말합니다.

"정말 어마어마하게 멋졌어."

사실 독자만 알고 있는 비밀이 있습니다. 땅속에는 커다란 다이아몬드가 묻혀 있었거든요. 샘과 데이브는 이를 알지 못하고 다이아몬드를 요리조리 피해 땅을 파곤 합니다. 그래서 독자는 "왜 방향을 바꾸는 거야, 조금만 더 가면 다이아몬드를 찾을 수 있는데!"라고 하며 발을 동동 굴러요. 그러다 샘과 데이브의 만족스러운 표정에 어안이 벙벙해지고, 곧 깨닫게 됩니다. 통에 담아 온 초콜릿 우유를 마시고 할아버지의 손수건에 싸 온 과자를 먹으며, 설레는 마음으로 땅을 파던 그 여정 자체가 그들에겐 '어마어마하게 멋진 것'이었음을요.

처음에 샘과 데이브가 찾고자 했던 '어마어마하게 멋진 것'이 무엇이었는지 이 책에서는 알려주지 않습니다. 어느 날 샘이 데이브에게 "개미들이 모여 사는 거대

23 맥 바넷, 존 클라센 (2014), 『샘과 데이브가 땅을 팠어요』, 서남희(역), 시공주니어

한 국가는 어떤 모습일까?"라는 질문을 했을 수도 있고요, 땅속 세상이 궁금했던 데이브가 지하 세상 여행을 떠나자고 샘에게 제안했을 수도 있습니다. 다만 스스로 정한 '사명'에 온전히 집중하며 행위와 내가 하나가 되는 듯한 시간을 보냈을 그들의 모습을 상상해 볼 수 있습니다. 그 몰입의 과정과 경험 자체가 그들에게는 충분히 '어마어마하게 멋진 것'이었죠.

옆에서 부르는 것도 인지하지 못할 정도로 어떤 활동에 뚜렷하게 몰입하고 있는 자녀의 모습을 보신 적이 있나요? 그 대상이 종이접기나 스도쿠가 될 수도 있고, 또는 정밀화 그리기가 될 수도 있습니다. 극도의 집중력을 발휘하여 스스로의 존재도 잊어버리는 무아지경의 시간이 끝난 후, 다소 상기된 얼굴로 "엄마, 아빠, 정말 재미있었어요!"라고 말하는 아이들의 모습을 떠올려 보세요. 그 행복감이 주는 여운은 아마 오래도록 마음에 남아 또 다른 도전의 발판이 될 겁니다.

> 외적 조건들에 의해 압도되지 않고, 우리의 행동을 스스로 조절할 수 있으며, 내 운명은 내가 주인인 듯한 느낌이 드는 순간24

미국의 심리학자이자 긍정심리학의 대표적인 연구자 미하이 로버트 칙센트미하이(Mihaly Robert Csikszentmihalyi)는 위와 같은 경험을 최적 경험(Optimal Experience)이라는 용어로 설명했습니다. 다른 어떤 일에도 관심이 없을 정도로 지금 하고 있는 일에 푹 빠져 있는 상태 말이죠.25 그리고 이 상태를 플로우(몰입, Flow) 경험이라고 합니다. '흐름'이라는 뜻을 가진 용어 '플로우(Flow)'는 이러한 상태가 의도적으로 노력하지 않고도 물 흐르듯 이루어진다는 것을 잘 반영하고 있습니다. 이 몰입의 경험이 AI 시대를 살아갈 우리 아이들에게 더욱 강조되어야 할 이유는 무엇일까요?

본 글에서는 칙센트미하이의 플로우(Flow) 개념을 바탕으로, AI 시대의 행복한 직업인으로 성장하기 위해 아이에게 어떤 역량이 필요할지, 이를 위해 부모가 어떻게 지원해줄 수 있을지 함께 생각해 보려고 합니다. 더불어, 본 글에서는 '플로우(Flow)'와 '몰입'을 같은 의미로 함께 사용하고 있음을 알려드립니다.

---

24 미하이 칙센트미하이 (2004), 『몰입 Flow, 미치도록 행복한 나를 만난다』, 최인수(역), 한울림, p.27

25 미하이 칙센트미하이 (2004), 『몰입 Flow, 미치도록 행복한 나를 만난다』, 최인수(역), 한울림, p.29

2 AI 시대, 평생 배움의 출발선에 선 아이들

2023년 4월, 세계경제포럼(WEF, World Economic Forum)은 향후 5년 동안의 일자리와 기술 변화를 연구한 「Future of Jobs Report 2023」[26]을 발표했습니다. 이 연구 결과에 따르면 44%의 노동자들은 향후 5년 이내에 그들이 가진 핵심 기술들을 변화시켜야 할 필요가 있다고 합니다. 하나의 고정된 직장에 얽매이지 않는 N잡러의 출현, 디지털 플랫폼의 발달과 더불어 빠르게 확대되고 있는 긱 이코노미(Gig Economy)[27] 현상까지. 이처럼 직업 세계의 빠른 변화는 거스를 수 없는 세계적 흐름이 되었습니다.

이전 세대에서는 어린 시절에 배웠던 지식과 기술을 성인이 되어서도 충분히 활용할 수 있었지만, 이제는 기술적, 사회·문화적 변화를 민감하게 인식하고 평생을 거쳐 이에 대처하는 역량이 그 어느 때보다도 필요합니다. 우리 아이들은 평생교육(Lifelong Education)의 출발선에서 이제 막 첫 발걸음을 내디딘 것이지요. 이 시점에서 부모님의 가장 큰 고민은 이것이 아닐까 합니다.

전문가조차도 쉽게 예측할 수 없는 10년 후, 20년 후, 또는 그 이후의 미래에 우리 아이들이 행복한 직업인으로 살아가기 위해 무엇을 준비해야 할까?

부모는 아이가 행복하길 원합니다. 우리와는 또 다른 세상을 살아가면서 지금은 존재하지 않는 직업을 갖게 되더라도, 그 일 자체에서 행복감을 느끼고 삶의 의미를 찾기를 소망하지요. 하지만 여러 통계 결과가 보여주는 바와 같이, 현재 시점에서의 전도유망한 직업을 준비한다거나 미래 전망이 밝다고 언급되는 기술을 주먹구구식으로 배우는 것만으로는 아이들이 앞으로 마주칠 수많은 변수를 모두 아우를 수 없습니다. 어떤 세상이 도래할지 예측할 수 없으니 무엇을 준비해야 할지, 무엇을 가르쳐주어야 할지 부모의 고민은 깊어집니다.

우리는 위에서 언급한 사회적 변화가 의미하는 바를 함께 생각해 볼 필요가 있

26 Di Battista, A., Grayling, S., & Hasselaar, E. (2023), 「Future of jobs report 2023」, World Economic Forum, Geneva, Switzerland

27 '긱 이코노미'란 프리랜서나 부업에 종사하는 사람들의 노동력을 의미한다. (McKinsey & Company (2023.8.2.), "What is the gig economy?", https://www.mckinsey.com/featured-insights/mckinsey-explainers/what-is-the-gig-economy)

습니다. 바로 노동 시장의 모습은 유기체와 같이 끊임없이 변화하고 있으며, 이 변화에 유연하게 대처하기 위해서는 자아에 대한 정확한 이해와 믿음이 필요하다는 것입니다. 이제는 소속된 직장이 원하는 경로가 아닌, 스스로 계획한 경력개발의 경로를 통해 직업인으로서의 정체성을 창출해야 합니다. 기술과 사회·경제의 변화가 내가 속한 업계 혹은 플랫폼에 어떤 영향을 미칠지 민감하게 예측하여, 나에게 가장 적합한 방법으로 대응해야 하지요. 시대를 읽고 대처하는 창의적 배움의 과정이 평생토록 지속되어야 합니다. 따라서 미래를 살아갈 우리는 나 자신이 어떤 일을 즐기고 좋아하는지 알기 위해 오랜 기간 탐구해야 하며, 예상치 못한 변수 앞에서도 두려워하지 않고 대처할 수 있는 마음의 근육을 길러야 합니다. 이 마음의 근육은 바로 플로우(몰입)를 경험함으로써 얻게 되는 행복감과 끈기, 자신감으로 튼튼하게 만들어 갈 수 있습니다.

아이가 자신의 심리적 에너지를 오롯이 투자하여, 시간 가는 줄도 모르고 과제에 몰입한 모습을 보신 적이 있나요? 때로는 목표에 도달하는 길이 순탄하지 않을 수 있지만, 좌절하거나 쉽게 도움을 요청하기보다 이런저런 시행착오에 기꺼이 도전하는 모습. 그러던 중 "아, 그럼 이렇게 해볼까?"라며 갑자기 떠오른 아이디어를 적용할 생각에 설레는 모습. 목표에 도달했을 때, 비로소 시간이 이렇게나 많이 흘렀음을 알게 되고 행복감과 뿌듯함을 온몸으로 만끽하는 모습 말이죠.

이렇게 몰입은 외부의 보상이 아닌 활동 자체에서 즐거움을 느끼는 경험입니다. 따라서 몰입의 즐거움을 경험한 학생들은 미래의 도전적인 과제를 해결하는 데 필요한 끈기와 자신감을 가지게 되지요. 어려움 속에서도 좌절하지 않고 의미 있는 목표를 추구하는 사람들에 대해, 칙센트미하이는 이렇게 묘사합니다.

> 내재적으로 자신의 행동에 동기화되어 있기 때문에 외적인 위협에 의해서 쉽게 방해받지는 않는다. 자유롭게 자신의 환경을 객관적으로 살펴보고 분석할 수 있는 충분한 에너지를 가지고 있기 때문에 자신이 처한 상황에서 새로운 기회를 찾을 수 있다.28

작은 도전과 어려움에도 "아, 다 하기 싫은데요.", "귀찮아요. 그냥 하던 거 할래요.", "어려워요. 포기할래요."라며 투덜거림을 많이 들어보셨으리라 생각합니다.

---

28 미하이 칙센트미하이 (2004), 『몰입 Flow, 미치도록 행복한 나를 만난다』, 최인수(역), 한울림, p.177

도전과 배움을 두려워하지 않는 열정, 그리고 그 안에서 행복감을 느낄 수 있는 마음의 근육을 지금부터 단단하게 키워가야 하지 않을까요?

그렇다면 우리는 어떻게 일상에서 몰입을 경험할 수 있을까요? 텍사스대학교 맥콤즈경영대학원 교수이자 미국의 심리학 전문지 「Psychology Today」의 인기 블로거 라즈 라후나탄(Raj Raghunathan)은 그의 저서 『왜 똑똑한 사람들은 행복하지 않을까?』에서 플로우(Flow)를 삶에 끌어들일 세 가지 질문을 아래와 같이 제시합니다.

1. '내가 진실로 잘하는 것이 무엇인가?' (당신이 재능을 보이는 일)
2. '세상이 무엇을 필요로 하는가?' (세계가 필요로 하는 일)
3. '내가 즐기는 일은 무엇인가?' (당신이 즐기는 일)[29]

눈치채셨나요? 플로우(Flow)를 다시 경험하기 위해, 우리는 자아에 대해 끊임없이 탐색하고 질문하게 된다는 것을요. 이 과정에서 길러진 내면의 근육을 통해, 평생 배움의 요구 속에서도 지속적이고 능동적인 힘을 발휘할 수 있습니다. 이를 위해 부모와 자녀가 함께 나눌 수 있는 다양한 대화는 이어지는 글에서 자세히 다루겠습니다.

❸ 플로우(Flow)로 이끄는 첫 번째 요인 - 활동의 조건

덴마크의 The LEGO Group에서 만든 블록 장난감인 레고(LEGO). 아마 아이를 키우는 집이라면 상자 가득 레고를 쌓아놓고 자신의 상상을 구현하기 위해 몰두하는 모습이 익숙하실 겁니다. '레고' 이름의 유래는 덴마크어로 '재미있게 놀다(Play well)'라는 뜻을 가진 'leg godt'에서 앞 두 글자씩을 떼어내 조합한 것입니다. 그리고 그 이름의 의미에 부응하듯 1초마다 1,140개의 브릭이 생산되고 있을 정도로 오랜 기간 세계인들의 사랑을 받고 있지요.[30] ❸에서는 플로우(Flow)를 유발하는 활동의 조건을 살펴보기에 앞서, 왜 수많은 사람들이 레고 블록 조립에 몰입하는지 생각해 보려고 합니다.

---

29 라즈 라후나탄 (2017), 『왜 똑똑한 사람들은 행복하지 않을까?』, 문희경(역), 더퀘스트, p.95

30 https://en.wikipedia.org/wiki/Lego

첫째, 아이들은 명확한 목표를 가지고 레고 활동에 몰입합니다. 설명서대로 만드는 레고 블록의 경우에는 레고 상자에 그려진 멋진 완성품이 활동의 목표가 되겠지요. 그리고 이 수준을 뛰어넘어 자신이 원하는 모형을 창작하는 단계가 된다면, 자신의 상상 속 도면을 활동의 목표로 설정하게 됩니다. "멋진 해양 탐사선을 만들어야겠어. 크레인을 달고, 헬리콥터가 이착륙할 수 있는 헬리데크도 만들어야겠다."라고 말이죠. 레고 블록을 조립하며 목표했던 것들이 하나씩 만들어지는 동안에 이 목표는 더욱 고차원적으로 수정될 수 있으나, 이때도 블록을 조립하는 아이는 본인이 최종적으로 의도하는 것이 무엇인지 명확하게 이해하고 있습니다. 반대로 "뭘 만들어야 할지 모르겠어."라는 고민과 함께 활동의 지향점이 명확하지 않을 때는 나의 주의력을 온전히 집중하기 어려울 것입니다.

둘째, 목표 달성에 대한 피드백을 즉각적으로 확인할 수 있습니다. 아이들은 레고를 조립하며 자신이 설정한 목표, 즉 머릿속에서 상상하던 완성품의 모습과 현재 조립품의 모습을 끊임없이 비교하게 됩니다. 이 피드백을 반영하여 다음 조립의 방향을 결정하게 되지요. 스스로의 힘으로 목표를 이루어가는 과정에서 아이들의 자아 효능감이 높아지고, 목표 달성에 다소 어려움이 있더라도 다양하게 고민하고 시도하는 내면의 근육을 키울 수 있습니다.

셋째, 사용자의 능력 수준에 적합한 도전적인 과제를 다양하게 구성할 수 있습니다. 영국 심리학회의 학술지인 「The Psychologist」 2012년 8월호에 게재된 칼럼 「When psychologists become builders」에서는 심리학자들이 밝히는 레고의 특별함에 대해 언급하고 있는데요. 이 글에서 케임브리지 대학의 심리학 선임 강사인 데이비드 화이트브레드(David Whitebread)는 '레고를 조립하는 데 필요한 신체적 기술의 초급 수준이 낮다.'라는 것을 레고의 중요한 특징으로 지적했습니다. 어린아이들도 쉽게 창조하고, 되돌린 후 재창조할 수 있다는 것이죠.[31] 그러나 블록을 조립하는 단순한 행위만으로도 과제의 복잡성을 얼마든지 조절할 수 있다는 것이 이 활동의 묘미입니다. 사용자가 자신의 능력에 맞는 도전감을 가질 수 있도록 자유롭게 목표를 설정할 수 있으므로, 다양한 스펙트럼의 능력을 갖춘 사람들이 불안감이나 지루함을 느끼지 않고 레고 블록에 열광할 수 있습니다.

---

31 Sutton, J. (2012), 「When psychologists become builders」, The Psychologist, 25(8), pp.600-603. (https://www.bps.org.uk/psychologist/when-psychologists-become-builders)

레고 외에도 스도쿠, 종이접기, 테니스와 같은 운동처럼 아이들이 몰입을 경험하고 그 안에서 행복감을 느낄 수 있는 활동은 다양합니다. 그러나 모든 레고 활동이 몰입 경험을 보장하지 않듯, 몰입을 가능하게 하는 활동에는 몇 가지 조건이 있습니다. 칙센트미하이는 그의 저서에서 중요한 세 가지 조건을 제시합니다. 바로 (1) 명확한 목표, (2) 즉각적인 피드백, (3) 과제 난이도와 능력의 균형입니다.[32] 칙센트미하이가 제시한 세 가지 조건들이 각각 무엇을 의미하는지, 이와 관련하여 어떻게 아이 내면의 근육을 단련할 수 있을지 지금부터 하나씩 소개하고자 합니다. 무엇보다 이 모든 과정은 부모를 포함한 외부적 요인이 아닌, 경험의 즐거움을 추구하는 아이 본인이 자발적이고 주도적으로 이끌어가야 한다는 것을 잊지 마세요. 물론 자아에 대한 충분한 탐색과 공동체에 대한 존중이 전제되어야 하겠지요. 우리는 관심과 지지를 기반으로 한 따뜻한 대화를 통해, 아이가 플로우(Flow) 상태를 경험할 수 있도록 조심스럽게 안내해 줄 뿐입니다.

(1) 활동의 조건 1 - 명확한 목표

몰입은 어떤 활동에 자신의 주의력을 온전히 투자하여 목표 외의 다른 요인들을 잠시 잊게 되는 상태입니다. 이때, 나의 온 생각과 마음을 집중할 방향이 분명하게 정해져 있어야 아이는 안정적으로 몰입 상태에 빠지게 됩니다. 다시 말해, 목표가 명확하게 정해진 활동을 할 때 몰입을 경험할 가능성이 높아집니다.

자발적으로 목표를 설정했을 때, 아이들은 내재적 동기를 가지고 활동에 몰입할 수 있습니다. 그렇다면 스스로 목표를 설정할 수 있도록 부모가 어떤 도움을 줄 수 있을까요? 먼저, 자녀가 관심 있는 활동이 무엇인지 유심히 관찰해 보세요. 종이비행기 접기를 좋아하는 아이에게 종이비행기 국가대표팀 WePlay의 영상을 보여준다거나 건축물에 빠진 아이에게 건축 드로잉 책을 보여주는 등의 자극을 부모님께서 제시해 주신다면, 아이들은 다양한 옵션들 속에서 행복한 선택을 하게 될 것입니다. "와, 이거 멋진걸! 도전해 보고 싶다."

---

32 미하이 칙센트미하이 (2004), 『몰입 Flow, 미치도록 행복한 나를 만난다』, 최인수(역), 한울림, pp.104-117, 145-148 (세 가지 조건에 대한 설명은 해당 부분을 참고하여 작성)

Tip 자발적인 목표 설정에 도움을 주는 대화

① 방법

- 관심 분야의 박물관 혹은 전시회의 탐구 프로젝트 계획하기(가이드북이나 관련 도서를 읽고 박물관 방문 계획을 스스로 수립한 후, 실행 및 성찰하기)
- 관심 분야에 종사하는 사람들의 인터뷰 영상 함께 보기(TV 예능프로그램, 온라인 플랫폼 등을 활용)
- 아이의 흥미와 수준에 적합한 대회 혹은 발표회나 연주회 제안하기
- 관심 분야를 통해 아이가 속한 공동체에 기여할 수 있는 방법을 함께 생각해 보기

② 대화

- ○○(이)는 어떤 음악(미술 작품, 레고 도시 등)을 만들고 싶어?
- ○○(이)는 사람들을 행복하게 하는 음악을 만들고 싶다고 했는데, 어떤 음악이 사람들을 행복하게 만들 수 있을까?
- ○○(이)가 평소에 본받고 싶었던 이 작곡가는 어떤 방식으로 음악을 만들었을까?
- ○○(이)가 가지고 있는 관심과 열정으로 세상에 어떤 도움을 줄 수 있을까?
- 요즘 ○○(이)가 건물들을 관찰하는 것을 좋아하는 것 같아. 엄마, 아빠의 생각이 맞아? 그럼 혹시 건물들을 관찰하면서 궁금했던 것이나 알고 싶었던 것이 있었어?

(2) 활동의 조건 2 - 즉각적인 피드백

현재 나의 행동이 목표 달성을 위한 방향과 일치하는지 확인할 수 없다면, 활동에 참여하는 동안 집중력과 자신감을 유지하기 어렵습니다. 따라서 피드백을 즉각적으로 확인할 수 있을 때 몰입의 가능성이 높아집니다.

피드백의 종류는 다양합니다. 운동의 경우 기록이나 점수가 피드백이 될 수 있고, 음악이나 미술과 같은 창의적 활동의 경우에는 자신이 머릿속에 그렸던 악상, 이미지와 현재 작품과의 차이가 피드백이 될 수 있겠죠. 또한 본인이 창작한 이야기를 들으며 반짝이는 청중들의 호기심 가득한 눈빛이 피드백이 될 수도 있습니다. 칙센트미하이는 우리 모두가 서로 다른 가치를 갖도록 학습되기 때문에, 이 중에서 자기에게 중요한 가치를 주는 정보를 더 소중히 생각할 것이라 말합니다.[33]

---

33 미하이 칙센트미하이 (2004), 『몰입 Flow, 미치도록 행복한 나를 만난다』, 최인수(역), 한

아이가 어떤 가치를 중요하게 여기는지 확인해 보세요. 달리기를 좋아하는 아이에게는 매일 달리기 기록을 적어두는 노트를 만들어 주어도 좋고, 영화감독이나 작가를 꿈꾸는 아이에게는 스토리보드를 그려서 전체적인 이야기의 방향과 현재 위치를 비교할 수 있도록 도와주어도 좋습니다. 요리를 좋아하는 아이에게는 요리의 각 단계를 기록한 레시피를 작성하도록 제안해 보면 어떨까요? 중요한 것은 아이가 설정한 '명확한 목표'와 '피드백의 방향'이 일치해야 한다는 것입니다. 따라서 우리는 아이가 선택할 수 있도록 다양한 제안을 해줄 뿐, 어떤 피드백을 의미 있게 받아들이며 다음 활동에 도전할지, 그 선택은 아이의 몫입니다.

Tip 즉각적인 피드백 확인에 도움을 주는 대화

① 방법

- 작품 또는 결과물의 포트폴리오 만들고 스스로 확인하며 현 위치 파악하기
- 활동 과정에서의 만족감과 (스스로 인지하는) 목표 달성도를 성찰일지에 스스로 기록하기(성찰일지의 기록 방법과 형식은 스스로 결정하기)
- 활동의 과정과 방향에 대해 자주 대화를 나누고, 격려와 조언의 언어적/비언어적 피드백 제시하기

② 대화

- ○○(이)가 이루고 싶었던 목표에 가까워지고 있다고 생각해? ○○(이)가 그렇게 생각한 이유는 뭐야?
- 와, 지금까지 한 번도 본 적이 없던 작품이네. ○○(이)의 제작 과정(혹은 제작 의도)을 한번 설명해 줄 수 있겠니?
- 엄마, 아빠는 ○○(이)가 집중하는 이 모든 과정이 하나하나 소중하다고 생각해. 중간에 실수가 있어도 괜찮고, 다른 분야를 탐험하고 와도 괜찮아. 어떻게 하면 ○○(이)의 과정을 잊지 않고 기억할 수 있을까?

※ 피드백 확인 방법을 계획하고, 피드백을 확인하는 모든 과정은 아이 주도적으로 이루어져야 합니다. 부모 위주의, 그리고 성과지향적인 방법이 되지 않도록 우리 또한 스스로를 끊임없이 성찰할 필요가 있습니다.

울림, p.117

(3) 활동의 조건 3 - 과제 난이도와 능력의 균형

칙센트미하이는 각 개인이 느낀 과제의 난이도와 그들이 느낀 자신의 기술 수준이 균형을 이루었을 때 몰입을 경험할 수 있다고 말합니다. 이를 [그림 17]과 같이 과제의 난이도와 개인의 능력 사이의 함수 관계로 나타냈는데요. 저자는 플로우(Flow)를 다시 한번 경험하기 위해 개인의 능력을 단련하거나 과제의 난이도를 조정하는 역동적인 과정에서 자아가 성장한다고 말합니다.

칙센트미하이에 따르면, 아래 [그림 17]에서 난이도와 능력은 각각 과제의 난이도, 그리고 그 과제를 해결할 수 있는 능력을 의미합니다. 만약 능력에 비해 과제의 난이도가 낮다면 아이는 지루함을 느끼겠죠(A2). 몰입을 경험하기 위해 해야 할 일은 아이가 자신의 능력을 온전히 발휘하여 과제를 해결할 수 있도록 과제의 난이도를 조절하는 것입니다(A2 → A4). 반대로 능력에 비해 과제의 난이도가 높아 불안감을 느낀다면(A3), 과제를 해결하기 위해 자신의 능력을 단련하는 것으로 몰입을 경험할 수 있습니다(A3 → A4).

과제의 난이도와 능력이 균형을 이루어 몰입을 경험하게 되더라도, 어느 순간 과제에 익숙해진 아이가 난이도를 낮게 느끼게 되거나(A1 → A2), 새로운 목표 설정으로 인해 능력의 부족함을 느끼게 될 수도 있어요(A1 → A3). 이 경우에도 다시 과제

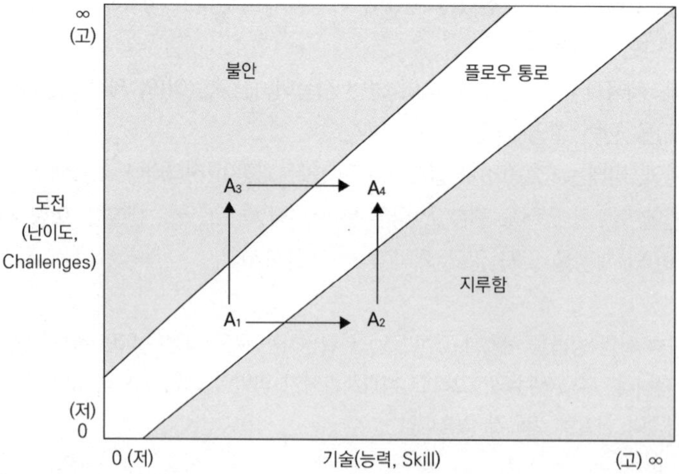

[그림 17] **과제와 난이도의 함수 관계**

출처: 미하이 칙센트미하이 (2004), 『몰입 Flow, 미치도록 행복한 나를 만난다』, 최인수(역), 한울림, p.146

의 난이도 조정 또는 아이의 능력 신장을 통해 더욱 복합적인 수준의 플로우(A4)를 느낄 수 있습니다. 위의 과정을 경험하며 아이가 느끼는 행복감과 자아의 성장은 몰입이 주는 가장 큰 선물이 아닐까요?

여기서 중요한 것은 두 개의 변수 모두 '본인이 느끼는 정도'가 기준이 된다는 사실입니다. 따라서 "이게 뭐가 어렵다고 그래.", "이건 너한테 어려워." 등의 일방적인 판단은 적절하지 않습니다. 아이가 과제의 난이도와 본인의 능력에 대해 어떻게 생각하고 있는지, 지속적인 대화와 관찰을 통해 파악하는 것이 중요합니다.

아이가 능력에 비해 어려운 과제를 만났을 때 느끼는 불안에 대해 걱정하지 마세요. 실력을 키워서 플로우(Flow) 상태로 가기 위한 배움의 과정입니다. 마찬가지로 능력에 비해 낮은 과제를 만났을 때 느끼는 지루함도 높은 난이도의 과제에 도전할 기회가 될 수 있습니다. "3×3 큐브를 조립하는 것이 어려웠구나. 그럼 2×2 큐브부터 시작해 볼까?", "배드민턴 경기에서 원하는 결과를 얻으려면, 어떤 기술을 더 연습하면 좋을까?"와 같이 따뜻한 격려와 자극이 필요합니다.

Tip 과제 난이도와 능력의 균형에 도움을 주는 대화

① 과제 난이도 조절

- 지금 하는 과제가 어느 정도 어렵게 느껴지는지 맞혀보기 놀이할까?
  자, ① 쉬워서 재미가 없다, ② 어렵지만 도전해 보고 싶다
  ③ 어려워서 힘들다, 아니면 ④ 다른 문장으로 말해보고 싶다
- ○○(이)가 이루고 싶은 목표를 한 번에 이루기가 어려워서 힘든 것일 수도 있어. 그 목표를 이루려면 어떤 기술들이 필요할까? 그럼 ○○(이)가 말한 이 기술들을 작은 목표로 만들어서 하나씩 성공해 볼까?

② 능력의 향상

- ○○(이)가 요즘에 글을 쓰는 것에 푹 빠진 것 같은데, 엄마, 아빠 생각이 맞아? 그럼 글을 쓸 때 가장 힘든 부분은 뭐야?
- 아, 사람들의 마음을 끌어당길 수 있는 시작 부분을 쓰는 게 가장 어렵구나. 그럼 ○○(이)에게 가장 기억에 남는 소설의 첫 장은 뭐야? 이번 방학에는 ○○(이)가 '소설의 첫 챕터 BEST 5'를 뽑아보는 건 어때?

4 플로우(Flow)로 이끄는 두 번째 요인 - 활동의 동기

앞서 소개한 세 가지 조건들은 '활동의 구조'에 초점을 두고 있습니다. 그렇다면 몰입을 경험하는 사람들은 대체로 어떤 목표를 가지고 활동에 참여했을까요? 어떤 동기가 과제에 그토록 몰입하도록 이끌었을까요? AI 시대를 살아갈 자녀들에게 필요한 마음의 근육을 기르기 위해서, 우리를 몰입으로 이끄는 두 번째 요인인 '활동에 참여하는 동기'에 관해 이야기해 보고자 합니다.

프랑스의 작가 베르나르 베르베르(Bernard Werber)의 자전적 에세이 『베르베르 씨, 오늘은 뭘 쓰세요?』에 의하면, 저자는 자신과의 약속을 지키기 위해 엄격한 글쓰기 규칙을 정합니다. 바로 아침 7시부터 12시 30분까지 무조건 하루 열 장씩 글쓰기에 몰입하는 것인데요. 실제로 오전 11시경에는 시공간 개념도 잊고 소설 속 등장인물과 함께 울고 웃는 몰입 상태에 빠진다고 저자는 말합니다. "규칙을 지키는지 감독하는 사람도 없는데, 어떻게 변함없이 매일 이렇게 성실함을 유지할 수 있을까!" 감탄할 때쯤, 아래와 같은 저자의 문장에 무릎을 치게 됩니다.

> "내 글쓰기의 가장 중요한 기준은 글 쓰는 당사자인 내가 느끼는 기쁨이기 때문이다."34

칙센트미하이가 말하는 몰입 경험의 중요한 요소는 바로 그 경험 자체가 목적이 된다는 것입니다.[35] 외부의 강요로, 또는 외재적 보상을 받기 위해서가 아니라, 경험 자체에서 오는 즐거움이나 만족감을 위해 활동에 참여한다는 것이죠. 내 마음에 쏙 드는 최상의 색 조합으로 내가 꿈꾸던 집을 레고로 손수 만들어가는 기쁨. "집 앞 주차장에는 영화에서 봤던 금색 스포츠카를 하나 주차해 볼까?"라며, 상상으로만 존재하던 미래의 주거 공간을 하나하나 조립하며 느끼는 뿌듯함. 이렇게 활동의 화살표가 '나'를 향하는 행복한 경험을 아마 해보셨을 것이라 믿습니다.

물론 그렇다고 해서 타인의 인정이나 칭찬, 성인의 경우 돈, 승진과 같은 외재적 보상에 의한 경험을 무조건 배척할 수는 없다고 생각합니다. 원하지 않았더라도 외

---

34 베르나르 베르베르 (2023), 『베르베르 씨, 오늘은 뭘 쓰세요?』, 전미연(역), 열린책들, p.302

35 미하이 칙센트미하이 (2004), 『몰입 Flow, 미치도록 행복한 나를 만난다』, 최인수(역), 한울림, p.132

부 보상에 이끌려 시작하거나 유지하게 되는 일도 많으니까요. 경험해보기 전까지는 내가 이 일을 좋아하는지 잘 모르잖아요. 그래서 익숙하지 않은 분야에 흔쾌히 발을 들여놓기 쉽지 않습니다. 음악적 자극을 충분히 경험해보지 못한 아이가 피아노를 배우자는 말에 시큰둥한 이유가 그것입니다. 그럴 때는 부모님의 권유 등 외재적 보상에 이끌려 피아노를 시작하기도 합니다.

다만 삶을 긴 마라톤으로 바라보았을 때, 외재적 보상만을 추구하는 것은 행복한 직업인으로 성장하는 데 도움이 되지 않습니다. 외재적 보상은 보상을 제공하는 요인이 사라지면 그 힘을 발휘할 수 없지만, 나의 성장에 목적을 둔다면 그 동기가 장기적이고 능동적으로 지속되기 때문입니다. 이때 우리는 내 생각과 마음을 온전히 활동에 집중할 수 있습니다. 이 과정에서 느끼는 행복감은 이루 말로 표현할 수 없겠지요.

그렇다면 외부 보상이 아닌 '경험 그 자체'에 가치를 두는 아이로 성장하기 위해, 부모와 어떤 형태의 상호작용이 필요할까요? 먼저, 외재적 보상보다는 활동을 통한 성장, 변화, 자녀의 선택과 결정에 초점을 맞춘 대화를 나누어 보세요. 아이가 어떤 피드백(운동 기록, 창작 결과물 등)을 가장 가치 있게 여기는지 관찰하고, 이 피드백이 과거 및 현재의 나에게 어떤 영향을 주는지 함께 생각해 보아도 좋습니다. 다음으로 아이가 경험 그 자체의 즐거움을 추구하면서도 안정감을 느낄 수 있도록 적절한 울타리를 만들어 주세요. 나뿐만 아니라 공동체의 성장과 행복도 중요하니까요.

Tip 활동 자체가 목적이 되도록 안내하는 대화

- ○○(이)가 성장할 수 있는 목표에는 무엇이 있을까? 함께 충분히 고민해 보자. 그리고 ○○(이)가 선택해 보렴.
- 이 일에 도전하기 전과 후의 ○○(이)의 모습은 어떻게 달라졌다고 생각해? 그렇게 생각한 근거가 있을까?
- 이 작품을 만들면서 ○○(이)가 가장 즐거웠던 부분을 알려줄래?
- 운동 기록이 좋아졌다는 것은 무엇을 의미하는 걸까?
- 이 문제에 대한 ○○(이)의 의견을 듣고 싶어.
- 도전하다 보면 힘들 수 있어. 그렇지만, 어려움을 해결하는 과정에서 ○○(이)는 분명히 성장할 거야. 도움이 필요하면 언제든지 이야기해.

- 너의 생각이 엄마, 아빠의 생각과 다르면 언제든지 말해도 괜찮아.
- ○○(이)가 즐거워하는 이 일이 세상에 어떤 도움을 줄 수 있을까?
- ○○(이)의 도전을 통해 세상에 기여할 수 있는 방법이 있을까?

이렇듯 마음의 소리에 귀 기울여 몰입을 경험하는 과정에서, 자녀가 느끼는 만족감과 행복감은 이루 말로 표현할 수 없을 것입니다. 그 행복감과 자신감이 누적되면, 끊임없이 배우고 도전해야 하는 AI 시대에 든든하고 단단한 내면의 토대가 될 것입니다.

5 플로우(Flow)를 통한 성장 - 성찰의 중요성

AI 시대의 직업인으로서 우리 자녀들에게 필요한 마음의 근육을 기르기 위해, 마지막으로 소개할 요소는 바로 성찰(Reflection)입니다. 거울에 비친 나의 모습을 바라보듯이, 이전에 경험했던 몰입 활동의 과정을 반추해보는 것이지요. 이를 통해, 아이는 다시 플로우(Flow) 상태를 경험할 수 있는 나만의 전략을 체득하게 됩니다. 때로는 예측하지 못한 변수를 마주하게 되어도, 스스로 터득한 전략과 자아에 대한 이해를 기반으로 성장의 기회를 탐색할 수 있습니다.

MIT 미디어랩 레고-패퍼트 석좌교수인 미첼 레스닉(Mitchel Resnick)은 성찰 없는 몰입을 통해 만족감을 느낄 수 있을지는 모르지만 창의적 교육의 측면에서 그것만으로는 완전하지 않다고 말합니다.[36] 따라서 몰입의 시간이 끝난 후, '어떤 전략을 사용했는지, 어느 부분이 가장 도전적이었는지' 등과 같이 아이와 이야기를 나누어 보는 것을 추천합니다. 함께 성찰하는 과정에서 부모 또한 자녀를 깊이 이해할 수 있을 뿐만 아니라, 자녀를 더 효과적으로 지원하기 위한 귀중한 실마리를 얻을 수 있을 거예요.

36 미첼 레스닉 (2018), 『미첼 레스닉의 평생유치원』, 최두환(역), 다산사이언스, p.156

Tip 몰입 후 함께 성찰하는 대화

- 활동을 하며 ○○(이)의 뇌 지도에는 어떤 생각들이 가득했을까?
- 활동을 하면서 어느 부분이 가장 큰 도전으로 느껴졌어?
- 어떤 전략을 사용해봤어?
- 어떤 전략이 가장 효과적이었어?
- 다음에는 어떤 도전을 해보고 싶어?
- 활동을 통해 아주 작은 것이라도 배운 것이 있다면 무엇이 있을까?
- 배움을 통해 이전과는 더 성장한 ○○(이)가 되었구나. 정말 축하해.

6 마치며

서론에서 언급했던 그림책 『샘과 데이브가 땅을 팠어요』를 기억하시나요? 자세한 해석은 독자의 판단에 맡기겠지만, 사실 샘과 데이브가 땅을 파기 전의 집과 돌아온 이후의 집은 여러모로 다른 모습입니다. 경험 그 자체를 온전히 즐기고 돌아온 샘과 데이브는 이제 더는 이전의 그들이 아니라는 것을 의미하는데요. 저는 샘과 데이브가 세상을 바라보는 태도와 시야가 달라졌기 때문이라고 해석하고 싶습니다.

우리는 아주 작은 일상에서도 플로우(Flow)를 느낄 수 있습니다. 요리, 악기 연주, 소소한 걷기 운동부터 시작해서 독서와 스도쿠 같은 지적 활동까지 일상의 작은 활동이라도 그 경험 자체에서 의미를 찾아낸다면, 어떤 직업을 선택하든 어떤 변수를 마주하든 배움을 두려워하지 않는 직업인으로 성장할 수 있을 거라고 믿습니다. 미치도록 행복한 '몰입'의 경험을 통해,[37] 무서울 정도로 빠르게 성장하는 AI 시대의 예측하지 못한 변화 앞에서도 긍정적이고 자신감 있게 대처하는 마음의 근육을 가지게 될 것입니다.

저는 종종 아이들에게 "다 끝났구나! ㅇㅇ(이)가 집중하고 있어서 엄마가 방해하지 않았어.", "ㅇㅇ(이)가 뭔가 생각하는 것 같아서 기다렸어."라고 말하곤 합니

37 『몰입, 미치도록 행복한 나를 만나다』의 제목에서 인용하였다.

다. 아무리 소소한 것이라도 내 마음이 이끄는 대로 오롯이 집중하는 시간이 아주 귀하고 소중하다는 것을 자연스럽게 알려주는 말이거든요. 내 행복을 알아주는 엄마와 마음이 통했다고 생각했는지, “아, 제가 방금 한 게 뭐냐면요.”라고 하면서 종알종알 설명하는 아이들의 행복한 웃음을 볼 수 있답니다. 몰입으로 이끄는 따뜻한 대화를 통해, 일상 속에서 소소하지만 충만한 플로우(Flow) 경험을 아이와 함께 즐겨보는 것은 어떨까요? 행복감을 가득 머금고 이렇게 말하는 아이의 모습을 상상해 봅니다.

“정말 어마어마하게 멋졌어.”

이 정 은

- 서울압구정초등학교 교사
- 이화여자대학교 교육대학원 초등교육전공 석사
- 이화여자대학교 창의교육거점센터 현장 연구진
- 전문 분야: 초등 영어교육, AI 융합교육, AI 활용 프로젝트 수업

CHAPTER

03

AI 시대 맞춤형 자녀교육 코칭

1. AI 시대에 앞서가는 부모의 소통 전략 _ 김혜숙
2. 우리 아이 AI 코스웨어 수업 대비하기 _ 노지영
3. 우리 아이와 함께하는 AI 놀이 _ 이현정
4. AI로 예술 즐기기 _ 김다희
5. 생성형 AI, 부모가 먼저 알아야 할 8가지 팁 _ 이보은
6. 경험의 힘! 메이커교육으로 AI 시대에 살아남기 _ 정한별

첫 번째 장에서는 뉴노멀 사고와 윤리에 대해, 두 번째 장에서는 미래 핵심 역량에 대해 알아보았습니다. 이제 자녀와 함께하는 소중한 시간에도 새로운 변화를 주는 것은 어떨까요? 세 번째 장에서는 AI 시대 맞춤형 자녀교육에 대한 현직 교사들의 생생한 조언을 담았습니다. 먼저, 시대의 변화에 따라 소통의 방식과 내용이 다양해진 만큼, AI 시대 부모의 소통 전략에 대해 생각해 봅니다. 이어 교육 분야 전반에 걸쳐 활발히 활용되고 있는 AI 코스웨어에 대해 알아보고, AI 코스웨어를 현명하게 활용하기 위한 지원 방법을 알려드립니다. 이어서 가정에서 자녀와 함께 즐길 수 있는 AI 놀이와 예술 활동, 부모가 알아야 할 생성형 AI에 대한 정보 A to Z, 마지막으로 미래 핵심 역량을 신장시키기 위한 메이커교육의 의미와 가정에서의 다양한 활용 방법에 대해 현직 교사들의 꿀팁을 꾹꾹 눌러 담았습니다. 세 번째 장의 내용을 통해 AI 시대를 살아갈 자녀와의 하루하루가 더욱 풍성해지시기를 바랍니다.

AI 시대에 앞서가는 부모의 소통 전략

김혜숙

1 시작하며

가끔은 '아날로그(Analog) 감성'을 더 좋게 느끼지만, '디지털(Digital) 역량'도 갖추고 AI 시대를 앞서가고 싶은 교사 중 한 사람입니다. 누군가가 저에게 '소통'하면 떠오르는 단어 10개를 제시하라면 그다지 어렵지 않습니다. '소통'에 대해 떠오르는 생각들을 마인드맵으로 그려볼까요? 어떻게 하면 빨리, 잘 그릴 수 있을까요? 종이 한 가운데 큰 원을 그린 후 원 안에 크게 '소통'이라고 씁니다. 다음으로 큰 원 주변에 작은 원들을 쓱쓱 그린 후, 브레인스토밍(Brain Storming)으로 소통과 관련된 떠오르는 단어들을 쓰면 그만입니다. 몇 초면 그만일 그 욕구를 꾹 참고, 그래도 AI에게 물어보면 더 좋은 방법이 있을 것으로 생각해 봅니다. 시간은 좀 걸리겠지만 어디 내놓기에 부끄럽지 않을 정도로 결과물도 훌륭할 것을 기대합니다.

요즘 사람들은 적은 돈을 투자하여 큰 만족감을 보는 '가성비'보다 '시성비'가 중요하다고 합니다. 교통수단의 발달과 전자기기의 발달, IT(정보기술, Information Technology)의 발달로 일 처리가 빨라지자 사람들은 여가의 즐거움을 맛보았습니다. 시간의 소중함에 대한 인식이 높아지고, 시간을 위해 제공하는 비용을 더 중시합니다. 한순간의 시간도 낭비하기 싫어하는 이기주의적인 모습도 있는 반면에, 시간을 들여서라도 좋은 음식, 좋은 장소가 있다면 찾아갑니다. 시간이 돈 이상의 가치를 가집니다.

나의 명령대로 떡 하니 내 생각과 일치하는 그림을 제시해 줄 것이라 기대하며, 야심 차게 Bing 이미지 크리에이터(Bing Image Creator)를 시도합니다. 지시문을 잘 줘야 한다니 자세히 설명해 보겠습니다. 할 수 있는 한 자세히, 최대한 좋은 결과를 얻기 위해 입력한 지시문은 다음과 같습니다. 구차하지만 좀 깁니다. 마치 AI를 잘 구슬리듯 말입니다.

"소통을 주제로 하는 마인드맵을 만들어 줘. 가운데 소통이 있고 그 주위에 동그라미 안에 친밀함, 협업, 어려움, 답답함, 친구, 관계, 발전이라는 내용이 들어가도록 해 줘."

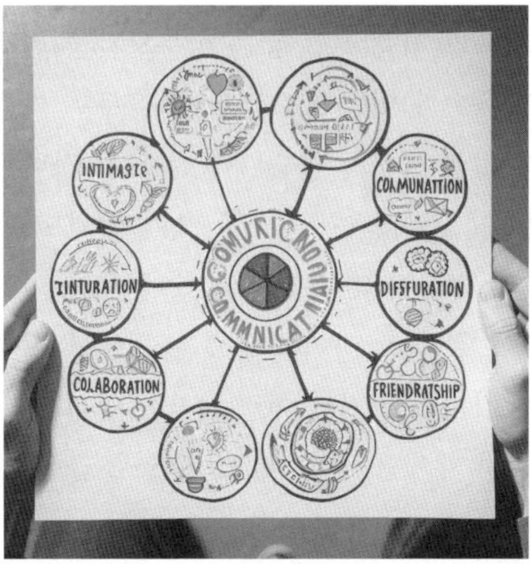

[그림 1] DALL-E 3으로 생성한 무작위 예시 중 하나

출처: 저자 제공.

생성된 이미지는 바로 원하는 대로 구현되었습니다. AI와 친숙한 사람은 처음부터 이걸 떠올렸을 것입니다. 지시문의 수준이 높으면 AI가 주는 결과도 다르겠지요. 마인드맵의 결과를 얻고 싶었는데, AI는 저에게 반항하는 것 같습니다. 모든 단어가 영어로 쓰여 있어 저는 추가 지시를 내립니다. "결과를 한글로 제시해 줘."라고 했더니 AI는 외계 문자 같은 알아볼 수 없는 단어를 담아 결과물을 보여 줍니다. [그림 1]의 여러 단어는 자세히 보면 중간에 틀린 철자들이 하나둘 들어 있고, 사전에 찾아봐도 안 나오는 단어도 제시하고 있네요. 마치 "네가 지시문을 잘 안 줬잖아."라고 하는 듯. 저는 이렇게 AI와 신경전을 벌이며 소통합니다. 마치 AI를 한 존재로 인식하는 것처럼요.

여러분은 어떤가요? AI를 영화에서처럼 또 다른 인격을 가진 존재로 여기나요? 아니면 그것을 만들어 낸 사람이 있기에 결국 사람이 만들어 낸 결과물로 여기나요? 스스로 사고하고 결정하는 AI도 결국 사람이 만든 것이니 책임도 사람에게 있을까요? 이렇게 AI에 대한 내 생각과 반응은 무엇인지 살펴보는 것, 생활 중 AI 활용이 필요한 경우를 생각해 보는 것, 그리고 소개되는 여러 AI 프로그램에 관심을 가지고 직접 한 번 해보는 것으로 AI와의 소통은 시작되었습니다. 대부분은 부모보다 자녀들이 먼저 AI를 경험하고 있을 것입니다. 같은 시대를 살아가는 부모로서 자녀와 함께 누리며 살기 위해 잘 소통하려면 어떻게 해야 할지 함께 생각해 봅시다.

2 AI 시대 부모로 살기

부모가 되는 것과 학부모가 되는 것은 차이가 있습니다. 자녀가 성장하여 학령기에 접어들면 부모는 학부모라는 새로운 세계로 들어갑니다. 좋은 학부모가 되려고 관심을 가질수록, 뭐라도 해보려고 노력하면 할수록 어렵다고 느낍니다. 부부 싸움의 이유 중 자녀의 교육 문제로 의견이 맞지 않는 경우도 많습니다. 부모가 자녀교육에 대해 가지는 관심의 정도에 따라 자녀에게 득이 되기도 하고 해가 되기도 합니다. 도대체 옆집 아이에게 잘 통하는 이웃의 방법이 왜 우리 아이에게는 안 먹힐까요? 아이의 발달 정도와 특성을 잘 파악해야 한다고, 아이에게 맞는 적절한 교육을 지원해야 한다고 하는데 그것이 무엇인지 갈피를 잡기가 어렵습니다. 옆집과 비교하는 순간 뒤떨어졌다는 느낌이 듭니다. 당장 무엇을 해야 할 것 같은 조급한 마음이 생기고 곧 평정심을 잃게 됩니다.

얼마 전에는 4차 산업혁명 시대라고 하더니, 이제 인공지능(AI) 시대라고 합니다. 영아부터 스마트폰의 앱을 다룰 줄 알고, AI DNA를 지니고 태어났다는 자녀들을 양육하는 시대의 부모로서 우리는 어떻게 대처해야 할까요? 자녀와 함께 AI의 혜택을 누리며, 공유하는 삶을 살게 될지, 아니면 그 반대가 될지 기로(岐路)에 서 있습니다. 부모·자녀 세대가 AI를 알고 다루는 능력이 있는지에 따라 구분된다면 이는 부모와 자녀를 또 다른 요인으로 분열되게 하는 모습이 될 수 있습니다. 해외에 이민을 간 가족의 경우, 부모가 그 나라 말을 배우지 못해 자녀와 소통이 단절되는 경우처럼 말이지요.

AI 시대 부모로 사는 것은 부모가 AI 시대를 어떻게 받아들이냐에 달려 있습니다. 무엇보다 가장 중요한 것은 AI를 받아들이는 자신의 태도나 반응이 어떤지를 우선 알아야 합니다. ChatGPT가 처음 소개되었을 때 사람들의 반응은 제각각이었습니다. 어떤 사람들은 다음엔 AI가 어떻게 발전될지를 궁금해했고, 어떤 사람은 밤새 ChatGPT와 대화하며 삼매경에 빠졌다고 합니다. 생성형 AI에 놀라움을 금치 못하는 사람이 있는가 하면 오히려 계속 질문을 만들어 내어 이를 활용하는 사람이 대단한 것이라고 여기는 반응도 있었습니다.

여러분은 어떤가요? 우리는 이 시대를 살아가며 자녀뿐만 아니라 세상과 계속 소통해야 합니다. 사람 간 소통, 자연과의 소통, 사물과의 소통처럼 소통 대상은 다양합니다. 시대의 변화를 눈여겨보고 살피는 것이 소통의 시작이라 할 수 있습니다.

시대를 읽지 못하면 '라떼', '꼰대'라는 소리를 듣는 것 외에 나라를 잃는 비극에까지 이를 수 있습니다. 순간의 선택은 십 년을 좌우하는 것이 아니라 인류 전체의 미래를 바꿀 수도 있습니다.

소통은 작은 관심에서 시작할 수 있습니다. 인식의 변화라고 할 수 있습니다. 변화에 관심을 가진다고 해서 당장 큰일을 이룰 수는 없겠지요. 하지만 AI 시대라고 하는 이 시대의 변화를 감지하고 반응하기만 해도 족합니다. 편안하고 허심탄회하게 자녀와 이 변화에 관해 대화할 수 있고, 함께 사는 소통의 기회로 삼을 수 있다면 말입니다.

3 교육과정과 소통하기

학부모는 학교 단위 교육활동이나 수업을 통해 자녀가 학교에서 무엇을 배우는지 감을 잡을 수 있습니다. 나아가 언론이나 교육 방송 등에서 최신 교육과정에 대한 간략한 소식을 들을 수 있습니다. 더욱 심화된 정보를 위해서는 교육부, NCIC 국가교육과정정보센터 홈페이지를 확인하거나 유튜브 채널을 구독해 보세요. 우리나라 교육과정의 변화와 2022 개정 교육과정의 세세한 내용을 보면 내 자녀가 어떤 교육을 받게 될지 소통할 수 있는 연결고리가 될 것입니다.

교육과정은 사회의 요구와 변화를 반영하여 개정되고 있습니다. 제1차 교육과정부터 제7차 교육과정처럼 '제○차'가 붙는 교육과정도 있고, 연도를 붙여 '○○년도 개정'이 붙는 교육과정도 있습니다. '제○차'가 붙는 마지막 교육과정인 제7차 교육과정은 1997년에 고시되어 2000년부터 적용되었는데, 21세기 정보화시대에 세계를 주도할 경쟁력 있는 인간을 효과적으로 양성해 내는 것을 목적으로 적용하였습니다. 제7차 교육과정을 기본으로 2009년도와 2015년, 그리고 2022년도에 교육과정이 개정된 것입니다. '2022 개정 교육과정'이라고 하면 2022년도에 개정하여 고시되었다는 뜻으로, 시행되는 연도는 2022년이 아닙니다. 초등 1~2학년부터 2024년도에 적용되고, 2025년에는 초등 3~4학년과 중 1, 고 1학년에게 적용이 됩니다. 초등 5~6학년과 중 2, 고 2학년은 2026년도에, 마지막으로 2027년도에 중 3과 고 3학년에게 적용이 됩니다. 그러므로 2024년도에 초등 3~6학년은 여전히 그 이전 개정 교육과정인 2015 개정 교육과정으로 교육을 받는 것이지요.

2022 개정 교육과정 중 '교육과정 구성의 중점'에서는 디지털 소양을 강조하고 있습니다. 또한 학생 개개인의 요구와 흥미, 특성을 고려하여 학생의 가능성을 최대화할 수 있도록, 그리고 교육적으로 소외되는 학생이 없도록 맞춤형 교육을 강조하고 있습니다. 이러한 내용을 담고 있는 문장을 소개하면 다음과 같습니다.

- 모든 학생이 학습의 기초인 언어·수리·디지털 기초소양을 갖출 수 있도록 하여 학교 교육과 평생 학습에서 학습을 지속할 수 있게 한다.
- 정보통신기술 매체를 활용하여 교수·학습 방법을 다양화하고, 학생 맞춤형 학습을 위해 지능 정보기술을 활용할 수 있다.[1]

학교에서는 이런 요구에 대비해 학습자의 역량을 강화할 기반을 구축하고 있습니다. 학생뿐만 아니라 교사도 디지털 소양 교육 역량과 정보통신기술 매체 이해 및 활용 능력을 신장, 강화하게 됩니다.

아프리카 속담에는 '아이 하나를 키우기 위해서는 마을 전체가 필요하다.'라고 합니다. 학교와 마을, 가정이 함께해야 함을 강조하는 것이지요. 하지만 이제는 '전 세계의 나라들이 함께 한 아이를 키우고 있다.'라고 해야 할 것입니다. 세계화되고 있는 이 시대는 비단 교육뿐만 아니라 소비, 여가, 학업, 경제 등 모든 분야가 연결되어 그 거리는 짧아지고 있습니다. 교육계의 발 빠른 준비와 대응이 필요하고, 학생, 학부모, 교사 모두 함께 이 변화를 알아차리고 소통할 필요가 큰 것입니다.

4 세상의 변화, 이야기로 따라가기

소통은 어렵기도 하고, 쉽기도 합니다. 사람마다 대화 스타일이나 대화 스킬이 다양하기에 비슷한 소통 방식을 가진 사람끼리 대화하는 경우 편안함을 느낄 수 있습니다. 소통 방식은 같더라도, 사고의 방식과 가치관이 다른 경우는 소통이 어렵다고 느낄 수 있습니다. 자녀와의 대화가 어렵다고 느끼는 이유로는 대화의 주제에 관한 부모와 자녀 간의 관심 정도와 흥미가 달라서이거나, 소통하고는 싶은데 잘못된 접근 방식을 사용하는 경우 등이 있습니다.

1 교육부 고시 제2022-33호 [별책 1], p.5

소통의 방식도 다양해지고 있습니다. 어떤 사람은 대화보다 글로 표현하는 것이 좋은 사람이 있고, 상황에 따라 글보다 말이 더 효과적인 경우도 있습니다. 이제는 사람과 사물 간 소통을 하고, 자기 혼자서 나의 다른 존재(내적 자아, 아바타)와도 소통하지요. 말로도 하고 글로도 하고, 자연과도 소통하고 동물과도 소통하는 등 기막힌 방법들이 계속 쏟아져 나옵니다. 이미 창의적인 영화감독들은 다른 시공간에서 소통하는 영화들을 만들어 냈습니다. 꿈에서도 소통하고, 꿈속에서 또 다른 세계로 가기도 합니다. 영화계에서는 이미 메타버스(Metaverse)보다 더 다양한 시간적, 공간적 이동으로 존재를 만나는 것을 다루며 멀티버스(Multiverse)로 이야기를 풀기도 합니다. 대학 신입생 오리엔테이션을 가상 공간에서 하는 일도 벌써 옛일이 되었고, 각종 기관의 보고회도 메타버스로 진행합니다. 장점도 많습니다. 현장에 가지 않아 시간 절약도 되고, 한 영상을 다 같이 모여 볼 이유가 없어, 각자 준비된 영역으로 이동해 관심 있는 동영상을 열어보면 됩니다. 해외에서 하는 보고회나 포럼도 가상 세계에서 펼쳐져 세계 각국에서 접근이 가능한 세계의 축제가 될 수도 있습니다. 가상 캐릭터들이 가상의 공간에서 만나 대화하며 오리엔테이션을 합니다. 머지않아 전 세계인이 화상으로 접속하며 축제도 하게 되겠지요? 상상해 봅니다.

이렇게 사회가 변화하는 모습을 주제로 하거나 일상적인 주제로 자녀와 소통하고자 할 때 편안한 이야기로 접근할 수 있습니다. 어린아이들이 할머니가 들려주는 이야기 듣기를 좋아하지요. 부모님이 책을 읽어 주는 것도 좋지만 부모님의 어릴 적 이야기를 들려줄 때도 좋아합니다. 학교에서는 선생님의 경험과 이야기 듣는 시간을 정말 좋아합니다. 무더운 여름, 천둥 번개가 치는 날이면 슬금슬금 무서운 이야기를 듣고 싶어 하는 학생들이 용기를 내어, "선생님, 무서운 얘기해 주세요."라고 합니다. 요즘은 그 맛을 아는 교사들이 먼저 "이야기 하나 해줄까?"라고 하며 쿨한 교사로 학생들에게 다가가죠. 이야기를 잘 만들어 내거나 전달하는 만담꾼은 옛 시절엔 인기가 많았답니다. 지금은 그런 이야기들이 문자보다는 영상으로 대체되어 혼자서도 여러 이야기를 즐길 수 있는 시대가 되었지만, 누군가를 만나 이야기하고 싶은 아날로그 감성의 필요성도 증가하는 듯합니다. 이야기할 때는 전문적 기술이나 기교가 꼭 필요하지는 않습니다. 담담하게 생각을 풀어내면 그 자체로 이야기가 되니까요. 자녀의 연령대를 고려하고, 관심이 무엇인지 살펴보는 것으로 시작해 보세요. 자녀와 이야기로 존재를, 시대를, 서로의 세계를 연결할 수 있습니다.

(1) 이야기를 통해 세상과 소통하기

세상이 변하는 것을 사회 여러 분야에서 속속 느낍니다. 상점에서 키오스크를 사용하면서 "나도 4차 산업 혁명 시대에 사는 사람이야."라는 자부심을 가질 수도 있겠지요. 식당에서 음식을 운반하는 로봇은 이미 너무 친숙하고, 사람의 관절 움직임과 같게 춤을 추는 실제 로봇도 이미 친숙합니다. 휴대폰과 연동하여 가정의 냉난방을 조절하는 일도 평범하게 느껴지고, 터치식으로 명령하는 것보다 음성명령이 편하다는 것도 경험하였습니다. 집에서는 늘 우리의 대화를 엿듣고 있는 AI가 있습니다. 명령을 들으면 즉각 실행에 옮기는 기기가 우리의 일상 대화를 다 듣고 있는 것이지요. 이런 변화를 통해 미래를 예상해 보고, 생활의 불편을 해소하기 위해 끊임없이 창의성을 발휘하는 일은 흥미로운 일입니다.

4차 산업혁명이란 말을 들을 때, 1차, 2차, 3차 산업혁명은 무엇일지 궁금하지요. 자녀들과 세상의 변화와 흐름을 이야기해 보면 좋겠습니다. 주요 연도나 자세한 내용은 차치하고 시대의 흐름을 파악하기 위한 기초적 수준에서 제1차부터 4차 혁명을 이야기로 간단히 풀어 봅니다. 필요한 경우는 사진이나 그림을 준비하면 좀 더 흥미 있게 이야기 시간을 가질 수 있습니다. 아래 [표 1]은 아이들과 대화할 때 활용할 수 있는 시대별 키워드와 활용할 수 있는 그림 예시입니다.

[표 1] 자녀와 대화할 때 활용할 수 있는 시대별 키워드 및 그림 자료

시대	제1차 산업혁명	제2차 산업혁명	제3차 산업혁명	제4차 산업혁명
키워드	증기기관	전기에너지, 자동차	IT 혁명	초연결
그림 자료				
활용 팁	• 어떤 그림인지 생각 이야기해 보기로 대화를 시작할 수 있음. • 네 장의 그림을 두고 순서를 정해 보고 생각을 나눠볼 수 있음. • 자녀와 부모 각자가 그린 그림 자료를 활용할 수도 있음.			

그림 출처: 오토드로우를 활용하여 생성함(https://www.autodraw.com).

마치 어미 새가 먹이를 소화하여 새끼에게 먹여 주듯, 산업혁명에 대해 부모가 이해한 내용을 소화하기 쉽게 이야기로 풀어내면 됩니다. 물론 자녀의 연령과 수준에 따라 질문의 접근 방법은 달라질 수 있습니다.

Tip 시대의 변화에 관한 자녀와의 대화 예시

- 이건 무슨 그림일까? 요즘 기차와 다른 점이 뭘까?
  (기차 그림이에요. 연기가 나고 있어요.)
- 증기기관이 사용된 곳은 기차 외에 어떤 것이 있을까?
  (증기선도 있고, 공장에서 기계도 증기를 이용했어요.)
- 증기기관의 발명은 우리의 삶을 어떻게 바꾸어 놓았을까?
  (말을 타고 다니거나 수레, 인력거를 타다가 기차를 타요. 물건 생산이 빨라졌어요. 물건값이 내려가요. 사람들이 일자리를 잃게 돼요.)
- 컨베이어 벨트의 도입으로 어떤 변화가 생겼을까?
  (자동화가 생산되고 물건을 대량으로 생산해요. 유통이 활성화되었어요.)
- 자동차가 나오면서 사람들의 생활은 어떻게 달라졌을까?
  (여기저기 많이 다녔을 것 같아요.)

현재 우리가 사는 4차 산업혁명의 시대는 바로 ICT(Information Communication Technology) 혁명의 시대라고 할 수 있습니다. 여기서 이 '통신'이란 말은 바로 의사소통의 수단이자 때로는 목적, 때로는 철학이 되기도 합니다. 이 소통의 범위나 방법이 얼마나 더 창의적이고 획기적으로 펼쳐질지 제5차 산업혁명은 어떤 모습으로 다가올지 모르는 일입니다. 학계의 한 연구에서는 제4차 산업혁명을 O2O(Online to Offline) 세상을 기반으로 한, 초연결 지능사회라고 합니다.[2]

현재 4차 산업혁명을 겪고 있는 우리의 주변 환경을 살펴볼까요? 위키피디아(Wikipedia) 백과사전에 의하면, 스마트폰, 태블릿 PC, 스마트 카메라, 스마트 TV, VDR, 블랙박스, 가정용 게임기, 디지털, 오디오 플레이어, PMP, 내비게이션, 복합기 등이 디지털 기기에 속합니다. 여기서 VDR은 'Virtual Data Room'의 약자로

2 안상희, 이민화 (2016), 「제4차 산업혁명이 일자리에 미치는 영향」, 한국과학기술원, pp. 2344－2363

가상 데이터룸을 말합니다. 클라우드상에서 데이터를 저장하고 소통하는 것이지요. PMP는 'Portable Multimedia Player'의 약자로 휴대용 멀티미디어 플레이어입니다. 가만 보면 휴대폰 기능의 다양화로 인해, 잠깐 나왔다 사라진 디지털 기기들도 있음을 알 수 있습니다.

운동을 좀 하는 사람들은 장비가 중요하다고 하지만, 장비가 운동 실력을 보장해 주지는 않습니다. 따라서 디지털 기기 보유 여부가 디지털 기기 활용 능력을 보장해줄 수도 없습니다. 그래도 우리 가정에 있는, 내 자녀가 활용하고 있는 디지털 기기에 관심을 가지고 그것을 매개로 디지털 기기의 변화 과정과 기능 변화에 대해 소통할 수 있습니다. 최신 디지털 기기에 관심을 가지는 것도 도움이 됩니다.

Tip 디지털 기기 및 디지털 생활에 관한 자녀와의 대화 예시

- 옛날에 있던 기기 중 사라진 기기는 뭐가 있을까?
  (삐삐 사진을 보여주며) 어떻게 사용하는 것일까?
- 라디오와 MP3 플레이어는 왜 사라졌을까?
- 현재 사용하고 있는 휴대폰도 사라질까? 어떤 기기가 등장할까?
- 최신 디지털 기기를 다 갖추고 살면 만족스러울까?

제5차 산업혁명은 어떤 모습으로 우리에게 다가올까요? 과학 상상화를 그리던 어릴 때를 생각해 봅니다. 날아다니는 자동차, 바다 아래에 공기 원형 안에 들어 있는 마을, 우주인과 이야기하는 모습, 이제는 이런 미래에 대한 상상이 시시합니다. 우리 자녀들은 어떤 발전을 기대하거나 상상할까요? 창의성은 불편을 느끼고 해결하고 싶은 욕구에서 시작된다고도 합니다. 생활 중 불편이 갑자기 반갑게 다가오지 않나요? 불편이 돈이 될 수도 있고, 다가올 미래를 예측하는 열쇠가 될 수도 있는 일이니까요. 자녀와 함께 이 열쇠를 찾아본다면 어떨까요?

(2) 이야기를 통해 자녀와 소통하기

자녀와의 소통은 복잡한 변인과 요인들이 작용하는 신비한 세계이자 어려운 일

이지만, 가장 중요한 것은 자녀의 성향을 아는 것입니다. 초등학교 수업 중 친구에 대해 알고 싶은 것을 포스트잇에 써 보고 학년 전체의 통계를 내어 본 일이 있습니다. 가족, 친구가 좋아하는 것, 잘하는 것, 이성 친구 등 다양하였는데 MBTI에 관한 질문이 있었습니다. TV 등의 매체에서도 사람의 성향과 반응 형태에 대해 파악하려는 모습을 많이 볼 수 있습니다. 남녀의 일반적이고도 기본적인 차이나 성향, 아들과 딸의 성향을 파악하는 일은 가족을 포함한 타인과 소통하는 데 중요한 고려사항이 되고 있습니다.

가족끼리 MBTI[3] 간이 검사를 해보거나 에니어그램(Enneagram) 유형[4]을 서로 아는 것이 도움이 되는 경우가 많습니다. 저는 여행 계획을 다 세워서 어디에 가고, 어디서 잘 건지 정해져야 하는데, 남편은 그냥 현지에 가서 정하면 된다는 유형입니다. 여기서부터 서로를 알지 못하면 '나는 옳고 너는 틀리다.'라는 잣대로 갈등이 시작됩니다. 자녀와도 마찬가지입니다. 잔소리가 미치도록 싫은 자녀가 있고, 아무 말도 안 해주면 혼자라고 생각해 깊이 외로워지고 소심해지는 자녀가 있습니다. 자녀의 유형이 어떤지 한번 알아보는 것은 어떨까요? AI가 더 발전되면 말투나 음성의 높낮이를 분석하여 어떤 유형이라고 나를 알아차리고 이해해 주는 AI 상담사가 나올 수도 있겠지요. 자녀들과 집에서 간단한 에니어그램(Enneagram) 유형 검사를 해 보았습니다. '호텔에 불이 났을 경우 어떻게 할 거냐?'라는 간단한 질문으로도 서로 반응이 다르다는 것을 알았습니다. 이성적으로 머리를 더 많이 쓰는 사람은 호텔의 구조를 먼저 생각하고 옥상으로 올라간다고 답하는데, 어떤 사람은 옆 방에 "불이야."를 먼저 외쳐 알려준다는 것입니다. 필요한 경우는 전문 상담사를 만나 상담을 받는 것도 좋습니다.

자녀의 성향을 파악하는 것에서 또한 평소 자녀의 정신건강에 관심을 가지는 일도 중요합니다. 요즘은 정신과 상담을 받는 일이 이 시대에 누릴 수 있는 서비스의 일종으로 여겨집니다. 직원 복지가 잘되어 있는 대학교나 직장은 직원들이 정신적 스트레스를 해소하고, 정신건강에 대해 충분히 지원받을 수 있도록 노력하고 있습니다. 나의 일상적인 정신건강을 살피고 신호를 알아차리는 역량도 부모든 자녀이든 우리 모두에게 필요합니다. 팬데믹을 거치며 학교에서의 온라인 수업의 등장과 함께

---

3 Myers–Briggs Type Indicator: 자기보고서 문항을 통해 인식하고 판단할 때의 각자 선호하는 경향을 찾고, 이러한 선호 경향들이 인간의 행동에 어떠한 영향을 미치는가를 파악하여 실생활에 응용할 수 있도록 제작된 심리 검사이다(위키백과).

4 사람을 9가지 성격으로 분류하는 성격 유형 이론 중의 하나이다(나무위키).

가정에서도 원격 모임이 가능해졌습니다. 줌(Zoom), 구글 미팅, 웨비나(Webinar), 웨일온 등을 활용하여 멀리 있는 가족 간 화상 만남도 좋습니다. 카톡 영상통화나 페이스타임으로 가족회의를 할 수도 있습니다. AI 시대여도 인간 상호 간 나눌 수 있는 아날로그(Analog)가 여전히 필요한 이유는 사람에서 나오는 공감의 반응, 세밀한 목소리의 떨림, 그리고 신체적 터치, 위로와 눈물, 함께 기뻐함을 표현할 수 있는 선물로 인해서일 것입니다.

5 마치며

우리의 자녀는 앞으로 AI 기반의 교육을 통해 다양한 역량을 함양할 것입니다. 역량 있는 부모가 되기 위해 살짝 공부하는 것도 좋겠습니다. 이 책을 읽고 계시는 분들은 이미 다른 저자의 이야기를 통해 다양한 정보를 접하셨을 것입니다. 자녀가 학교에서 경험하고 있거나 경험할 AI 교육에 관심을 가지되, 다른 학교와 비교하여 자녀가 다니는 학교를 비난하는 방법은 아니기를 바랍니다. 자녀의 AI 교육에 관심을 가지고 담임교사 및 학교와 소통하여 부모로서의 지원 방안을 찾을 때, 좋은 전략을 세울 수 있습니다. 자녀와 함께 배움의 길을 가는 것은 어떤 시대이든 소중하고 가치 있는 일입니다. 새로운 것을 함께 배우는 일에 누가 스승이 될지는 중요치 않습니다. 교사와 학생도 상호 배웁니다. 부모와 자녀도 배움을 요청하고 새로운 것을 함께 배우기에 이 시대는 정말 좋은 시대입니다. 함께 배우고 함께 누리는 방향으로 살아갈 수 있기를 바랍니다.

아날로그와 디지털의 조화에 대한 요구가 점점 강조되는 만큼, 부모 세대의 강점인 깊은 성찰과 사고력, 그리고 자녀 세대의 강점인 분석력, 빠른 적응력을 활용하여 조화롭게 소통하는 일이 필요합니다. 인공지능 업무 자동화를 통해 절약된 시간을 가족이 함께 누리는 것입니다. 자녀가 해외에 있는 경우 화상으로 만날 수 있지요. 페이스타임으로 함께 대화하거나 간단한 이벤트도 가능합니다. 실시간 노래도 가능합니다. 가족 여행 시 버킷리스트를 써보고 공유해 보는 것도 좋습니다. 그러나 소통의 전략에 가장 중요한 것은, 소통하고자 하는 의지라고 생각합니다. 이 의지는 AI가 대신해줄 수 없습니다. ICT, 정보통신기술이 발전하고 있는데, 소통이 사라지는 아이러니한 상황입니다. 인간이 인간답게 삶을 향유하고 상호 도움이 되는 방향으로 발전할 수 있도록 이 시대를 살아가는 사람들의 소통이 절실합니다. AI 시대, 그리고 이 시대의 교육을 이해하기 위해 노력하며, 자신을, 가족을, 함께 하는 친구나 동료를 생각하는 것으로부터 소통을 시작해 봅시다. AI 시대에 앞서가는 부모는 소통하고자 하는 의지가 있는 부모입니다.

김 혜 숙

- 서울탑동초등학교 교사, 경인교육대학교 강사
- 경인교육대학교 교육대학원 다문화교육전공 석사
- 서울특별시교육청 뉴쌤 3.0 특화서비스 선도교사
- 전문 분야: AI 평가 문항생성, AI 활용 영어과 수업 개선, 교육과정, IB

우리 아이 AI 코스웨어 수업 대비하기

노지영

저를 소개하며 이야기를 시작하겠습니다. 저는 초등학교 교사로 15년째 일하고 있으며, 현재 초등학교 1학년인 딸과 돌배기 아들을 둔 학부모입니다. AI 코스웨어 수업은 생각보다 빨리 우리 교육에 들어올 것입니다. 초등 1학년 딸은 3학년부터 AI 코스웨어가 적용된 수업을 받게 됩니다. 돌배기 아들은 아마도 더 이른 나이에 AI가 융합된 교육시스템을 접할 것이라 예상합니다. 저는 학부모이자 교사로서 우리 아이들이 성장하면서 마주할 미래, 특히 AI 코스웨어가 주도하는 교육 환경에 대비하기 위해 지속적으로 공부하고 나름대로 준비하고 있습니다.

[그림 2]는 저희 딸아이가 홈런 AI로 학습하고 있는 장면입니다. 엘리하이나 홈런 등 학습의 과정과 결과를 누적 기록해서, AI가 맞춤형 학습 과정을 추천해주고 피드백을 제공하는 수업을 진행하고 계신가요? 그렇다면 그것이 바로 AI 코스웨어(AI Courseware)입니다.

이 글에서는 공교육에 도입될 AI 코스웨어에 대하여 간단히 소개하고, 2022 개

[그림 2] **AI 코스웨어를 활용한 가정학습 장면**

출처: 저자 제공.

정 교육과정의 등장 배경이 된 OECD 교육 2030과 AI 코스웨어의 관계를 알아보겠습니다. 그리고 AI 코스웨어가 정착된 교실 상황을 그려보면서 우리가 준비할 점에 대해 다루어 보겠습니다.

1 AI 코스웨어 소개

(1) AI 코스웨어의 의미

건강을 위해 PT를 받아본 적이 있으신가요? PT(Personal Training)는 개인 훈련을 위해 전담 코치의 지원을 받는 것이지요. 만약 학교에서도 선생님이 학생 한 명씩 전담하여 수업할 수 있다면 얼마나 좋을까요? AI 코스웨어는 교육의 혁신이 필요하다는 요구와 기술의 발전이 만나 탄생했습니다. 다시 말해, AI 코스웨어는 기존의 교육 방식의 한계를 극복하고, 개개인에게 맞춤화된 학습 경험을 제공하기 위한 첨단 기술 기반의 교육 플랫폼이라고 할 수 있습니다.

AI는 인공지능이란 의미죠. 그렇다면, 코스웨어(Courseware)는 무엇일까요? 구글 검색 결과에 의하면, 코스웨어는 'Course(교육과정)'와 'Software(소프트웨어)'의 합성어로 교육 내용과 절차, 방법을 담고 있는 컴퓨터 소프트웨어입니다. AI 코스웨어는 인공지능 기술을 통합한 디지털 학습 플랫폼으로, 학생 개개인의 필요와 성향에 맞춰 학습 경험을 자동으로 최적화하는 시스템이라고 할 수 있습니다. 교육부는 2025년부터 초등 3, 4학년부터 AI 디지털 교과서의 메커니즘으로 수학, 영어 교과 및 정보교육에 AI 코스웨어를 도입할 예정이라고 합니다.

AI 코스웨어 학습은 마법이 아닙니다. 오히려 냉정한(?) 데이터 기반 시스템입니다. 기존의 학교 교육에서 평가와 입결이 교육 전반을 주도했다면, AI 코스웨어 학습에서는 '실질적인 학습'을 중심으로 합니다. 더 빠른 피드백, 개인화된 학습 경험, 학습 시간, 학습량, 학습경로, 정답률, 오답률 등의 학습 데이터에 기반한 의사결정 프로세스로 학생이 자신의 속도로 학습할 수 있도록 지원하여 교육의 효율성과 효과성을 크게 향상시킵니다.

AI 코스웨어는 개별 학생들의 학습 경험을 풍부하게 지원하여 학습의 질을 높이며, 이를 통해 더 나은 교육 결과를 도출합니다. 어떻게 그렇게 단정하냐고요? 좋은 결과가 나올 때까지 반복하거든요. AI 코스웨어에는 개별 학생에게 직접적으로 제공되는 학습지원 시스템을 갖추고, 복잡한 상황에서의 문제 해결 전략을 제공하는 시스템 사고 접근을 채택합니다. 이를 통해 상대적으로 적은 시간을 투자하여 완전 학습에 이를 수 있도록 맞춤형 콘텐츠 제공, 평가, 피드백을 지속적으로 제공합니다. AI 코스웨어의 목표는 매우 다른 배경지식과 특성을 지닌 학생들을 완전 학습에 이르게 하는 것입니다. AI는 학습 시간, 정답률, 오답 패턴, 문제 해결 속도, 과제 집중도와 같은 데이터를 바탕으로 학생에 대한 이해를 높여갑니다. ChatGPT를 다루어보셨다면 아시겠지만, AI는 양적인 것들뿐만 아니라 학습의 질적인 부분까지도 수집, 분석, 해석, 평가할 수 있습니다.

(2) AI 코스웨어의 등장 배경과 특징

AI 코스웨어의 등장 배경은 다음과 같습니다. 첫 번째 배경은 기술의 발전입니다. 인공지능과 기계 학습의 발전으로 컴퓨터는 이제 사용자의 패턴을 학습하고 예측할 수 있게 되었습니다. 두 번째 배경은 교육의 개인화 필요성에 있습니다. 아시다시피 개별 학생마다 학습 스타일, 학습의 속도, 이해의 정도가 다릅니다. 전통적인 교실 수업에서는 이러한 개별 차이를 완전히 반영한 맞춤형 교육을 제공하는 것이 어려웠습니다. 세 번째 등장 배경은 교육에 대한 접근성을 향상해야 할 필요에 있습니다. 그동안 위치, 시간, 자원 등의 제약으로 인해 모든 학생이 고품질의 교육을 받지 못한다는 문제가 있었습니다. 학생들은 더욱 나은 교육을 받기 위해 여전히 목동, 강남, 분당과 같은 이른바 학군지로 몰려들고 있죠. AI 코스웨어는 이러한 장벽을 허물고, 더 많은 학생에게 동등한 학습 기회를 제공할 수 있을 것이라는 기대를 불러일으키고 있습니다.

이것은 허황된 기대일까요? 아닙니다. 이는 AI 코스웨어의 특징에 기반한 근거 있는 기대입니다. AI 코스웨어는 학습경로 추천, 학습환경 최적화 등으로 개인화된 학습을 지원합니다. 또한 AI 코스웨어는 기계와 학습자 간 상호작용이 가능한 적응형 학습을 지원합니다. 지속적인 평가와 실시간 피드백을 통해 학습자는 가려운 부분을 긁을 수 있습니다. 또한, AI 코스웨어는 학습자의 데이터를 누적 저장하여, 개인화된 학습 데이터를 분석 및 해석하며 효과 높은 솔루션을 교사, 학생, 학부모에게 제공합니다(데이터 기반 의사결정 지원). 마지막으로, AI 코스웨어는 학생들이 인터넷 환경에서 학습기기만 제공받으면 언제 어디서나 학습할 수 있다는 점에서 접근성이 높으며, 풍부한 학습 콘텐츠가 연결되면서 무한히 확장될 수 있다는 특징이 있습니다.

(3) AI 코스웨어의 가능성과 전망

학생이 AI 코스웨어로 학습하는 과정과 결과, 학업성취도, 학습패턴, 강점 및 약점 등이 데이터로 나타나며, 이를 통해 교사, 학부모는 학습자의 학습 양상을 더 잘 이해할 수 있습니다. 이에 따라 교사는 학생에 맞춘 지도방안을 개발할 수 있고, 학부모는 특정 학원의 레벨 테스트 결과 등 주관적, 단편적 평가 결과가 아닌, 자녀의 학습 수준에 대한 풍부한 자료를 주기적으로 받게 됩니다. 이를 통해 자녀의 학습 과정을 이해할 수 있어 불안, 초조, 조급함에서 벗어날 수 있다는 점에서 마음 챙김이 되고, 자녀의 성장을 위한 적절한 지원을 할 수 있습니다.

이제 대부분의 교사, 학생, 학부모는 자기주도학습, 의식적 학습의 중요성을 이해하고 있습니다. 그리고 다양한 노력을 통해 학습자의 메타인지를 키우기 위해 노력하고 있습니다. 하지만 이는 막연한 구호로 외쳐지는 경우가 많으며, 때로는 학생의 빈약한 정신력을 탓하는 근거가 되기 일쑤였습니다. 앞으로 AI의 PT를 받으며 배우면, 실질적인 학습자 주도의 시스템 사고, 시스템 학습이 구현될 수 있을 것입니다. AI 코스웨어 활용을 통해 자기주도학습이 희망적 구호가 되지 않고, 실질적으로 가정경제를 깊은 시름에서 구해내고 학습자의 성장 발달을 유의미하게 키우는 기제가 되기를 희망합니다.

또한 AI 코스웨어가 수포자, 과포자, 영포자와 같이 이미 배움을 포기한 무기력한 학생들을 도와 끊겼던 맥을 진단하고 돕는 수단이 되면 좋겠습니다. 기계 특유의 시크(Chic) 모드로 학습자들의 자존심을 건드리지 않으면서도 무학년제 급으로 초등·중등 수준의 적절한 학습을 효과적으로 지원해 학생들이 더 이상 학습을 포기하지 않도록 돕는 학령기－평생학습 지원 도구가 되기를 바랍니다.

여러분, 아이의 학원 몇 개나 보내시나요? 학원에 보낸다고 우리 아이가 바로 급성장하면 좋겠지만, 성장에는 시간과 노력이 모두 필요합니다. 한 번씩 학원비로 전기세를 내고 있고, 책상, 의자 등의 학원 시설 확충만 지원하고 있다는 생각이 들면 속상하지요. 저는 이제 AI 코스웨어가 지원할 수 있는 영역은 학원을 보내지 않습니다. AI 코스웨어는 전체 학습 내용에 대한 강의 영상을 고르게 제공하고, 주기적 평가와 피드백이 이루어지니까요.

대치동 학원가도 AI 친화적으로 변모하고 있는 것 같습니다. 대치동 학원가를 모르는 대한민국 학부모는 아마 없으실 겁니다. 아무래도 조만간 대치동 학원가로 대표되는 사교육의 공식, 대입 성공의 공식이 달라질 것 같습니다. 메가스터디 손주은 회장은 각종 인터뷰든, 초청 강의든 어디서나 기회가 될 때마다 에듀테크의 힘을 말합니다. 이와 맥을 같이하며 메가스터디에서는 유치원생부터 고등학생까지 모든 학령기 학생들을 타겟으로 하는 '엘리하이(Elihigh)'라는 AI 코스웨어 브랜드를 론칭한 바 있습니다. 메가스터디뿐만 아니라, 이름만 들으면 알 만한 방문 학습업체, 유명 교과서 출판사 등도 그동안 모은 자금으로 AI 교육을 해보겠다고 뛰어들고 있습니다. 이들은 이미 AI 코스웨어의 놀라운 가능성을 알고 있을 것입니다.

AI 코스웨어가 그렇게 좋다면 당장 공교육에 도입하면 되겠지만, 우려되는 부분도 있습니다. AI가 우리 아이를 들어본 적 없는(또는 마음에 들지 않는) 직업에 적합하다고 추천하고, 들어본 적 없는(또는 마음에 들지 않는) 대학의 들어본 적 없는 과에 적합하다고 평가한다면 어떨 것 같으세요? 혹은 우리 아이 학습정보가 영리적 목적에 의해 해킹되거나 팔린다면 어떨 것 같으세요?

저는 비영리적 목적이라도 일단 정보제공 자체가 찜찜할 것 같습니다. 진로 진학 추천에서도 풍부한 데이터에 기반한 AI의 판단을 감히 부정하기 어렵다는 사회적 분위기가 형성되어 있다면 더욱 찜찜할 것 같습니다. 어느 날 AI 코스웨어가 제공한 가정학습 내용을 보았는데 우리 아이 수준이 아닌 문제를 계속해서 반복 제공하고, 이를 해결하지 못했을 때 학습 참여도(성실도) 패턴에 반영한다고 한다면, AI에 대한 불신이 피어날 것 같습니다. 이러한 우려를 예방하고 대응할 방안이 꼭 필요합니다.

이러한 우려에도 불구하고 AI 코스웨어는 자기주도학습을 지원하는 A급 과외 선생님과 같은 강력한 도구입니다. 제대로만 따라가면 높은 성취를 얻을 뿐만 아니라 학습에 대한 자신감도 얻을 수 있습니다. 또한 상대적으로 들어가는 비용이 적어 가정경제 격차로 인한 불평등도 줄어들 수 있습니다. AI는 인간이 아니므로 일시적으로 학습 목표 달성에 실패한 학습자이든 장기적으로 포기한 학습자이든 모든 학습자에게 선입견이나 부정적 감정을 갖지 않고 일관되게 학습 기회를 제공할 것입니다. 그리고 AI 코스웨어는 하루가 다르게 변화하고 있는 세계의 각종 현상과 원리를 가장 빠르게 반영하여 학습용으로 제공하는 변화 대응 시스템으로 자리 잡을 것입니다.

이 장에서는 AI 코스웨어를 간단히 소개하였습니다. 저도 이미 눈앞에 온 AI 기반 공교육 시스템을 받아들여야 하는 교사이자 이 시스템을 자녀들의 성장을 위해 활용해야 하는 학부모로서 다양한 생각과 감정이 교차합니다. 이 글을 읽으신 독자분들은 AI 코스웨어에 대해 어떻게 생각하게 되셨는지 궁금합니다.

2 OECD 학습나침반 2030과 AI 코스웨어

이번에는 2022 개정 교육과정에 강력한 영향을 준 OECD 교육 2030과 AI 코스웨어의 관계에 관해 이야기하려고 합니다. 이를 통해 AI 코스웨어가 느닷없이 공교육 수업 방식으로 등장한 것이 아니라, OECD 교육위원회에서 전 세계의 교육 전문가들이 수년 동안 논의해온 미래 교육의 필요와 전략이 반영된 교육 기술의 융합적 접근임을 이해할 수 있을 것입니다.

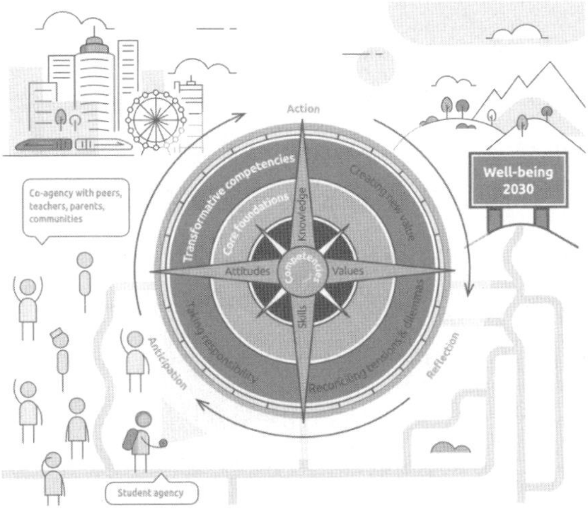

[그림 3] **OECD 교육 2030 학습나침반**

출처: www.oecd.org/education/2030-project/teaching-and-learning/learning

OECD 교육 2030 프로젝트는 미래의 불확실성과 지속적으로 변화하는 사회적, 경제적 조건에 대응하기 위한 교육 체계의 적응 및 혁신을 목표로 합니다. 이 프로젝트에서는 학생들이 미래 사회에서 성공적으로 생활하고, 개인적 및 사회적 웰빙(Well-being)을 달성하는 데 필요한 핵심 역량과 가치를 밝혔습니다. OECD 교육 2030에서는 학습자의 '성공'과 '웰빙'을 위한 학습 프레임워크(learning framework)인 '학습나침반'을 [그림 3]과 같이 제시하였습니다. 잠깐 살펴볼까요?

다음은 OECD 홈페이지에 제시된 학습나침반 관련 사항을 정리한 것입니다.

(1) OECD 학습나침반의 주요 내용

학생은 친구, 선생님, 부모님, 지역사회와 함께 학습하면서도 학습자 주도성(Student Agency)을 지니고 학습을 해나갑니다. 학습자 주도성은 이른바 '성선설'에 기반을 두고 있습니다. 즉 학생들이 자신의 삶과 주변 세계에 긍정적인 영향을 미칠 수 있는 능력과 의지가 있다는 신념에 기반하는 개념이라는 것이죠. 학습자 주도성은 목표를 설정하고 변화를 반영하기 위해 책임감 있게 행동하는 능력으로 정의됩니다.

학습의 1차 바탕은 핵심 기반(Core Foundation)입니다. 핵심 기반은 디지털 읽고 쓰는 능력과 데이터 활용 능력이 구축될 수 있는 읽고 쓰는 능력과 수리력을 포함하는 인지적 기초, 신체적, 정신적 건강과 복지를 포함한 건강 기초, 도덕 및 윤리를 포함한 사회적, 정서적 기초를 의미합니다.

학습의 2차 바탕은 지속가능성과 관련된 변혁적 역량입니다. 변혁적 역량(Transformative Competencies)은 새로운 가치 창출, 긴장과 딜레마의 조화, 책임 다하기로 구체화됩니다.

학습의 3차 바탕으로는 AAR 주기(Anticipation–Action–Reflection Cycle, 예측–행동–성찰 주기)가 제시됩니다. 이것은 일종의 반복 학습 프로세스로 지속적으로 사고를 개선하고 의도적으로 책임감 있게 행동하여 집단적 행복에 기여하는 장기 목표를 향해 나아가는 것을 말합니다. 학생은 계획, 경험, 성찰을 통해 이해를 심화하고 관점을 넓힐 수 있습니다. 2024학년도부터 적용되는 2022 개정 교육과정에는 렌즈 개념, 깊이 있는 학습, 성찰 강화 등으로 AAR 사이클이 반영되어 있습니다.

마지막으로 학습나침반의 네 가지 바늘 위에는 지식 기술, 가치, 태도가 새겨져 있습니다. 여기서 말하는 '지식'에는 특정 작업을 수행한 경험을 바탕으로 한 실질적인 이해 외에도 이론적 개념과 아이디어가 포함됩니다. OECD 학습나침반 2030에서는 학문적 지식, 학제간 지식, 인식론적 지식, 절차적 지식을 지식의 유형으로 제시하였습니다.

(2) OECD 교육 2030과 AI 코스웨어와의 관계

이제 AI 코스웨어가 OECD 교육 2030과 어떤 관련성을 보이는지 알아보겠습니다. 이 둘은 '개인화된 학습', '창의적 사고와 문제 해결', '평생학습', '디지털 역량'이라는 4가지 측면에서 관련성을 찾을 수 있습니다.

1) 개인화된 학습

OECD 교육 2030은 모든 학생이 자신만의 속도와 방식으로 학습할 수 있는 환경의 중요성을 강조합니다. AI 코스웨어는 이러한 개인화된 학습 경험을 제공하며, 각 학생의 필요와 능력에 맞춰진 교육을 구현할 수 있도록 지원합니다.

2) 창의적 사고와 문제 해결

OECD 교육 2030에서는 창의적 사고와 문제 해결 능력을 변혁적 역량으로 간주합니다. AI 코스웨어는 시뮬레이션, 게임 기반 학습, 실시간 피드백 등을 통해 이러한 역량을 발전시킬 수 있는 환경을 제공합니다.

3) 평생 학습

미래의 세계는 끊임없이 변화할 것이기 때문에 지속적인 학습이 필수적일 것으로 여겨집니다. 학습하지 않으면 뒤처지는 속도가 지금보다 훨씬 빨라지겠죠. 2021년에 ChatGPT가 나왔는데, 그것을 바로 알아보고, 활용법을 고민하여 적용해본 분이 ChatGPT 선생님이 될 수 있을 정도로 변화가 빠릅니다. 한글과 엑셀, PPT로 버텨온 세월이 얼마인데, 이제는 그런 세상이 아닌 것 같아 아쉽습니다. 각설하고, AI 코스웨어는 학생들이 자신의 학습을 주도하고, 새로운 기술이나 개념을 지속적으로 배울 수 있는 플랫폼을 제공함으로써, 평생 학습의 가능성을 실질적으로 높입니다.

4) 디지털 역량

디지털 역량은 위에서 다룬 학습나침반의 1차 바탕인 핵심 기반(Core Foundation)에서 인지적 기초(디지털로 읽고 쓰는 능력과 데이터 활용 능력이 구축될 수 있는 읽고 쓰는 능력과 수리력)로 다룬 사항입니다. 우리나라의 2022 개정 교육과정 총론에서도 디지털 리터러시가 중요하게 다루어지고 있는데요. 이를 근거로 하여 모든 교과에서 디지털 관련 내용이 강화될 전망입니다. 이는 앞으로 디지털 기술의 이해와 활용 능력이 미래의 교육과 직업에서 점점 중요해질 것이기 때문입니다. AI 코스웨어는 디지털 기술을 사용하여 학습을 진행함으로써, 학생들이 디지털에 익숙해지고 디지털 세계에 자연스럽게 참여할 수 있도록 합니다.

❷에서는 AI 코스웨어가 OECD 교육 2030 프로젝트의 목표와 전략에 부합하는 방식으로 학생들의 학습을 지원하고 확장함으로써, 우리 아이들, 곧 미래 세대가 불확실하고 예측 불가능한 미래에 대비할 수 있도록 지원하는 시스템임을 알게 되었습니다. 다소 어려운 내용이었지만 꼭 짚어야 할 부분이어서 다루었습니다. ❸에서는 손에 잡히는 교실 상황 중심으로 살펴보도록 하겠습니다.

3 AI 코스웨어가 정착된 교실 모습

(1) 역량 중심 학습이 가능한 교실

초등학교 5학년 교실을 떠올려 봅시다. 학생들은 모둠 안에서 공동 발표를 위해 열띤 대화를 나누고 있습니다. 한 친구는 스마트패드에 대화 내용을 녹음하여 텍스트로 변환해 정리합니다. 다른 친구는 발표 슬라이드에 넣을 그림을 AI를 활용해 그리고 있습니다. 이 친구들은 전자칠판으로 발표하기 위해 패들렛(padlet.com) 게시판에 발표 자료를 올릴 것입니다. 미래 교실의 모습인가요? 아니요. 2023년 현재 제가 근무하는 초등학교 5학년의 교실 수업 장면입니다. 현재 초등학교 교실에서는 강의, 토의토론, 제작, 발표 활동과 같은 교육활동이 기술과 만나 스마트한 교육이 이루어지고 있습니다.

교실 수업 활동은 어느 정도 스마트한데 아이들의 학업성취도는 어떨까요? 특히, 아이들의 생각을 묻는 서술형 평가는 어떨까요? 실은 그다지 좋아지지 않았습니다. 학습 과정에서 기초 기본개념이 탄탄히 잡히지 않고서는 아무리 활동하고 문제를 풀어도 창의적인 생각이나 문제 해결력이 향상되기 어렵습니다. 깊이 있는 사고는 탄탄한 기본기를 바탕으로 이루어지기 때문이죠. 학습의 기본기는 교과와 삶의 맥락을 연계하고, 실천을 통해 개념을 깊이 이해하고, 자신의 학습을 성찰하며 평가하는 체계적인 학습의 과정을 통해 길러질 수 있습니다. 결국 평가에서 좋은 점수를 얻으려면 학습을 제대로 해야 합니다.

스마트 교육에 AI가 더해지면 교실 수업은 어떻게 달라질까요? AI 코스웨어가 정착된 교실 수업에 대한 이미지를 떠올려 봅시다. 학생들이 책상 위에 갤럭시 탭,

크롬북 같은 개별 학습기를 꺼내 놓고, 화면을 보고 있는 장면이 떠오르실 것 같습니다. 물론 그럴 때도 있겠지만, 저는 AI 코스웨어 시스템에서는 교실 수업이 '주인공과 들러리'가 아닌 모두가 주인공으로 활동에 참여하는 역량 중심 학습이 가능할 것이라고 봅니다.

학습기기를 통해 학습 콘텐츠를 읽고 듣고 보면서 개념을 익히고, 문제를 풀고 오답을 정리하는 과정을 사전에 해오기 때문에 교실 공간은 학생들이 함께 활동하는 학습의 장이 될 수 있습니다. 학생들은 어느 정도 개념 이해에 다다르면 학습에 대한 자신감이 붙어 누가 시키지 않아도 다양한 상호작용을 하게 됩니다.

이러한 교실에서는 친구를 사귀고 의사소통하기, 협력하기, 문제 해결하기 등의 소프트 스킬(Soft Skills)이 더욱 강조될 것입니다. 사실 이러한 소프트 스킬과 각종 활동은 단순히 교과 개념을 완전 학습하기 위한 수단이 아닙니다. 오히려 이런 것들은 학생들이 미래 사회에서 성공적으로 활동할 수 있도록 준비하는 데 필수적인 학습역량으로, 학습의 최종 목적이기도 합니다. 아이들이 기본기 학습이 잘 되어 있어야 하는 이유도 여기에 있습니다. 기본이 안 되어 있고, 자신감이 없으면 모둠 활동을 할 때도 위축됩니다. 학생들은 학습 내용과 관련된 프로젝트에서 친구들과 함께 문제 해결, 창의적 사고, 협력적 소통 역량을 기르며 융합적으로 학습할 수 있어야 합니다. 지금까지 사교육에서 이를 지원했다면, 앞으로는 AI 코스웨어가 기본기를 길러줄 것입니다.

(2) 수업과 평가의 일체화

학부모님들도 학창 시절에 선생님 말씀을 집중해서 들었지만, 개념이 머릿속에 정리되지 않고, 막상 시험에 서술형 문제가 나오면 답답했던 경험이 있을 것입니다. 이것이 학생의 능력이나 노력 부족 때문일까요? 아닙니다. 학습의 시간적, 공간적 환경의 한계에서 오는 학습량 부족, 엉성하게 구성된 학습 과정, 학습과 연계성이 떨어지는 평가 문항 출제, 실질적인 피드백 없이 점수만 제시되는 행태 등이 원인일 수 있습니다.

그럼 교육 환경을 개선하고 수업을 개선하면 되겠죠? 사실, 교실 수업 환경구성, 수업 설계 및 수업 운영, 평가 및 피드백, 코칭, 상담 등은 거의 교사에게 달려 있습니다. 효과적인 학습을 위해서는 개별 학생 대상 지원이 필요한데, 다인수 학급에서 효과적인 학습코칭을 제공하기에는 교사의 공력이 너무 많이 요구됩니다. 교사의 질이 높아지고, 전문성 수준이 올라가면 효과성과 효율성이 높아지긴 하지만 베테랑 교사도 학생 수가 많은 학급에서는 힘이 듭니다.

평가에 자유로울 것 같은 초등학교에서도 학생들은 프로젝트 활동을 재밌게 하다가도, 수행평가 시기만 다가오면 긴장하고 갑자기 열공모드로 바뀝니다. 수행평가는 수업 내에서 학생의 학습활동 수행 수준을 평가하는 것입니다. 그러나 수행평가 사전 안내 및 시험일 예고 등의 절차가 필요하여, 일선 학교 현장에서는 대부분의 수행평가가 실제 수업에서 활동한 내용 중심의 서술형 평가 문제지로 출제되는 상황입니다. 그래서 학생들은 수행평가를 '지필평가'로 인식하고 있습니다.

학생들은 활동에 열심히 참여했음에도 학습개념, 교과의 맥락을 놓칠 때가 있습니다. 열심히는 했는데 뭘 했는지에 대한 기억은 희미하고, 그렇다면 활동은 왜 했는지 의문이 생깁니다. (나름대로 재밌었다는 추억은 남겠죠) 교사들도 교육과정 재구성, 수업 준비 과정을 거쳐 조사 발표수업을 몇 차시 동안 운영했는데 학생들의 평가 결과는 만족스럽지 않으니 답답할 노릇입니다. 학생들이 앞에 나와 자신이 있게 발표할 때만 해도 완전 학습을 이룬 줄 알았는데 말이죠. 그래서 선생님들은 수업 말미에 정리 문제를 제시하곤 합니다.

스마트 수업에서는 학생별로 탭이나 크롬북을 활용해 그때그때 선생님이 제시한 문제를 풀고, 바로 자동 채점 결과를 알 수 있죠. 앞으로 AI 코스웨어의 보조교사 기능이 수업에 적용되면, 활동의 매듭을 지을 때마다 AI가 알아서 형성평가 문제를 제공하고, 채점 결과와 함께 피드백을 제공할 수 있습니다. 수업 중에 자연스럽게 학생들은 자기 수준에 맞는 문제를 풀면서 개념을 다질 수 있습니다.

AI 코스웨어를 활용한 학습 성취도 점검에 따라 수업과 평가, 그리고 진단과 처방의 연계성이 높아지게 되면, 자연스럽게 학습의 효과성, 효율성도 함께 높아질 것입니다. 공교육에 AI 코스웨어 시스템이 적용되면, 학습 데이터의 지속적인 누적 기록으로 인해 수업에 불성실하게 참여한 학생의 행동은 매우 불리하게 적용될 수 있습니다.

(3) 학교 밖에서 하는 공부가 학습 시간으로 인정받게 됨

AI 코스웨어가 정착된다면 학교 밖으로 학습의 장소가 넓어지고, 교사의 역할도 변화할 것입니다. 지금도 학교 안에서만 공부하는 것이 아닌데 학습의 장이 넓어진다고 한 것은, 지금까지 자습이나 사교육 기관에서 이수한 학습 시간이 공식적인 학습 시간으로 인정받은 적이 없기 때문입니다. 코로나19가 유행하던 시기 녹화영상이나 줌을 통해 가정에서 수업에 참여하였는데, 이것은 질병 등의 사유가 없는 초·중·고 학생 전체가 학교 밖에서 수업일수를 인정받은 최초의 사례가 되었습니다.

코로나19 시기에 모든 교사는 매일의 학습 기록과 학습 완료 여부를 확인하면서 출결을 확인하고, 학생들의 심리는 안정되어 있는지 점검하는 새로운 역할을 경험하였습니다. 앞으로 AI 코스웨어가 정착된 이후 교사들은 교과 진도 중심으로 수업을 운영하는 학습 제공자 역할에서 벗어나, 학생 중심으로 학습경로를 디자인하고 학생들과 소통하며 코칭하는 역할을 하게 될 것입니다. 즉 학생들의 학습 데이터를 유의미하게 만드는 기초작업은 AI가 처리하고, 교사들은 AI가 수집하고 분석한 데이터를 활용하여 학생들의 학습패턴, 진전 상황, 잠재적인 문제점을 이해하게 됩니다. 교사는 데이터 기반으로 개별 학생에 대한 학습진단, 학습 처방, 학습 상담 등의 맞춤형 교육 전략을 수립하고 이를 학생, 학부모에게 안내하는 데 보다 많은 시간을 할애할 수 있을 것입니다.

다음은 AI 학습 대시보드를 활용해 교사와 학생이 학습 상담을 하는 장면을 상상하여 제시한 것입니다.

Tip 교사 - 학생 학습 상담 장면

- 장소: 교실
- 시간: 오후 1시 40분

교사: (시연이 수학 시간에 오래 풀고 있던 분수 문제를 들고 오며) 시연아, 이 문제 때문에 고민이 많았던 것 같은데, 어디서부터 어려웠는지 같이 한번 볼까?

시연: 네, 선생님. 분수 계산에서 분모와 분자를 어떻게 바꿔야 하는지 헷갈려요. 그리고 왜 더하거나 빼기 전에 같은 분모를 만들어야 하는지 모르겠어요.

교사: (시연이 옆에 앉으며) 알겠어, 시연아. 분수를 이해하는 건 처음에는 조금 어려울 수 있어. 하지만 시연이의 AI 코스웨어 학습 대시보드에서 오답 패턴을 살펴보니, 분수 기본 개념에 대한 이해도를 높이면 문제를 훨씬 쉽게 해결할 수 있을 것 같아.

시연: 네, 선생님. 제가 분수 문제를 이해하는 데 조금 힘들어하고 있는 것 같아요.
교사: 걱정하지 마, AI 코스웨어가 시연이 오답 패턴을 분석했어. 같이 문제를 풀어보면서 어디가 어려웠는지 알아보자. 선생님이 추가 연습 문제도 준비해봤어.
교사: 먼저 시연이가 어려워하는 부분과 관련된 분수 개념을 짚어보자. 그리고 선생님이 색종이와 가위를 준비했어. 실제로 분수를 만들어 보면서 배우는 건 어때?
시연: (눈이 빛나며) 와, 진짜요? 그러면 분수가 더 재밌어질 것 같아요! 감사합니다.
교사: 그래! 실생활에서 분수를 어떻게 사용하는지도 함께 알아볼 거야. 준비됐으면 시작해보자!

학생들이 AI 코스웨어의 학습 가이드를 받으며 학습하는 것은 '자습'과는 다릅니다. 이는 주어진 학습기기를 통해 시간을 내어 미션을 달성하는 의식적인 학습을 요구받으며, 실제로 공식적인 학습 시간으로 기록되는 행위이기 때문입니다. 학생의 학습 시간으로 기록되는 시간은 실제 학습한 총 시간과 가까워집니다. 학교에서의 수업 중 학습 시간뿐만 아니라 AI 코스웨어에 접속하여 가정, 도서관 등에서 공부한 시간까지도 학습 시간에 포함되어 학습 데이터가 누적 기록됩니다.

학습 시간의 총량이 기록되기 때문에 그것은 학생의 학업 참여도를 판단하는 기준이 될 수 있습니다. 어쩌면 입시에도 활용될 수 있겠죠. 아무래도 입시에는 공정성이 중요하다 보니 학업의 결과를 중시할 수밖에 없었는데, 드디어 학업의 과정을 세밀히 들여다볼 수 있는 시스템이 생기게 되니까요. 그렇다면 어쩌면 하교 후 바로 학원에 가서 밤 10시까지 공부하고 돌아와 숙제하는 패턴이 불리해질 수도 있겠네요.

학교 밖에서 학생들은 무엇을 공부할까요? 무학년제 적용도 쉽게 가능하겠지만, 학년제 시스템이 그리 빨리 변화하지는 않을 것으로 예상합니다. 학생들은 기본적으로 개인화된 학습경로와 학습 콘텐츠로 학습하겠지만, 사실 전혀 다른 학년의 교과 단원을 학습할 가능성은 크지 않습니다. 기초가 다져지면 반복 심화학습으로 넘어가겠지요.

AI 코스웨어 학습기로는 집에서 어떻게 공부할까요? 인터랙티브한 AI와의 대화나 동영상 강의로 개념을 학습할 수 있습니다. 또한 배운 내용을 자기 것으로 만들기 위한 다양한 활동을 AI로부터 추천받아 학생 스스로 선택할 수 있습니다. 예를 들어 글쓰기, 전자펜으로 식을 세워 문제 풀기, 마인드맵 그리기 같은 것이죠. 학습 후에는 형성평가를 보고 피드백을 받아보는 것도 가능할 것으로 여겨집니다. 학습할 때마다 촘촘하게 형성평가를 보고, 채점 결과를 바로 받으면서 오답의 원인에 대한 피드백도 함께 받으면 아무래도 개념학습에 대한 부담이 훨씬 줄어들게 될 것입니다.

저는 가정에서 학생 스스로 이런 것들을 할 수 있을 것이라고 기대하기는 어렵다고 봅니다. 가정학습에서는 학부모님의 역할이 중요해질 것입니다. 교사가 학습 데이터를 기반으로 세운 학생별 학습경로와 전략은 학부모와 상호공유 및 협의 과정을 거치면서 단단하게 구축되고, 이는 학교뿐만 아니라 가정에서도 실천될 수 있을 것입니다.

다음은 교사와 학부모가 학생 시연이의 학습 현황에 관하여 전화 상담하는 장면을 상상하여 제시한 것입니다.

Tip 교사 - 학부모 상담 장면

- 온라인 화상 상담
- 시간: 오후 4시

교사: 안녕하세요, 시연 어머님. 오늘 상담은 시연이의 최근 학습 상황에 관해 이야기해 보려고 해요. (학생의 학습 대시보드를 공유하며 설명한다.)

시연 엄마: 네, 선생님. 저도 시연이 학습 대시보드를 통해 진도를 확인하고 있어요. 수학에서 조금 어려움을 겪고 있는 것 같던데, 제가 어떻게 도와줄 수 있을까요?

교사: 네, 시연이가 분모가 다른 분수 계산에서 세 시간 정도 어려움을 겪고 있어요. 그래서 오늘 수학 시간에도 시연이에게 분수 계산 설명을 해주고 맞춤형 연습 문제를 제공했어요. 과제로 냈으니 집에서 부모님께서도 연습 문제 풀이를 독려해 주시면 좋겠습니다. 필요하다면, AI 코스웨어에서 제공되는 동영상 강의도 활용해 보세요.

시연 엄마: 알겠습니다, 선생님. 제가 아무리 늦어도 저녁 7시에는 퇴근하니, 시연이 학습기 꺼내서 공부하도록 하겠습니다. 오늘 선생님이 말씀하신 시연이 분수 학습 데이터도 찬찬히 확인해 볼게요. 시연이가 어떤 부분에서 어려움을 겪고 있는지 더 잘 이해할 수 있을 것 같아요. 감사합니다, 선생님!

교사: 별말씀을요. 꾸준히 학습하면 분명 분수 계산도 잘할 수 있을 겁니다.

그동안 교실이 '깜깜이 교실'이라는 말로 비난받았던 것은 수업의 불투명성 때문이었습니다. AI의 도움을 받으면 풍부한 데이터를 기반으로 교사와 학부모들이 학습 상황에 대해 투명하게 소통할 수 있게 되니 '환하게 밝은 교실'이 될 수 있을 것입니다.

위와 같이 직접 상담할 수도 있겠지만, 많은 경우는 학부모 핸드폰 등에 학습 상황 대시보드 앱을 설치하도록 하고, 앱 푸시(APP PUSH) 형태의 자동 알림 기능을 활용할 것이라고 생각합니다. 지금도 담임교사가 금요일에 다음 주 주간학습계획을 보내는 학급이 많은 것으로 알고 있는데, 앞으로는 이번 주 주간학습결과를 함께 내보내는 거죠. AI 코스웨어 시스템에서 일정한 주기로 자동 앱푸시(APP PUSH)를 통해 학부모에게 보고서가 발송되는 형태라면 교사의 부담도 별로 없을 것입니다.

학생이 집에서 필수 개념을 단단히 학습해 오면, 학교에서는 더 많은 시간 활동을 하며 개념을 상황에 적용해 볼 수 있고, 타인의 의견을 들을 수도 있으며, 학습한 개념을 자기화할 수 있습니다. 학생들이 현행 학습 내용을 예습해 오면, 교실에서 본시 학습할 때 준비된 자세로 학습에 임할 수 있습니다. 얼핏 보고 왔더라도 한번 본 내용이니 편안한 마음으로 수월하게 학습할 수 있다는 장점이 있습니다. 이를 거꾸로 학습(Flipped Learning) 방법이라고 하는데, 초등학교 기준 40분의 짧은 수업 시간의 제약을 극복할 수 있는 좋은 방법입니다. 교육부에서는 'AI 코스웨어 예습 모형'이라는 이름으로 AI를 활용한 거꾸로 학습 모형을 제시한 바 있습니다.

다음은 가정에서의 거꾸로 학습과 관련된 학부모와 자녀의 대화 장면을 상상하여 제시한 것입니다.

Tip 학부모 - 자녀의 대화 장면

- 장소: 집
- 시간: 저녁 7시

엄마: 시연아, 오늘 학교 어땠어? 시연이 AI 학습 대시보드에서 분수 단원에서 조금 어려움을 겪고 있다고 했었는데, 어떻게 했어?

시연: 음, 처음에는 너무 어려웠어요, 엄마. 분수 사이의 관계를 이해하는 게 힘들었어요. 하지만 선생님이 저랑 같이 앉아서 제가 헷갈리는 부분을 차근차근 설명해

주셨어요. 그리고 선생님이 제가 AI 코스웨어에서 틀린 문제들을 분석해서 어떤부분을 더 연습해야 할지 알려주셨어요.

엄마: 그렇구나, 그래서 어떤 방식으로 연습했어?

시연: 선생님이 색종이를 가지고 와서 분수를 직접 만들어 보는 활동을 했는데, 직접 보고 만지면서 배우니까 더 이해하기 쉬웠어요. 그리고 나중에는 AI 코스웨어도 켜서 저의 학습 데이터를 기반으로 한 연습 문제를 풀어봤어요. 시스템이 제가 틀린 문제들을 기억하고 있어서, 비슷한 유형의 문제들로 추가 연습을 할 수 있었어요.

엄마: 와, 그거 괜찮은 방법이네! 네가 어떤 부분을 어려워하는지 정확히 알고 있어서 맞춤형 연습을 제공한다니, 기술이 참 발전했구나. 지금은 분수가 좀 더 쉬워졌어?

시연: 응, 훨씬 나아졌어요! 아, 그리고 엄마, 제가 학교에서 배운 걸 가지고 게임도 만들어봤어요. 엄마 나랑 같이 해볼래요? 분수를 사용해서 점수를 맞추는 거예요!

엄마: 오, 좋아! 시연이가 만든 게임이라니 흥미로운걸. 어떻게 하는 건지 배우고 싶구나.

시연: 제가 규칙을 설명할게요. 처음 해보는 건데, 아마 재밌을 거예요! 오늘 엄마랑 해보고 내일은 친구들하고 해볼 거예요.

엄마: 정말 기대된다, 시연아. 네가 이렇게 적극적으로 공부하는 걸 보니 정말 기쁘다. 시연이가 만든 게임하고 나서 선생님이 내 주신 과제를 풀어보자.

시연: 네, 알겠어요, 엄마. 성실 포인트 더 받고 싶어서 안 그래도 하려고 했어요.

가정학습에서 활용될 학습 동영상은 누구나 인정할 수 있을 정도로 차원이 다른 영상이면 좋겠습니다. 제휴를 통해 학원가 스타 강사의 학습 콘텐츠도 제공할 수 있으면 좋겠습니다. 콘텐츠가 매력적이지 않으면 공교육 학습기는 사교육 학습기에 밀리게 될 것이기 때문입니다. 또한, 학생과 대화하는 AI의 성능도 과외교사 이상의 효과가 나기를 기대합니다. 학습 시간 총량이 적더라도, 학습 결과 아웃풋이 좋은 쪽이 아무래도 가중치가 높을 것이기 때문입니다.

AI 코스웨어는 학습 시간이 늘어날수록 각 학생의 데이터에 기반하여 개인적인 필요와 학습 스타일을 고려한 개별 맞춤형 교육 경험을 제공할 것입니다. 학생들은 AI 코스웨어를 사용하여 자신의 학습 속도를 최적화하고, 흥미로운 주제를 탐구하며, 스스로 문제를 해결하기 위한 필수 개념의 기초를 다질 수 있을 것입니다. 거기에 자기 학습에 책임감을 느끼고 자신의 학습을 주도한다면 더할 나위가 없겠지요.

4 AI 코스웨어 수업 대비하기

AI와 관련된 교육 접근의 방향은 이제 기술, 정보 교과를 넘어, 모든 교과에서의 데이터 기반의 AI 플랫폼 접근으로 급격히 전환되고 있습니다. 이는 전 세계 추세와 일치하는 것으로, 선진국들은 자국 교육시스템의 AI 디지털화에 발 빠르게 움직이고 있습니다. 특히 우리나라 교육부는 2016 알파고 쇼크, 2020 코로나19에 이어 2023 ChatGPT 혁명이라는 게임 체인저급의 분기점이 나타났으며, 이에 대응하려는 듯 AI 코스웨어 시스템을 초중고 학교 교육에 도입한다고 발표하였습니다. 불과 1~2년 후에는 한국의 3~6학년 초등학생들이 AI 시스템 속에서 학습하게 될 것입니다.

AI가 있든 없든 우리는 지금까지 자녀를 학교에 보내왔고, 앞으로도 아마 학교에 보낼 것입니다. 그것은 우리가 자녀가 좋은 사람이 되기를 원하고, 자기가 원하는 삶을 살기를 원하며, 지속적으로 성장하고 적응하는 삶, 건강하게 타인과 더불어 살아가는 삶을 영위하기를 원하기 때문입니다. 학부모로서 우리는 우리 자녀들이 행복하고 의미 있는 삶을 살 수 있도록, AI 코스웨어와 같은 첨단 교육시스템을 올바르게 활용하는 방법에 대해 고민할 필요가 있습니다. 학습은 단순히 시험 점수를 넘어서, 인생의 다양한 분야에서 창의적으로 문제를 해결하고 성장할 수 있는 기초를 다지는 과정이기 때문입니다.

만약 AI가 우리 자녀의 성장을 효과적으로 돕는 도구라면 우리는 기꺼이 자녀가 그 시스템과 전략을 잘 받아들일 수 있도록 지원할 것입니다. 마치 "학교 가서 선생님 말씀 잘 들어라."라고 습관적으로 이야기하는 것처럼요. 그것은 선생님을 위한 것이 아니라 소중한 자녀를 위한 조언이지요. AI 코스웨어 교육시스템에서는 풍부한 학습 콘텐츠와 학습 데이터를 기반으로 학교 교육의 효과성을 높이고, 교사와 학생, 학부모의 소통과 협업의 질을 높여 궁극적으로 개별 학생들에게 훨씬 더 훌륭한 학습 성취를 얻도록 할 것입니다. 학교 교육을 통해 학습으로 인한 성공, 학습으로 인한 웰빙을 누리는 학습자가 늘어나길 기대합니다.

AI 코스웨어라는 교육시스템 속에서 자녀가 성공적인 학습자가 되도록 지원하는 방법은 다음과 같습니다.

Tip AI 코스웨어 시스템 속에서 자녀를 지원하는 방법

- 자녀와의 대화를 통해 학습의 목적과 가치를 설정하라.
- 자녀 스스로의 학습 의지와 방향성을 꾸준히 격려하고 피드백하라.
  - 효과: 자녀가 스스로의 학습 과정을 메타인지로 인식합니다. 메타인지는 새로운 학습 목표를 설정하는 데 도움이 됩니다.
- 학습 데이터를 활용해 자녀의 성장 과정을 함께 검토하고 장기 학습계획 수립을 지원하라.

첫째, 부모로서 우리는 자녀와의 대화를 통해 학습의 목적과 가치를 설정하도록 돕고 이를 함께 공유하며, 자녀 스스로의 학습 의지와 방향성을 격려하고 지원할 필요가 있습니다.

둘째, 부모로서 우리는 꾸준한 피드백과 격려를 통해 자녀가 스스로의 학습 과정을 인식하고, 목표를 설정할 수 있도록 도울 필요가 있습니다.

셋째, 부모로서 우리는 AI 코스웨어 대시보드에 남아있는 자녀의 학습 데이터를 활용하여 자녀의 성장 과정을 함께 검토하고, 장기적인 학습계획 수립을 지원할 필요가 있습니다.

선생님은 학습의 멘토로서 학생을 위한 학습경로를 설정하고 지도하며 격려하지만, 10년이 넘는 자녀의 학창 시절을 기준으로 볼 때, 1년이면 지나가는 사람입니다. 부모님이 자녀의 멘토, 학습 데이터 분석가, 학습 피드백 코치가 되어 꾸준히 함께한다면 자녀는 OECD 교육 2030의 목표대로 성공한 학습자, 웰빙하는 학습자가 될 수 있습니다.

물론 기존 교육에서도 일부 학부모님들은 그러한 역할을 하셨습니다. 그런데, 그보다 훨씬 더 많은 학부모님은 교육 정보 부족, 자녀 학습에 대한 이해 부족, 학습 코칭 전략 부재, 자녀와의 갈등, 시간 부족 등으로 그 역할을 사교육에 외주화해왔습니다. 자녀가 아주 어린 시절부터요.

이제 AI가 풍부한 학습정보와 학습 콘텐츠들을 플랫폼에 저비용에 제공하여 문턱을 낮추고, 자녀의 학습 데이터를 주기적으로 수집, 분석, 해석한 후 적절한 학습 전략을 추천해주는 시대가 온다고 합니다. 데이터를 기반으로 인간 교사 또는 AI

보조교사와 필요할 때마다 자녀 교육과 관련된 대화를 주고받을 수 있게 된다고도 합니다. AI 코스웨어는 부모들을 사교육으로 내몰던 부정적 요인들을 어느 정도 상쇄할 만한 저력이 있는 것 같습니다.

그런데, 부모로서 우리는 자녀를 보호해야 하는 보호자로서의 역할도 있습니다. 데이터의 부적절한 활용으로 인한 개인정보 침해, 학습 데이터로 인한 학생의 진로 진학 기회와 취업 기회 제한, 학습 데이터 노출 혹은 데이터 평가 및 레이블링(Labeling, 사람이나 행위, 사건 등에 부정적인 꼬리표를 붙임으로써 그 대상을 일탈화하는 의미부여 활동[5])으로 인한 학생 낙인효과 등에서 우리는 자녀를 보호해야 합니다.

자녀를 보호하기 위해서는 학생 개인정보 및 학습 데이터의 정보보호가 매우 중요합니다. 데이터를 수집, 저장, 활용, 삭제하는 방법과 시기에 대한 충분한 정보를 제공받고 동의하는 것은 기본입니다. 일단 동의를 했더라도 교육 기관이나 AI 코스웨어 제공업체에서 데이터가 다루어지는 방식, 해석하고 활용하는 방식의 적절성을 판단하기 위해 AI 활용 방식에 투명성이 나타나게끔 지속적으로 모니터링할 필요가 있습니다. 또한, AI로 인한 자녀의 진로 진학 제한 등에 대응하기 위해 다른 학부모들과 협력하여 교육 데이터 보호 및 윤리적이고 책임 있는 AI 데이터 활용과 관련된 법률 및 정책 제안 및 의견수렴 과정에 참여할 수도 있습니다.

그렇다면 학습 당사자인 학생은 어떤 전략으로 학습에 임하면 좋을까요?

Tip AI 코스웨어 시스템 속에서 학습하는 방법

- 자기주도적으로 학습하려는 의지를 가져라.
- 개인화된 학습계획을 세워라.
  - 학습목표, 진도, 학습 흐름(Flowchart)
- 진단 평가를 즐기고, 학습경로를 재구성하라.
- 에듀테크를 활용하라.

---

5 https://terms.naver.com/entry.naver?docId=726972&cid=42140&categoryId=42140

첫째, 자기주도적으로 학습하려는 의지를 가지면 좋습니다. AI 코스웨어의 활용은 학생들에게 더 많은 자기주도 학습 기회를 제공하며, 학생 개개인의 학습 경험을 풍부하게 만들 수 있습니다. 스스로 해보려는 의지를 가진 학생은 AI 코스웨어를 활용하면 날개를 단 듯한 형국이 펼쳐질 것입니다.

둘째, 개인화된 학습계획을 세우면 좋습니다. 새로운 교육환경에서 자신의 학습 목표와 진도를 명확하게 이해하는 것은 매우 중요합니다. AI 코스웨어는 교육자가 학생 개개인의 학습 상황을 분석하고 맞춤형 학습계획을 제공하는 데 도움이 되므로, 이를 활용하여 자신의 학습 속도와 스타일에 맞는 개인화된 학습 경험을 얻을 수 있게 계획을 세워보면 좋겠습니다.

셋째, 진단 평가를 즐기고, 나름대로 학습경로를 재구성하면 좋습니다. AI 코스웨어는 학생들의 기초 지식수준을 확인하고 이를 바탕으로 학생 맞춤형 학습경로와 모듈을 추천합니다. 하지만 학생이 진단 평가에 제대로 임하지 않는다면 백약이 무효하겠죠. 그리고 진단 평가 결과에 따라 추천한 학습경로를 학생이 무시하면 안 됩니다. 학습자 주도성을 갖고 진단 평가를 즐기고, 추천된 학습 내용을 판단하여 받아들일 것은 받아들이는 자세를 가지면 좋겠습니다.

넷째, 에듀테크를 적절히 활용하면 좋습니다. 학교의 학습기를 잘 사용하는 방법은 일단 학습 외의 용도로 확장하거나 개조하지 않는 것입니다. 그리고 AI 코스웨어를 이해하고 AI가 추천하는 것에 일단 귀 기울여 보는 자세를 가져보는 것도 좋겠습니다. AI 코스웨어에 긍정적인 기대를 가지고 길을 따라가 보면 효과적인 학습 경험으로 이어질 수 있을 것입니다.

제가 볼 때 가장 중요한 것은 지금과 마찬가지로 자신의 희망적인 미래에 대해 기대하며 지속적으로 학습하는 것입니다. 『그릿(GRIT)』[6]이라는 책을 읽어보셨나요? 그릿은 원래 투지, 기개를 이르는 말입니다. 이 책의 저자 안젤라 더크워스(Angela Duckworth)는 '그릿'이라는 개념으로 한국에서도 대히트를 쳤지요. 더크워스는 그릿을 성공의 키로 일컬으며, 성공하는 사람들은 목적의식을 갖고 지속적으로 끈기 있게 성장해가며 언젠가는 목표를 이룬다고 힘주어 말했습니다.

AI 코스웨어와 궁합이 맞는 학습자 상이 있다면, 그건 아마도 자신의 성공을 믿는 학습자, 성장하려는 학습자, 끈기 있게 노력하는 학습자가 아닐까 합니다. 학습과 평가의 과정을 거듭하면서 학습한 개념은 서로 탄탄하게 연결됩니다. 혼자 있을

---

6 엔젤라 더크워스 (2019), 『그릿(GRIT)』, 김미정(역), 비즈니스북스

때도 학습할 수 있으므로 굳이 조급할 것은 없습니다. 중요한 것은 학습 의지, 끈기, 지속성입니다.

부모님들, AI 코스웨어에 대한 간단한 설명을 들으니 어떠신가요? 앞으로 AI 코스웨어를 자녀교육에 활용해 보시면 어떨까요?

노 지 영

- 서울개일고등학교 교사, 한국교원대학교 대학원 교육행정전공 박사
- 서울대학교 대학원 AI융합교육학과 석사, AIEDAP(아이에답) 마스터 교원
- 서울특별시교육청 AI 기반 융합교육 자문위원, AI 선도교사단
- 전문 분야: AI 디지털 교과서 활용, 데이터과학 교육, 초등 AI · SW교육

우리 아이와 함께하는 AI 놀이

이현정

1 급변하는 교육 환경

2020년 전 세계를 강타한 코로나19 팬데믹(Pandemic)은 많은 분야에 영향을 미쳤으며 교육 분야 역시 예외는 아니었습니다. 사회적 거리두기로 인해 원격 교육이 확대되었으며 이는 교육의 방식과 내용 그리고 환경에 영향을 미쳤고, 이러한 변화는 팬데믹이 종식된 엔데믹(Endemic) 상황에서도 계속되고 있습니다. 교실에는 무선망이 설치되었으며 학생 1인 1디바이스를 위한 디지털 교육 환경이 구축되고 있습니다. 그뿐만 아니라 팬데믹 이전에는 일부 교사들의 선택에 따라 또는 특정 교육 활동에서만 활용하던 AI 에듀테크 도구들을 이제는 일상적으로 사용하고 있습니다.

이러한 변화를 더욱 가속화하는 것은 2022 개정 교육과정의 도입입니다. 2024년 초등학교 1~2학년, 2025년 중·고등학교 1학년부터 연차적으로 적용되는 2022 개정 교육과정과 이전 교육과정들과 비교할 때 가장 뚜렷한 차이는 '지식' 기반의 교육과정이 아닌 '역량' 기반의 교육과정이라는 것입니다. 즉 '어떠한 지식을 배우는 것' 자체가 아닌 '배운 지식을 다양하게 활용할 수 있는 힘'인 역량을 기르는 것이 중요하다는 것입니다. 그중에서도 강조되는 역량은 바로 디지털 역량, 디지털 소양입니다. 디지털 디바이스를 능숙하게 다루며 AI, 빅데이터 등을 기반으로 한 학습 환경에 유연하게 적응할 줄 알아야 합니다. 이에 따라 초등학교와 중학교의 정보 수업의 시수가 2배로 증가하며 디지털 대전환에 대비하고 있습니다.

또한 2022 개정 교육과정의 도입에 따라 2025년 초등 3~4학년, 중학교 1학년부터는 AI 디지털 교과서가 도입되며, 이는 2026년부터 2027년까지 단계적으로 확대 도입될 예정입니다. 학교에서는 AI 기반의 학습 플랫폼을 활용하여 학생들을 개별화 교육하고 학습 데이터를 분석하여 맞춤형 학습을 실현할 예정입니다.

이렇게 급변하는 교육 환경에 발맞추어 각 가정에서도 적절한 대응책이 필요합니다. 부모와 아이가 함께 디지털 기기를 활용하여 디지털 리터러시 및 AI 리터러시를 함양하고, 스마트기기의 계획적이고 체계적인 사용 방법을 함께 훈련하는 과정이 필요합니다.

2 가정에서의 대비

학교 현장에서의 빈번한 AI 에듀테크 도구 활용 및 AI 디지털 교과서의 도입으로 아이들은 인공지능에 계속해서 노출되고 있습니다. 그러나 인공지능을 오로지 학습 도구나 수단으로만 접하게 되면 아이들은 '인공지능은 어렵다.' 또는 '인공지능은 복잡하다.'라는 선입견을 가질 수 있습니다. 이를 방지하기 위해 가정에서 부모님과 함께 인공지능을 접하고 이에 대한 긍정적인 인식을 형성하는 것이 중요합니다. 이를 위해 다양한 놀이 활동을 통해 인공지능을 체험하고 이해할 수 있도록 하여, 인공지능을 자연스럽게 받아들이도록 합니다. 이를 통해 아이들은 인공지능을 두려워하는 대신, 창의적이고 생산적인 방식으로 활용하는 방법을 배울 수 있습니다.

3 왜 놀이를 통한 인공지능 교육인가?

그렇다면 왜 놀이를 통해 인공지능 교육에 대비해야 할까요? 놀이를 통한 인공지능 교육은 교육 현장에서 가장 효과적으로 활용되고 있는 방법 중 하나입니다. 이러한 방법은 많은 사례와 연구를 통해 그 효과가 검증되었으며, 아이들이 학습 과정을 자연스럽게 경험하며 이해하도록 돕습니다. 놀이를 통한 인공지능 교육이 필요한 구체적인 이유는 다음과 같습니다.

(1) 자연스러운 학습 경험

놀이는 아이들에게 학습을 강요하는 것이 아니라 즐겁게 경험하도록 합니다. 이러한 접근 방식은 아이들이 학습을 긍정적으로 받아들이고 더 오랫동안 몰입할 수 있도록 도와줍니다.

(2) 창의력과 문제 해결 능력 강화

놀이를 통해 아이들은 상상력을 발휘하고 문제를 해결하는 방법과 기술을 생각할 수 있습니다. 이처럼 인공지능을 활용하는 놀이는 창의적으로 생각하는 능력과 문제를 해결하는 능력을 키울 수 있습니다.

(3) 협업과 소통 능력 향상

인공지능을 통한 놀이는 종종 그룹 활동 또는 협업을 요구하며, 아이들은 다른 아이들과의 활발한 의사소통을 통해 문제를 해결하게 됩니다. 이러한 경험은 협업과 소통 능력을 향상하는 데 도움이 됩니다.

4 인공지능과 친해지며 놀기

인공지능 수업 시작 전 학생들에게 인공지능에 대해 물어보면, 다양한 매체를 통해 얻은 정보를 바탕으로 다양한 생각들을 말합니다. 일부 학생들은 "인공지능은 로봇이다."나 "인공지능은 기계이다."처럼 구체적인 정의를 내리지만, 일부 학생들은 "인공지능은 무서운 존재다." 혹은 "인공지능은 결국 인간을 지배하게 될 것이다."와 같이 부정적인 시각을 가지고 있는 것을 알 수 있습니다. 미래 사회에서 인공지능과 경쟁이 아닌, 함께 공존하며 지내야 할 아이들이 인공지능에 대해 친숙하고 긍정적인 인식을 가질 필요가 있어 보입니다. 이를 위해 가정에서 다음과 같은 간단한 놀이 활동을 할 수 있습니다.

(1) Which face is real?

▶ 주소: 또는 whichfaceisreal 홈페이지(https://www.whichfaceisreal.com)

▶ 준비물: 노트북 or 태블릿PC

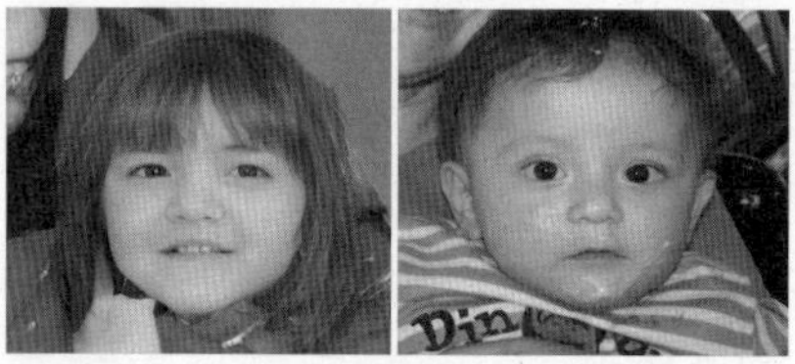

진짜 사람 사진과 AI가 만들어 낸 사진 중 진짜 사람 사진을 선택하는 활동

출처: whichfaceisreal 공식 홈페이지

▶ 개인 놀이방법

① 주어진 사진 중에서 진짜 사람의 사진 선택하기

② 제한 시간 내에 진짜 사람의 사진을 많이 선택한 사람이 승리

▶ 단체 놀이방법

① 주어진 사진 중에서 진짜 사람의 사진 앞에 서기

② 바르게 선택한 사람만 남고 나머지는 탈락

③ 동일한 방법으로 하여 마지막까지 남아 있는 사람이 승리

▶ 놀이를 진행하다 보면 실제 사진과 인공지능이 그린 사진을 구분하기가 쉽지 않습니다. 이러한 경험을 통해 아이들은 현재 인공지능 기술이 얼마나 발전하였는지 알 수 있습니다. 또한 무엇이 실제이며, 무엇이 인공지능이 생성한 것인지 판별하는 과정에서 비판적 사고와 정보 판별 역량을 함양할 수 있습니다.

(2) AI for Oceans

▶ 주소: 또는 AI for Oceans 홈페이지(https://code.org/oceans)

▶ 준비물: 노트북 or 태블릿PC

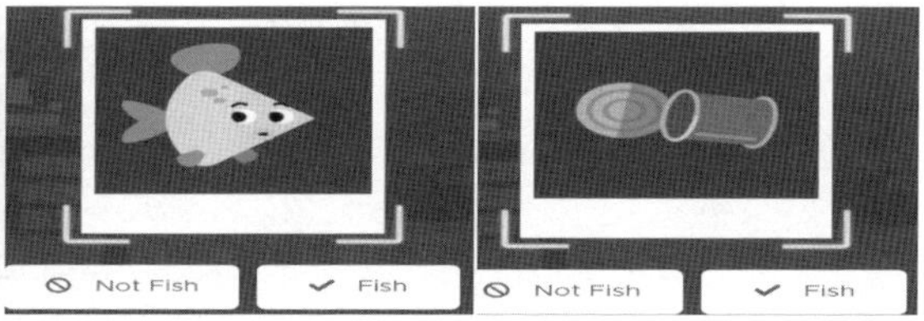

시작하기 **조건에 맞는 데이터를 선택하면 인공지능이 그 데이터를 학습**

출처: AI for oceans 공식 홈페이지

▶ 개인 놀이방법

① 제시되는 그림 중 조건에 맞는 그림 선택하기

② <실행>을 클릭하여 인공지능의 학습 결과 확인하기

③ 결과 확인 후, <학습 더하기> 또는 <계속하기>를 선택하여 다음 단계 진행하기

④ 8단계 후 자신의 이름 입력하여 인증서 받기

▶ 학습 데이터에 따라 인공지능이 제시하는 결과가 달라질 수 있음을 보고, 아이들은 데이터 수집과 선택의 중요성을 이해하게 됩니다. 또한, 데이터 선택에는 사람의 생각과 가치관이 큰 영향을 미칠 수 있어서 인공지능 시대에도 결국 사람이 중요한 역할을 하게 된다는 점을 깨닫게 됩니다.

(3) 우리집에 공룡이 나타났다(지식 인터랙티브)

▶ 주소: 또는 티라노사우루스 지식인터랙티브(naver.com)

▶ 준비물: 노트북 or 태블릿PC

공룡 선택하기 | AI 챗봇으로 공룡에 대해 질문하기 | 증강현실 공룡 만나기

출처: 지식인터랙티브 공식 홈페이지 & 활동 결과물

▶ 개인 놀이방법

① 오른쪽 상단의 를 눌러 공룡 선택하기

② 선택한 공룡에 대해 AI 챗봇으로 질문을 하며 대화하기

③ 핸드폰 또는 태블릿에서 오른쪽 하단의 클릭하여 증강현실 공룡 만나기

▶ 공룡에 대한 빅데이터를 사용하여 학습한 AI 챗봇과 실제 사람처럼 자연스럽게 대화할 수 있고, 3D의 공룡을 확대하거나 회전해 봄으로써 좀 더 실감나게 지식을 받아들일 수 있습니다.

(4) Webcam Pacman

▶ 주소: 또는 Webcam Pacman 홈페이지(https://storage.googleapis.com/tfjs-examples/webcam-transfer-learning/dist/index.html)

▶ 준비물: 노트북 or 태블릿PC

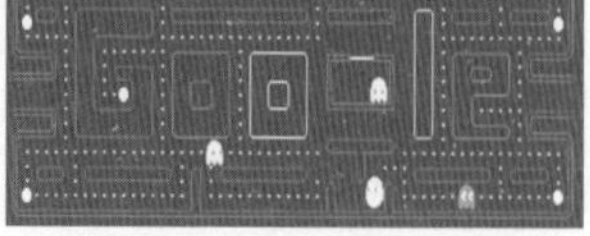

모션 사진찍기 | 모션 학습 후 재생 | 모션으로 팩맨 이동하기

출처: Webcam Pacman 공식 홈페이지 & 활동 결과물

▶ 개인 놀이방법

① 네모칸을 클릭하여 각 방향에 해당하는 모션 사진 찍기

② 모델 트레이닝으로 모션 학습 후, 재생하기

③ 학습된 모션으로 팩맨 이동하여 통로 탈출하기

▶ 이 활동은 게임 형식으로 인공지능의 비디오 감지 기능을 학습할 기회를 제공합니다. 이러한 접근 방식은 아이들이 인공지능과 상호작용하며 인공지능 기술의 기초를 이해하도록 돕습니다.

(5) Metaverse 독도 여행

▶ 주소: 또는 경상북도교육청 메타버스(https://zep.us/play/23VrEk)

▶ 준비물: 노트북 or 태블릿PC

오브젝트 근처에서 F키 눌러 도구 스탬프 획득 후, 보트 타고 독도로 떠나기

장애물을 피해 독도 상징 4가지 스탬프 획득 후, 독도에 도착하기

출처: 경상북도교육청 메타버스(독도수비대 찾기 게임)

▶ 개인 놀이방법

① 메타버스에 접속하여 독도 여행을 위한 3가지 도구 획득하기(스탬프 찍기)

② 3가지 스탬프 획득 후, F키 눌러 바다 여행을 위한 보트 획득하기

③ 바다의 장애물을 피해 독도 상징 4가지 획득 후 독도에 도착하기

▶ 본 활동에서는 가상 독도 내에서 스탬프 획득, 장애물 피하기와 같은 미션을 수행하며 메타버스를 경험할 수 있습니다. 이를 참고하여 자신을 대신하는 아바타가 메타버스 내에서 활동할 때의 유의할 점 등에 대해 자녀와 함께 이야기할 수 있습니다.

5 인공지능으로 창작하며 놀기

앞선 활동에서 아이들은 인공지능이 생성한 그림을 실제 사진과 비교해 보는 놀이를 했습니다. 이번에는 아이들이 인공지능과 상호작용하는 경험을 가집니다. 예를 들어 직접 그린 그림을 인공지능에게 제시한 후, 인공지능이 이를 얼마나 정확하게 인식하는지 탐구할 수 있습니다. 또한, 아이들이 입력한 음표를 기반으로 인공지능이 화음을 추가해 곡을 연주하거나, 아이들이 그린 그림의 요소를 인식하여 움직이는 애니메이션으로 변환하는 활동도 가능합니다. 이런 활동을 통해 인공지능을 활용한 창의적인 작업을 경험하고, 인공지능이 일상생활에 어떻게 적용될 수 있을지 생각해 볼 수 있습니다. 이러한 경험은 아이들에게 기술과 창작 사이의 연결을 탐색할 수 있도록 합니다.

(1) Quick Draw

▶ 주소: 또는 Quick Draw 홈페이지(https://quickdraw.withgoogle.com)

▶ 준비물: 노트북 or 태블릿PC

시작하기

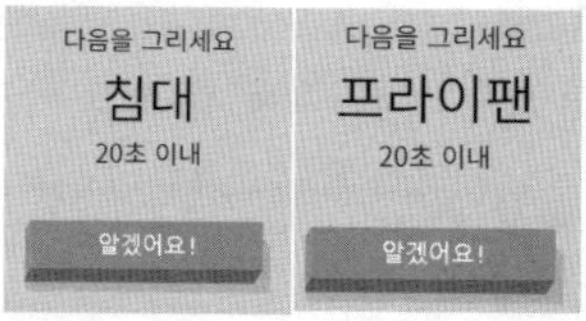

제한된 시간 내에 주어진 단어 그리기

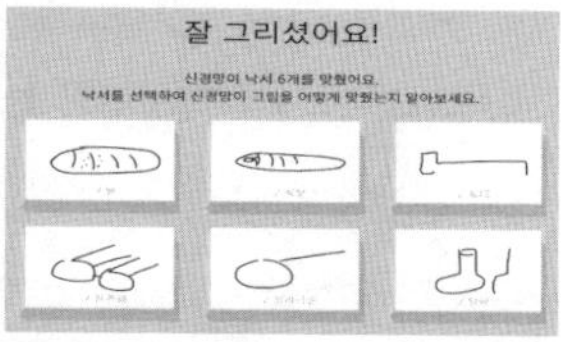

인공지능이 정확하게 인지한 그림 확인하기

출처: Quick Draw 공식 홈페이지 & 활동 결과물

▶ 개인 놀이방법

① 20초 내에 주어진 단어에 해당하는 그림을 그리기

② 6개의 단어 중 인공지능이 그림을 더 많이 알아맞힌 사람이 승리
(동점인 경우 시간을 측정하여 더 신속하게 한 사람이 승리)

▶ 단체 놀이방법

① 단어가 주어지면 팀에서 돌아가며 한 사람이 한 줄씩 그리기
(팀이 2명인 경우는 번갈아 가며 그리기)

② 6개의 단어 중 인공지능이 그림을 더 많이 알아맞힌 팀이 승리
(동점인 경우 시간을 측정하여 더 신속하게 한 팀이 승리)

▶ 전 세계 약 1,500만 명의 사람들이 그린 수백만 장의 그림을 학습한 인공지능을 통해 아이들은 자신이 그린 그림이 얼마나 정확하게 인식되는지 확인할 수 있습니다. 그리고 이 과정에서 자신의 그림도 인공지능 학습에 사용될 수 있다는 것을 깨닫게 됩니다. 이는 아이들에게 인공지능 개발자로서의 경험을 제공하며, 기술에 대한 이해와 창의력을 발휘할 기회를 마련해 줍니다. 이러한 활동을 통해 인공지능이 어떻게 학습하고 발전하는지에 대해 실질적으로 이해할 수 있으며, 자신들의 창작물이 인공지능 발전에 기여할 수 있다는 사실을 인식하게 됩니다.

(2) Animated Drawings

▶ 주소: 또는 Animated Drawings 홈페이지(https://sketch.metademolab.com)

▶ 준비물: 핸드폰 or 태블릿PC

그림 그리기

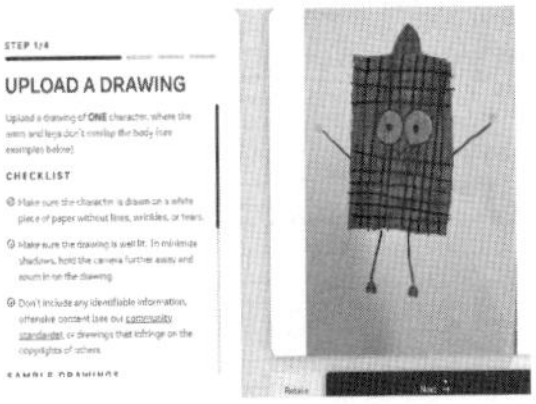

사이트에 그림 업로드하기

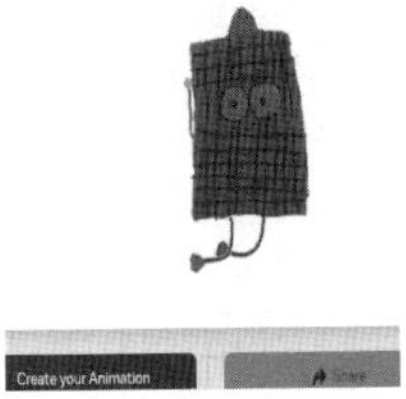

애니메이션 동작으로
움직이는 영상 만들기

출처: Animated Drawings 공식 홈페이지 & 학급 학생 작품

▶ 개인 놀이방법
① 손발이 명확하게 드러나게 그림 그리기
② Animated Drawings 사이트에 그림 업로드하기
③ 애니메이션 동작 선택하여 움직이는 영상 완성하기(공유하기)

▶ AI 애니메이션 기능을 활용하여 아이들은 자신이 그린 정적인 그림에 마치 생명을 불어넣듯이 움직이는 영상을 완성할 수 있습니다. 직접 그린 그림 외에도 자신 또는 사물의 사진을 활용하여 움직이는 애니메이션을 완성할 수 있습니다.

(3) Song Maker

▶ 주소: 또는 Song Maker 홈페이지(https://musiclab.chromeexperiments.com/Song-Maker)

▶ 준비물: 노트북 or 태블릿PC

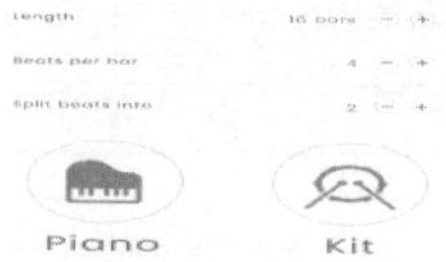

악기 및 악보 설정하기

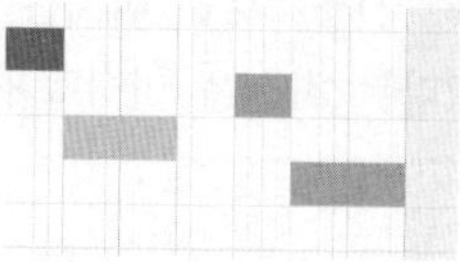

계이름 입력하여 연주하기

저장 후 링크 공유하기

출처: Song Maker 공식 홈페이지 & 활동 결과물

▶ 개인 놀이방법

① 악보의 길이, 박자, 음계 등 설정하기

② 악보를 보고 무지개 색으로 나타나는 계이름 클릭하기

③ 저장 후 링크를 통해 자신의 음악 공유하기

▶ 아이들이 직접 연주할 수 없어도 클릭 몇 번만으로 화음이 들어간 근사한 곡을 연주할 수 있습니다. 아이들은 마치 자신이 멋진 연주자가 된 것과 같은 기분을 느낄 수 있습니다.

이 현 정

- 서울특별시교육청 에듀테크 선도교사, 강남서초 AI 교육 선도교사
- T.O.U.C.H 교사, AIEDAP(아이에답) 리더 교원
- 서울특별시교육청 융합정보 영재 문제 개발위원
- 전문 분야: AI 디지털 교과서(AI 코스웨어), 데이터과학, 피지컬 컴퓨팅

AI로 예술 즐기기

김다희

사이버 공간의 부재를 이해하지 못하는 아이들이라니! 머리를 한 대 얻어맞은 듯했습니다. 이는 5학년 도덕 시간 '밝고 건전한 사이버 생활' 단원을 가르치다 깨달은 사실입니다. 이 단원의 첫 차시는 사이버 공간의 긍정, 부정적인 면에 대해 생각해 보는 것입니다. 아이들은 사이버 공간이 최근 몇십 년 동안 우리 삶을 어떻게 바꿨는지 이해하지 못했습니다. 이유는 단순합니다. 이 아이들은 사이버 공간이 존재하지 않는 세상을 경험하지 못했기 때문입니다.

1990년, 월드와이드웹이 세상에 등장했습니다. 그러니 2010년대에 태어난 아이들이 사이버 공간이 존재하지 않는 삶을 상상하지 못하는 것은 당연합니다. 요즘 초등학생들은 TV에 나오는 유명 연예인보다 100만 유튜버에 더욱 열광합니다. 유행하는 밈(Meme)이나 챌린지 동영상을 찍어 틱톡에 업로드하는 것이 하나의 놀이로 자리 잡은 지 오래입니다. 불과 20여 년 전, 오락실과 PC방 모두를 애용하던 과도기에 학창 시절을 보낸 저에게는 이와 같은 변화가 새삼 새롭게 느껴집니다. 세상은 이전과 비교할 수 없을 정도로 빠르게 변하고 있습니다. 인공지능의 등장은 이런 변화를 더 가속하고 있습니다. 한 아이의 엄마로서 우리 아이를 어떻게 가르쳐야 할지 고민이 됩니다. 이미 단순노무직이나 반복적인 일을 하는 사무직이 인공지능으로 빠르게 대체되고 있는 지금, 부모로서 또 교육자로서 교육의 방향이 어디를 향해야 하는지 진지하게 생각하지 않을 수 없습니다.

새로운 기술이 발전할 때마다 누군가는 설 자리를 잃고, 누군가는 선두에서 변화를 이끌어 왔습니다. 미래에 사라질 직업 목록은 제가 초등학교에 다닐 때도 존재했습니다. 그러나 인공지능 기술의 발전은 새로운 시험의 장으로 우리를 인도하고 있습니다. 이 시험의 상대는 인류가 아니라 AI라는 점에서 이전과는 다른 전략을 요구합니다.

인간과 AI는 얼마나 다를까요? 인간을 인간답게 하는 것은 무엇일까요? 분자유전학 연구에 의하면 인간과 침팬지의 유전자는 98% 이상 동일하다고 합니다. 제러드 다이아몬드(Jared Diamond)는 그의 저서 『제3의 침팬지』에서 외계에서 동물학자가 온다면 인류를 '제3의 침팬지'로 분류할 것이라 주장하기도 했습니다.[7] 그럼에도 우리는 여전히 인간과 다른 동물은 다르다고 믿고 싶어 합니다. 많은 사람이 이를 뒷받침하기 위한 근거로 '창의성'을 꼽습니다. 인간의 창의성을 보여 주는 가시적인 증거가 바로 '예술 활동'입니다. 생존과 직접적으로 관련되어 있지 않은 활동을 하는 동물은 지구상에서 인간이 거의 유일합니다. 다른 동물과 인간을 구별 지었던 것처럼 예술이, 예술 교육이 우리 아이들과 AI를 구분 짓는 하나의 특질이 될 수 있지 않을까요?

그런데 예술 활동이 인간만의 것이라 여겼던 오만은 생성형 초거대 AI의 등장으로 산산이 부서지고 있습니다. 작문, 회화, 음악 등 예술 분야 전반에서 AI의 창작 기술이 급속도로 성장하고 있습니다.

2022년, 오픈AI는 초거대 AI인 ChatGPT를 소개했습니다. ChatGPT의 등장은 AI가 인간의 예술 활동을 대체할지 모른다는 위기의식을 고조시키기에 충분했습니다. 국내에서도 하이퍼클로바X, 뤼튼(Wrtn) 등 한국형 인공지능이 속속 개발되고 있습니다. 단순히 질문에 답하는 수준을 넘어 글쓰기, 작곡 등의 창작 활동이 가능한 생성형 AI가 인간의 예술 활동에도 많은 변화를 일으킬 것으로 예상하는 것은 당연합니다. 생성형 AI를 바탕으로 작성한 작품을 구별할 수 있을 것인지, 또 이를 어떻게 평가할 것인지가 교사들 사이의 토론 주제가 되기도 했습니다. 생성형 AI는 직업 생태에도 위협이 되고 있습니다. 최근 화제가 된 할리우드 작가 및 배우 조합의 파업이 이를 방증합니다. 사실 작문 분야에서 AI의 활약이 화제가 된 것이 최근의 일은 아닙니다. 몇 해 전인 2016년, 일본에서 AI가 쓴 단편소설이 일본의 한 문학상 공모전 1차 심사를 통과하는 일이 벌어지기도 했습니다.

미술계에서도 AI의 영향을 피할 수는 없습니다. 2023년 9월 세 번째 버전까지 출시된 DALL-E를 비롯하여, 미드저니(Midjourney), 스테이블 디퓨전(Stable Diffusion), 노블 AI(Novel AI) 등 이미지 생성형 AI들이 속속 등장하고 있습니다. 이러한 AI들은 키워드 몇 가지만으로 빠르면 수 초 안에 채색까지 모두 마친 그림을 완성해 줍니다. 또한 기존 화가들의 화풍을 모방한 그림을 그릴 수도 있습니다. 이미 국내의

---

7 Diamond, Jared (1996), 『제3의 침팬지』, 문학사상사

모 커뮤니티 사이트에서도 글을 쓸 때 소위 '짤방'이라고 불리는 이미지를 자동으로 생성하는 기능을 도입한 바 있습니다. 기존에는 외부 작가에게 맡기던 인터넷 소설 표지 작업을 AI가 대체하는 경우도 눈에 띄게 늘었습니다. 국내 웹툰 시장에서 상당한 영향력을 가진 네이버에서 AI가 그린 웹툰 게재를 허가하여 논란이 되기도 했습니다. 각종 영상에 활용되는 딥페이크(Deepfake) 기술 또한 비약적으로 발전한 상태입니다. 할리우드의 대형 스튜디오들이 딥페이크 기술을 활용해 무명 배우들의 움직임을 영구적으로 사용할 것을 시사하여 배우들의 반발을 불러일으켰습니다. 회화, 조각, 영상에 이르기까지 미술계 전반에서 인간이 설 자리가 줄어드는 것처럼 보입니다.

음악계도 사정은 별반 다르지 않습니다. 가창, 기악, 작곡, 편곡 등 거의 모든 음악 영역에서 AI가 활약하고 있습니다. 오래전부터 많은 가수가 후보정을 통해 음정을 조정하고 있음은 익히 알려진 사실입니다. 또한 딥페이크 기술을 이용하여 정해진 멜로디에 특정 가수의 목소리를 입히는 것이 가능해졌습니다. 몇 년 전 모 방송에서 故 김광석 씨 사후에 발매된 노래를 고인의 목소리로, 창법과 숨소리까지 살려 들려준 노래는 믿기 어려울 만큼 고인과 흡사했습니다. 제작사의 주장에 따르면 오차율이 0%에 가깝다고 합니다. 이제 기존의 곡을 사용자의 요청에 따라 AI로 편곡하는 것은 아주 간단한 일이며, 바흐, 쇼팽, 모차르트 등 유명 작곡가의 스타일을 바탕으로 새로운 곡을 창작할 수도 있습니다. ChatGPT나 이미지 생성형 AI가 그러하듯 몇 가지 키워드만 입력하면 작곡의 핵심이라고 할 수 있는 동기(Motive, 모티브)를 제공합니다.

위와 같은 내용을 접하다 보면 AI의 홍수 속에서 우리 아이들이 대체되지 않고 살아남을 수 있을지 걱정스럽습니다. 정말로 AI의 예술이 인간을 대체하게 될까요? AI가 정말 인간의 창의력을 뛰어넘을 수 있을까요? 모텐 H. 크리스티안센(Morten H. Christiansen)과 닉채터(Nick Chater)는 이러한 생각에 회의적인 시각을 내보입니다. 이들은 『진화하는 언어』에서 인간의 뇌가 주도적이라는 사실을 간과해서는 안 된다고 이야기하며 인간의 언어 형성 과정을 컴퓨터 언어처럼 규격화하려는 시도들이 실패했음을 지적합니다.[8] 인간은 이들이 '제스처 게임'이라고 부르는 일련의 상호작용을 통해 의사소통하고 언어를 진화시킨다는 것입니다. 이들의 주장은 예술 교육에도 유효합니다.

---

8 Christiansen, Morten H (2023), 『진화하는 언어』, Whale Books(웨일북)

우리는 기분이 좋아서 혹은 좋지 않아서 글을 씁니다. 아름다운 풍경에 반해서 그림을 그리고 이유 없이 뇌리를 스치는 노래를 부르기도 합니다. 인공지능이 아무리 뛰어난 예술 작품을 만들어 낸다고 해도 AI의 예술 활동은 자발적으로 이루어지지 않습니다. 학습한 내용과 데이터를 바탕으로 명령어를 충족하는 결과물을 생성할 뿐입니다. 우리가 당연하다고 생각하거나 연구 중인 관계로 인터넷상에서 활발히 논의되지 않는, 쉽게 말해 자료가 부족할 때는 결과물의 완성도가 현저히 떨어지기도 합니다([그림 4~6]).

[그림 4] **바이올린을 연주하는 남자**

[그림 5] **피아노를 연주하는 남자**

[그림 6] **꽃을 보고 웃는 어린이**

[그림 4~6]은 모두 DALL-E 2를 이용해 그린 그림입니다. 언뜻 봐서는 세 그림 모두 이상한 점이 없어 보이지만, 상대적으로 정보량이 적은 [그림 4]의 바이올린에 반드시 있어야 할 현이 없습니다. 더 살펴보면 바이올린의 형태도 일그러져 있음을 확인할 수 있습니다. [그림 5]는 [그림 4]보다 더 자세히 보아야 잘못된 부분을 찾을 수 있습니다. 피아노를 연주하는 손 모양도 사실적이지만 검은 건반의 위치와 개수가 이상합니다. 반면 [그림 6]은 오류를 찾기 어려우며 [그림 4], [그림 5]에 비해 높은 완성도를 보입니다.

출처: 저자 제공.

또한 우리는 예술 활동의 결과물뿐만 아니라 작품이 만들어진 사회·문화적 맥락, 작가의 의도, 작품을 바라보는 내 생각, 현재의 시공간을 모두 결합하여 예술을 이해합니다. 우리는 사실적인 그림을 볼 때도 물론 감탄하지만, 형태를 정의 내릴 수 없는 그림이나 심지어 점 하나만 찍힌 그림을 보고도 깊은 감명을 받습니다. 때로는 불완전함에서 깊게 감동하는 예도 있습니다. 감상뿐만 아니라 표현활동을 할 때도 그렇습니다. 음악가는 악보에 나열된 음을 연주하는 것만을 목표로 하지 않습니다. 어느 부분까지 하나의 악절(Phrase)로 생각하고 숨을 쉬어야 하는지 고민합니다. 동일한 연주자가, 동일한 목표를 가지고 연주하더라도 연주 당시의 분위기에 따라 다른 느낌을 자아냅니다.

다행히도 현재까지의 인공지능은 인간이 느끼는 복잡다단한 감정과 오랜 시간 축적된 삶의 경험에서 촉발되는 예술적 동기를 이해하지 못합니다. 사실을 바탕으로 작품을 설명하는 것은 가능하지만, 감동을 느끼고 예술적 감수성을 함양하는 일은 불가능합니다. AI가 만들어 낼 수 있는 작품은 수도 없이 많지만, 인간은 결과물만으로 예술을 정의하지 않습니다. 이 점에서 예술은 아직 인간이 우위를 점할 수 있는 좋은 승부처입니다.

사실 예술계의 위기는 오늘 내일의 문제가 아닐지도 모릅니다. 많은 사람이 AI의 예술계 침공을 사진기의 등장에 비유합니다. 사진기가 처음 등장했던 때에도 사람들은 '회화의 종말'을 예견했습니다. 그러나 회화는 표현주의라는 탈출구를 모색했고, 인간의 내면에 집중한 결과 여전히 예술의 한 분야로서 굳건히 자리를 지키고 있습니다. 사진기의 발명은 회화 분야의 성찰과 변화를 촉구하는 촉매가 되었으며 나아가 사진 예술이라는 새로운 예술 분야가 탄생하는 계기가 되었습니다. 미드저니(Midjourney)로 그린 작품이 미국의 한 미술대회에서 1등 상을 거머쥔 2022년에도 사람들의 반응은 비슷합니다. 혹자는 그것을 예술로 볼 수 있는지 의구심을 표합니다. 또 다른 이는 사진기의 사례와 마찬가지로 도구로써 인공지능을 주체적으로 활용하는 것이 예술계에 또 다른 패러다임 변화를 가져올 것이라 말합니다. 저 역시 이 의견에 동의하는 바입니다.

여러 도구의 발명이 예술 활동에 대한 우리의 접근 가능성을 넓혀왔던 것처럼, 인공지능도 그러한 가능성을 확장 시켜 줄 유용한 도구가 될 것입니다. 누구나 사진을 찍을 수는 있지만 모든 사진이 예술 사진이 되지는 않는 것처럼, 인공지능을 이용해서 작성한 글, 그린 그림, 작곡한 곡 모두가 예술 작품이 되지는 않을 것입니다. 하지만 어떤 어린이는 인공지능을 활용해 멋진 작품을 만드는 예술가가 될 수 있겠지요.

이에 인공지능 시대에 우리 아이들이 능동적으로 예술을 향유하고 나아가 예술가로 성장할 수 있도록 도울 수 있는 활동과 도움이 될만한 보조 자료 몇 가지를 소개하고자 합니다.

1 창작하기

(1) 모방과 변형

식상하지만 모방의 의의를 이야기할 때 모방은 창조의 어머니라는 표현을 사용하고는 합니다. 예술 활동에서뿐만 아니라 세상을 처음 경험하는 아기들에게도 모방은 성장을 위해 꼭 필요한 과정입니다. 모방은 이미 검증된 사실을 바탕으로 세상에 안정적으로 첫발을 내딛게 합니다. 예술을 처음 접할 때도 마찬가지입니다. 아이들은 모방을 통해 작품 창작 과정을 깊이 있게 이해할 수 있고, 예술 활동에 대한 흥미를 높일 수 있습니다.

1) 본그림 그리기

본그림은 복제하기 위해 선을 따라 그려진 밑그림을 말합니다. 본그림 그리기는 완성된 작품을 따라 채색하는 과정을 통해 작품의 구도나 형태, 색채감각 등을 효과적으로 익힐 수 있게 도와줍니다. 그뿐만 아니라 완성된 그림을 가지고 작업하기 때문에, 아이들도 만족할 만한 작품을 만들 수 있다는 장점이 있습니다. 시중에도 여러 종류의 본그림 모음이 출간되어 있어 쉽게 접근할 수 있습니다. 뒤에서 살펴볼 '구글 아트 앤 컬쳐(Google Arts & Culture)'에서도 명작의 본그림을 채색해 보는 기능을 지원하고 있습니다. 아이가 스스로 본그림을 그릴 수 있는 수준이라면, 본그림을 직접 그리는 단계부터 시작해 보아도 좋습니다. 원본 레이어 위에 레이어를 겹쳐서 선을 따라 그리면 본그림을 쉽게 완성할 수 있습니다. 아래 애플리케이션 외에도 레이어를 사용할 수 있는 드로잉 애플리케이션이라면 모두 선 따라 그리기가 가능합니다.

[표 2] 레이어 사용이 가능한 디지털드로잉 애플리케이션

Sketchbook	Paint(그림판)	Clip Studio Paint

출처: Sketchbook, Microsoft Apps, CELSYS, Inc.

2) 바꾸어 표현하기

작품의 재료, 형태, 배경, 작품의 일부 등을 바꾸는 경험은 작품에서 각각의 역할과 특징을 이해하고 이를 창작 활동에 적용할 수 있는 바탕을 마련해 줍니다. 실제로 저희 아이와 빈센트 반 고흐(Vincent van Gogh)의 「노란 집(The Yellow House, 1853)」을 입체로 만드는 활동을 하면서 평면과 입체의 차이, 작품의 기법 등에 대해 많은 대화를 나눌 수 있었습니다. 음악이라면 악기의 종류, 리듬꼴 등을 변형해서 표현하는 활동을 할 수 있겠지요. 구글 아트 앤 컬처(Googel Arts & Culture)에서는 키워드를 입력하면 AI가 작품 일부를 바꾸어 주는 '아트 리믹스(Art Remix)' 기능을 제공합니다. 실제 작품을 변형하는 것이 어렵다면 이를 활용해 보는 것도 좋겠습니다.

[그림 7] **빈센트 반 고흐의 「노란 집」을 입체로 변형한 작품**

출처: 저자 제공.

[표 3] **바꾸어 표현하기 활동에 사용할 수 있는 애플리케이션**

Google Arts & Culture	Photoleap

출처: Google LLC, Lightricks Ltd.

(2) 창작

창작은 인간의 창의성, 감정, 경험을 가시적으로 보여주는 하나의 지표라고 볼 수 있습니다. 아이들은 누가 가르쳐주지 않아도 아주 어린 시절부터 몸짓, 난화, 흥얼거림으로 예술 활동을 시작합니다. 아이들은 창작 활동을 통해 자아를 형성하고 세상과 소통합니다. 또 욕구를 발산하는 과정에서 카타르시스를 맛보고 치유를 경험하며, 성취의 즐거움을 알게 됩니다. 창작 활동은 너무도 다양한 형태로 이루어질 수 있지만 몇 가지만 추려서 소개하고자 합니다.

1) 하루 한 줄 쓰기

저는 담임교사로 아이들을 지도할 때 매일 아침 칠판에 오늘의 글쓰기 주제를 적어주고 이어질 내용을 쓰거나 질문에 답을 하도록 합니다. 처음에는 한 줄을 꽉 채워 적는 것조차 힘들어했던 아이들도 2학기가 되면 자기 생각을 제법 그럴싸하게 적어 내려갑니다. 적은 글을 모아두면 시를 창작할 때 모티브로 사용하거나 긴 호흡의 글로 확장할 수 있습니다.

2) 그림 이어서 그리고 글쓰기

그림이나 장면 일부를 주고 그림을 이어 그리는 활동도 추천합니다. 번갈아 그리는 방법으로 변형도 가능합니다. 여기에 짧은 글을 두세 줄 덧붙이면 더욱 좋습니다. 이것들을 모으면 한 권의 그림책을 완성할 수도 있겠지요. 작품의 맥락을 만들어나가는 과정에서 의사소통 기술과 창의성이 길러집니다.

3) 책 만들기

내가 적은 글로 출판하는 경험을 한 아이들은 글 쓰는 기쁨을 알게 됩니다. 과거에는 글쓰기에 소질이 남다른 사람들이나 특정 분야에 통달한 사람들이 출판하는 것으로 여겨졌지만, 요즘은 기술의 발달로 기회가 좀 더 열려 있는 느낌입니다. 출판 애플리케이션도 이러한 현상에 보탬이 되고 있지요. 출판 관련 애플리케이션을 이용하면 음악을 삽입하거나 목소리를 넣을 수 있고, 생성형 AI가 추천하는 이미지를 활용할 수도 있습니다. 또한 공동작업도 가능하므로 예술가로서 의사소통역량과 협업 능력을 키울 수 있습니다.

[그림 8] **아이들과 북 크리에이터(Book Creator)로 만든 전자책**

출처: 저자 제공.

[표 4] **출판 애플리케이션**

Book Creator	Canva

출처: Tools for Schools, Inc., Canva

4) 그 외 창작 활동에 활용할 수 있는 애플리케이션

[표 5] 미술 애플리케이션

Google Auto Draw	DALL-E	포킷	Playground AI

출처: Google Creative Lab, OpenAI, Lionrocket, Playgroud AI

[표 6] 음악 애플리케이션

Music Maker Jam	Walk Band	Garageband	Auto Rap

출처: Loudly, Revontulet Soft, Apple, Smule

2 감상하기

(1) 펠드먼의 비평 4단계

예술을 생각하면 그리기, 만들기, 글쓰기 등 창작 활동이 먼저 떠오릅니다. 그러나 앞서 이야기 나눈 바와 같이 독자 또는 관객과의 상호작용이 이루어졌을 때 비로소 예술이 완성된다는 점을 상기해 보면 예술에서 감상 활동이 얼마나 중요한지 알 수 있습니다. 여기에서 말하는 감상은 그저 바라보고 흘려듣는 것과는 분명한 차이가 있습니다. 작품이 좋은지, 싫은지, 좋은 까닭과 싫은 까닭은 무엇인지 자기 생각을 이야기하는 것과 작품을 분석하고 가치 판단하는 비평을 모두 포함한 개념입니다. 아이는 능동적인 감상 활동을 통해서 비판적 사고력을 키우고 시각, 청각, 인지 등 뇌의 다양한 부분을 자극할 수 있습니다.

아이와 작품을 감상할 때는 적절한 질문을 하는 것이 중요합니다. 질문 중에서도 좋은 '발문'을 많이 하는 것이 감상의 성패를 좌우합니다. 효과적인 감상을 위하여 펠드먼의 비평 4단계를 기준으로 질문을 나누며 감상하는 것을 추천합니다.

[표 7] **펠드먼(E. B. Feldman)의 비평 4단계**

단계	관점	질문 예시
서술	• 시각적으로 드러난 외형 요소 • 제목, 작가명, 제작 연도	• 어떤 것이 보이는가? • 작품의 질감은 어떠한가? • 명도와 채도는 높은가, 낮은가? • 작품의 제목은 무엇인가?
분석	기법과 양식, 조형 요소와 원리 분석	• 작품에 사용된 조형 요소는 무엇인가? • 어떤 조형 원리는 이용하였는가? • 어떤 재료를 사용하였는가? • 각각의 효과는 무엇인가?
해석	작가의 의도와 맥락, 작품의 의미 해석	• 작가의 생애는 어떠했는가? • 작품이 만들어진 시대 상황은 어떠한가? • 작가가 말하고자 하는 바는 무엇인가?
평가	분석 내용, 객관적 사실에 개인의 가치를 더해 작품 평가	• 작품이 좋은가, 싫은가, 그 이유는 무엇인가? • 주목할 만한 가치가 있는 작품인가?

출처: 이규선 외 (2008), 『미술교육학』, 교육과학사

(2) 하루에 한 작품 감상하기

예술 작품을 감상하기 위해서 음악회, 미술관에 가야만 하던 시절은 끝났습니다. 아이들과 집에서 세계적인 오케스트라 단체의 공연을 무료로 감상할 수 있고, 내 취향에 맞추어 AI가 추천해 준 음악을 들으며 날씨와 시간에 어울리는 그림을 감상할 수 있는 시대입니다. '구글 아트 앤 컬쳐(Google Arts & Culture)'의 'Art of the Day' 코너에는 하루에 하나씩 추천 작품이 게시됩니다. 작품을 클릭하면 작품에 대한 상세 설명을 읽고 애플리케이션에서 지원하는 기능들을 이용해 볼 수 있습니다. 추천 작품이 아니더라도 증강현실을 이용하여 세계 유수의 박물관과 미술관에 전시된 작품을 눈앞에 있는 듯 생생하게 보여줍니다. 이외에도 얼굴을 분석해 작품 속 주인공으로 만들어 주거나, 예술을 주제로 한 게임도 가능하므로 아이들이 작품 감상에 즐겁게 참여할 수 있습니다.

오늘의 추천 작품을 펠드먼의 비평 4단계에 따라 감상한다면 아이에게 어떤 질문을 던질 수 있을까요?

[표 8] 감상 애플리케이션

Google Arts & Culture

출처: Google LLC

창의성, 호기심, 희로애락, 측은지심과 같은 복잡다단한 감정, 상호작용적 의사소통, 개인의 경험에 따라 달라지는 인지 등 이 모든 것을 포괄할 수 있는 분야가 또 있을까요? 아무리 생각해 보아도 예술만큼 인간의 고유한 특성을 잘 나타내는 분야는 없는 것 같습니다. 모두가 예술가가 될 수는 없지만, 누구나 예술을 즐기고 향유할 수 있습니다. 인공지능(AI)의 발달이 우리 아이들이 예술을 마음껏 누릴 기회를 제공할 수 있는 것은 분명합니다. 아이들이 이 기회를 잡을 수 있는지는 어떻게 교육하는가에 달려 있겠지요. 저는 우리 아이들이 인공지능(AI)을 완전히 새로운 형태의 도구로서 주체적으로 활용하는 사람으로 성장하기를 희망합니다. 마지막으로 우리를 공포에 떨게 한 ChatGPT와의 질의응답을 끝으로 이 글을 마무리하고자 합니다. 처음 글의 방향을 고민하며 했던 제 생각과 상당 부분 일치해서 놀라웠습니다. 이 글을 읽는 분들의 생각을 정리하는 데 도움이 되기를 바라며 글을 마칩니다.

3 ChatGPT와의 질의응답

(1) 질문: 인공지능(AI)가 인간의 창의성을 능가할 수 있을까?

ChatGPT	2021년 9월 마지막 업데이트에 의하면, 현재까지 AI는 진정한 의미에서의 인간의 창의성을 능가하지 못했습니다. AI 시스템은 창의적인 결과물을 생성할 수 있지만, 이 결과물은 창의성의 필수 요소라고 할 수 있는 진정한 감정, 의식 또는 주관적인 경험을 포함하지 않습니다. 인공지능은 인상적인 미술작품을 만들 수 있고, 음악을 작곡할 수 있고, 심지어 시를 만들 수 있지만, 이러한 창작물은 기존에 인간이 만든 작품의 패턴과 데이터에 기반을 두고 있습니다. 인공지능은 인간이 창작 과정에서 사용하는 이해의 깊이, 감정, 직관이 부족합니다. 그러나 미래는 불확실합니다. 인공지능 기술은 빠르게 진보하고 있고, 인

	공지능 시스템이 창의성을 매우 효과적으로 시뮬레이션할 수 있어서 인간의 창의성과 구별할 수 없는 시점이 올지도 모릅니다. 그러나 인공지능이 창의적인 일을 흉내 낼 수 있다 하더라도, 감정, 의식, 그리고 경험에 뿌리를 둔 창의성의 본질은 아마도 인간만의 독특한 측면으로 남을 것입니다. 주목할 점은 창의성의 정의가 달라질 수 있다는 점입니다. 창의성을 단지 새롭고 가치 있는 아이디어를 창출하는 능력으로 정의한다면, 인공지능은 이미 놀라운 능력을 보여주고 있습니다. 그러나 창의성을 인간의 경험, 감정, 의식을 포함한 넓은 의미로 이해한다면, 아직은 인공지능이 인간의 창의성을 능가하지 못하고 있습니다.

(2) 질문: AI가 인상적인 예술 작품을 만들어 낼 수 있음에도 사람들이 예술을 계속 공부하는 까닭은 무엇일까?

ChatGPT	인공지능이 인상적인 예술 작품을 만들 수 있음에도 불구하고, 사람들은 다양한 이유로 계속해서 예술을 공부합니다. 여기에 예술 교육과 예술 연구가 중요하게 남아있는 주요한 이유 중 일부가 있습니다. • 인간의 표현: 예술은 인간 표현의 근본적인 형태입니다. 예술을 공부하는 것은 개인의 생각, 감정, 생각을 독특하고 창조적인 방법으로 표현할 수 있게 합니다. 개인의 감동과 작품 뒤에 숨겨진 이야기는 인공지능이 복제할 수 없는 것입니다. • 문화적 이해: 예술은 문화와 역사에 깊은 연관이 있습니다. 예술을 공부하는 것은 다른 문화, 전통, 그리고 역사적 맥락에 대한 통찰력을 제공합니다. 예술을 공부하는 것은 사람들의 다양한 표현 방식에 대한 이해를 길러 줍니다. • 비판적 사고: 예술을 창조하는 것은 구성, 기술 그리고 재료에 대한 결정을 내리는 것을 포함합니다. 예술 작품을 분석하고 비판하는 것은 비판적 사고 기술을 요구합니다. 예술 교육은 개인이 비판적으로 생각하고, 문제를 해결하고, 삶의 다양한 측면에서 가치 있는 결정, 기술을 만들게 합니다. • 창의력과 상상력: 예술 교육은 창의력과 상상력을 기릅니다. 개인이 틀 밖에서 생각하고, 파격적인 생각을 탐구하고, 독특한 예술 스타일을 개발하도록 합니다. 이러한 자질들은 어떤 분야에서든 혁신과 문제 해결에 필수적입니다.

- 아름다움의 향유: 예술은 다양한 형태의 아름다움을 감상할 수 있는 능력을 향상시킵니다. 시각 예술이든 음악이든 무용이든 문학이든, 예술을 공부하는 것은 심미감을 기르고 창작물에 대한 감상을 할 수 있도록 도와줍니다.
- 심리적 이점: 예술에 참여하는 것은 심리적인 치료가 될 수 있습니다. 예술은 종종 개인이 스트레스, 트라우마, 또는 정신 건강 문제를 치료하기 위해 사용됩니다. 예술을 창조하는 행위는 명상적이고 치료적일 수 있습니다.
- 진로 기회: 미술을 공부하는 것은 미술, 디자인, 광고, 애니메이션, 디지털 미디어 등 다양한 진로로 이어질 수 있습니다. 또한 창의성, 의사소통, 문제 해결 등 미술 교육을 통해 얻은 기술은 다양한 직업 영역에서 중요합니다.
- 문화 보존: 예술 보존과 복원은 문화유산을 보존하는 데 있어 매우 중요한 분야로, 이 분야의 전문가들은 후대가 연구하고 감상할 수 있도록 예술 작품과 유물을 보호하고 복원하는 일을 합니다.

인공지능은 인상적인 작품을 생성할 수 있습니다. 그러나 예술 창작과 해석에 영향을 주는 인간의 경험, 감정, 문화적 맥락은 인간의 특질입니다. 예술을 공부하는 것은 개인적인 풍요, 문화적 이해, 인간의 창의성과 유산의 보존과 관련이 있다고 할 수 있습니다.

김 다 희

- 서울화곡초등학교 교사
- 서울교육대학교 과학교육과 학사
- 서울특별시교육청 AI연구회 회원
- 전문 분야: 초등 AI · SW 교육, 예술교육

생성형 AI, 부모가 먼저 알아야 할 8가지 팁

이보은

"ChatGPT는 출시와 동시에 폭발적인 관심을 받으며 5일 만에 100만 명, 1개월 만에 약 1,000만 명, 2개월 만에 월간 활성 사용자 수(Monthly Active Users, MAU) 1억 명을 돌파하였다."

빌 게이츠, "ChatGPT는 과거 인터넷 발명만큼 중대한 발명이 될 수 있다." (2023. 2.10.)

"평생 내게 혁명적인 인상을 준 기술은 두 가지이다. ChatGPT와 같은 인공지능(AI) 기술은 1980년 그래픽유저인터페이스(GUI)만큼이나 혁명적이다." (2023.3.21.)[9]

"벨기에 피에르(가명)라는 남성이 GPT－4 기반 맞춤형 언어 모델로 구축된 인공지능(AI) 챗봇 차이와 6주간 대화한 뒤 스스로 목숨을 끊었다." (2023.4.3.)[10]

ChatGPT 창시자 샘 올트먼, "인공지능의 위험을 줄이기 위해서는 정부 차원의 규제와 개입이 중요하다. 국제 표준을 마련하기 위한 국제기구도 필요하다." (2023.5.16. 미국 의회 청문회 발표)[11]

ChatGPT가 출시된 이후, 생성형 AI에 관한 이야기로 전 세계가 떠들썩합니다. 현대인이라면 한 번씩은 들어봤을 ChatGPT. 처음 들었을 때 설레기도 했지만, 막연한 두려움과 불안이 함께 왔습니다.

---

9 임우섭 (2023), 빌 게이츠 극찬, "ChatGPT, 40년 만에 목격한 '혁명적' 기술", 파이낸셜뉴스, https://www.fnnews.com/news/202303220758332426

10 고다솔 (2023), 'AI 챗봇'이 사용자 목숨 앗아가… 벨기에 남성, 인공지능과 대화 후 극단적 선택, CWN, https://www.cwn.kr/news/articleView.html?idxno＝16065

11 박효길 (2023), ChatGPT 만든 샘 올트먼, '감시기구' 필요성 제기… 왜?, 매일일보, http://www.m－i.kr/news/articleView.html?idxno＝1020918

새로운 도구의 등장은 아이들에게 강한 자극이고, 흥미 요소가 됩니다. 아이들은 어떤 세대보다 새로운 기술을 발 빠르게 받아들이고 습득하지만, 어른들은 아이들의 속도만큼 따라가기 어렵습니다. 어른들과 아이들 간의 이러한 속도 차에서 오는 크고 작은 갈등을 학교 현장에서 많이 봐왔기 때문에, ChatGPT에 대한 걱정이 앞섰습니다.

장점만 있는 도구라면 누구나 사용하면 좋겠지만, 새로운 도구는 빛이 나는 만큼 그림자가 따라옵니다. 우리 아이들이 더 빛나게 인공지능을 활용하기 위해서는 어른들이 먼저 생성형 AI를 공부해야 한다고 생각합니다.

ChatGPT에 대해 알고 싶지만, 막연한 두려움으로 시작하기 힘든 학부모들을 위해. 우리 아이가 ChatGPT를 올바르게 사용하기를 원하는 학부모들을 위해. 이 글에서는 ChatGPT에 대한 알짜 정보만 알기 쉽게 전해드리고자 합니다.

※ 본책에서 설명하는 ChatGPT는 2024년 3월 기준이므로 향후 기술 발전 및 업데이트 상황에 따라 변경될 수 있습니다.
※ 학부모가 알기 쉽게 설명하기 위해 전문 용어를 풀어서 설명하였습니다. 정확한 의미 표현에 한계가 있을 수 있습니다.

1 ChatGPT 기본 개념 이해가 먼저다. - 필수 개념 정리하기

(1) ChatGPT 기본 개념

ChatGPT는 2022년 11월, 미국의 인공지능 개발사인 오픈 AI(Open AI)가 공개한 인공지능 챗봇 서비스입니다.

- Chat: "대화"를 하는 인공지능. 챗봇을 의미
- G(Generative): 언어의 형식을 갖춰 문장으로 답을 "생성"하는 것
- P(Pre-trained): 거대한 양의 데이터로 문제를 해결하는 방법을 "사전학습"시킴.
- T(Transformer): 2017년 Google에서 개발한 딥러닝 기반의 인공지능 언어학습 최신 모델

쉽게 설명하면, ChatGPT는 "사용자의 질문과 요청에 맞게 적절한 답변을 생성하여 자연스러운 대화가 가능한 인공지능"이라고 할 수 있습니다.

ChatGPT에 대한 개념을 들으면 누구나 몇 가지 궁금증이 생길 수 있습니다. "이미 대화가 가능한 인공지능이 있지 않나?", "사용자가 궁금한 것을 구글, 네이버 같은 검색엔진으로 충분히 해결할 수 있지 않나?", "ChatGPT가 얼마나 대단한 걸까?"와 같은 질문들입니다.

(2) ChatGPT와 챗봇의 차이

사람과 대화하는 인공지능은 이미 많이 쓰이고 있습니다. 예를 들면, 호텔 예약을 관리해 주는 서비스 챗봇, 고객의 은행 업무를 지원해주는 은행 챗봇 등입니다. 이러한 챗봇들은 특정한 목적을 달성하기 위해 학습된 인공지능으로, 정해진 시나리오를 벗어나면 원하는 답변을 얻을 수 없습니다. 하나카드 챗봇에 명세서 조회를 질문하면 이달의 명세서에 대해 답해주지만, "하나 은행 위치가 어디야?", "돈이 없어서 카드값이 없으면 어떻게 해?"와 같은 질문을 하면 적절하지 않은 답을 합니다. 챗봇에 했던 질문을 ChatGPT에 하면, 사용자의 요청에 맞게 상당한 수준의 대화를 합니다. ChatGPT는 어떤 유형의 질문에도 적절한 답변을 생성할 수 있고, 전문적인 지식도 가공하여 답변을 만들어 냅니다.

[표 9] **챗봇과 ChatGPT의 비교**

챗봇	ChatGPT
특정 상황에 대한 시나리오를 학습하여 정해진 답변만 가능	사용자가 요청하는 다양한 상황에서 자연스럽고, 창의적인 답변을 생성

(3) ChatGPT와 검색엔진의 차이

구글, 네이버 검색엔진으로 사용자가 원하는 자료를 충분히 찾을 수 있습니다. 그렇다면 "ChatGPT를 굳이 사용할 필요가 있을까?"라는 생각이 듭니다. 검색엔진과 ChatGPT 모두 데이터를 기반으로 하여 사용자가 원하는 결과를 제공한다는 공통점이 있습니다. 검색엔진은 검색 키워드와 관련성이 높은 웹페이지를 빠르게 찾아 주지만, ChatGPT는 사전 학습한 지식을 기반으로 사용자가 필요한 정보에 대한 답을 만들어 준다는 점에서 큰 차이가 있습니다.

도서관에서 매미 관련 책을 찾기 위해 도서관 PC의 검색창을 이용하는 것은 검색엔진과 유사합니다. 검색창에 나열된 책 중에서 내가 원하는 매미 책을 찾기 위해서는 시간과 노력이 필요합니다. ChatGPT는 대화만으로도 사용자가 필요로 하는 이유와 사용자의 수준에 따라 매미 관련 책을 직접 골라줄 수 있는 능력을 갖추고 있습니다.

[표 10] 검색엔진과 ChatGPT의 비교

검색엔진(구글, 네이버 등)	ChatGPT
관련된 정보를 나열	대화를 통해 직접적인 답변을 생성

(4) ChatGPT는 얼마나 위대한가?

ChatGPT가 기존의 챗봇이나 검색엔진과는 다르다는 것은 알게 되었을 것입니다. "ChatGPT는 얼마나 대단한가?"에 대한 답은 2023년 3월 14일, OpenAI의 최신 언어 모델인 GPT-4의 출시라고 대답해 주고 싶습니다. GPT-4(최신 버전)는 미국 변호사 시험에서 하위 10%의 성적을 냈던 GPT-3.5(GPT 이전 버전)와 비교될 정도로 상위 10% 내외의 점수를 취득하였습니다. 또한 미국 생물 올림피아드에서는 백분위 99%를 달성하는 위대함을 보였습니다.

2 백각이 불여일행, ChatGPT 일단 시작해 보자!

스마트폰을 먼저 접한 것은 어른들이지만, "어른, 아이 중 누가 더 스마트폰을 잘 활용하는가?"라고, 묻는다면 답은 '아이들'입니다. 우리 아이들에게 친숙하고 당연해진 스마트폰처럼 곧, ChatGPT 세상이 올 것입니다.

그렇다면 ChatGPT를 올바르게 사용하고, 더 나아가 ChatGPT를 인생의 기회로 삼을 수 있도록 도와줄 수 있는 것은? 바로 어른들입니다.

아이들에게 도움을 주는 가장 빠른 방법은 지금 당장 ChatGPT를 경험해 보는 것입니다.

(1) PC로 시작하기

① 오픈AI 사이트에 접속하기(https://openai.com)
② 우측 상단 [Try ChatGPT] 클릭하기
③ [Sign Up] 버튼을 클릭하여 계정 만들기
④ 구글, 마이크로소프트, 애플 계정과 연계 또는 다른 이메일을 활용한다면 메일 인증 절차가 필요
⑤ 이름, 생년월일, 휴대 전화번호를 인증하면 회원 가입 완료
⑥ 'Send a message' 창(프롬프트 입력란) 질문이나 요청사항을 입력하면 대화 시작
⑦ GTP-3.5는 무료 버전, GPT-4는 유료 버전(월 $20)
⑧ ChatGPT는 대화 맥락을 기억하기 때문에 이어지는 내용을 하려면 기존 채팅창을 활용, 새로운 채팅을 시작하려면 [New Chat]을 선택

(2) 휴대폰으로 시작하기

① 구글 플레이스토어(안드로이드), 앱스토어(IOS)에서 'ChatGPT'를 검색
② OpenAI 제작사가 공식적으로 적혀있는 ChapGPT 앱 다운(제작사 유의)
③ 구글, 애플 계정과 연계 또는 다른 이메일을 활용한다면 메일 인증 필요 (기존 PC에서 ChatGPT를 경험한 적이 있다면 동일한 계정으로 접속 가능)
④ 계정 활성화 이후, 'Continue' 클릭
⑤ 'Message' 창(프롬프트 입력란)에 질문 또는 요구사항 입력
⑥ GTP-3.5는 무료 버전, GPT-4는 유료 버전(월 $20)
⑦ ChatGPT는 대화 맥락을 기억하기 때문에 이어지는 내용은 'History' 기존 채팅창을 활용, 새로운 채팅을 시작하려면 [New Chat]을 선택

보충 프롬프트 대체 무엇일까?

프롬프트의 사전적 의미를 살펴봅시다.

프롬프트는 컴퓨터 시스템이 사용자에 대하여 다음에 어떠한 조작을 행해야 하는지 지시하기 위한 지시 메시지. 또는 명령 대기 상태에서 시스템이 표시하고 있는 기호. 프롬프트는 사용자와의 대화를 재촉하기 위해서 사용된다. 대화(dialog) 형식이라고도 한다.[12]

최근에는 ChatGPT와 같은 생성형 AI와 대화하고자 사용자가 입력하는 문장을 프롬프트라고 일컫게 되었습니다. 사용자가 만든 프롬프트에 대한 답변을 요구하면, ChatGPT는 프롬프트에 따라 적절한 응답을 생성하는 과정을 거칩니다. 프롬프트는 사용자와 인공지능을 연결하는 매개체라고 할 수 있다. 인공지능이 우리가 원하는 답을 해주기 위해서는 프롬프트를 효과적으로 사용해야 한다는 것을 의미합니다. 더 쉬운 말로, 사용자의 요구를 프롬프트에 잘 입력해야 한다는 것입니다. (프롬프트 활용 방법은 7에서 소개)

프롬프트 엔지니어는 무엇일까요?

ChatGPT 출시 이후, 수억대 연봉을 받는다는 신직업, '프롬프트 엔지니어'에 대해 들어본 적이 있을 것입니다. 프롬프트를 설계하고, 개발하는 프롬프트 엔지니어링을 담당하는 전문가입니다. 사용자가 원하는 다양한 주제의 요구에 반응할 수 있도록 효과적인 프롬프트를 개발하고 최적화하는 작업을 하는 직업입니다.

3 내 아이는 다른 인공지능과 대화한다는데? - ChatGPT 외 다른 생성형 AI 알아보기

생성형 AI는 사용자의 요구에 따라 결과를 스스로 만들어 내는 인공지능입니다. 생성형 AI는 텍스트뿐 아니라 사진, 영상, 음성 등 다양한 콘텐츠를 생성합니다. 이 중 ChatGPT는 텍스트를 생성하여 대화하는 생성형 AI입니다.

ChatGPT는 영어 기반으로, 영어로 질문하고 영어로 답변받을 때 가장 자연스럽습니다. 상대적으로 ChatGPT의 한국어 지원 능력이 떨어져 한국어 질문이나 답변이 부자연스럽거나 오류가 발생하기도 합니다. 사용자의 요구 상황에 따라 영어보

12 전산용어사전편찬위원회 (2011), 『컴퓨터 · 인터넷 · IT용어대사전』

다 한국어 구사력이 좋은 생성형 AI를 쓰는 경우가 있을 것입니다. 텍스트를 기반으로 한 생성형 AI의 대표적인 종류에 대해 미리 알아두도록 합시다.

(1) Bard(https://bard.google.com)

바드는 구글이 개발한 대화형 생성형 인공지능 챗봇입니다. 2023년 5월 11일부터 한국어 공식 지원하게 되면서 한국어 대화가 자연스러운 편입니다. ChatGPT-3.5는 2021년까지의 학습 데이터만 사용하여, 그 이후에 대한 답변은 신뢰성이 떨어집니다. (ChatGPT-4 유료 서비스는 2023년 4월까지 데이터 학습) 바드는 인터넷 검색 결과를 활용하여 최신 정보에 기반한 응답 생성이 가능하다는 이점이 있습니다. 바드는 '멀티플 드래프트(Multiple Drafts)' 기능으로, 세 가지 답변을 제시해 이용자가 마음에 드는 답변을 고를 수 있습니다. 생성 결과를 구글독스와 G메일에 보낼 수 있고, 바드가 만들어 낸 코드를 구글 클라우드 컴퓨팅 서비스 '코랩(Colab)'으로 바로 내보낼 수 있습니다.

(2) Bing Chat(https://www.bing.com)

2023년 Microsoft에서 개발한 대화형 AI 챗봇으로 Edge 브라우저에서 사용할 수 있습니다. 빙은 인공지능과 대화를 하면서 검색엔진이 직접 자료를 수집, 분석하여 답변을 생성해 줍니다. 또한 참고한 자료의 출처까지 알려주어 정보의 정확성, 신뢰성이 높습니다.

(3) 뤼튼(https://Wrtn.ai)

뤼튼테크놀로지스(국내기업)에서 개발한 생성형 AI입니다. 네이버 하이퍼클로바 모델을 기반으로 하여 한국어에 처리가 깔끔합니다. 다양한 분야의 툴을 제공한다는 이점이 있습니다. 자기소개서, 독서감상문, 블로그, 광고 문구, 유튜브 대본, 채용 공고, 창업 아이디어 등의 다양한 글을 작성해 줍니다. 카카오톡으로 바로 사용 가능하고, 글쓰기가 어려운 세대들에게 쉽게 다가갈 수 있는 플랫폼입니다.

(4) AskUp

AI 솔루션 개발사 업스테이지에서 제작된 ChatGPT 기반 카카오톡 채널입니다. 아숙업의 핵심은 업스테이지의 OCR(광학문자인식) 기술과 GPT를 결합하여 사진 속 텍스트를 이해하고 답변해 준다는 것입니다. 사진 속 내용을 요약해 주거나 다른 언어로 번역할 수 있습니다. 그럴듯한 문장을 만들어 보여주는 ChatGPT와 다르게 요청한 내용(맛집, 여행 코스 등)을 인터넷에서 검색해 정보를 제공하는 점에서 실용성이 높아 보입니다. 아숙업은 2021년 10월 이전 데이터로 학습된 OpenAI의 모델로 최신 정보가 지원되지 않지만, 물음표 검색 방법을 사용하면 최근의 인터넷 검색 결과를 함께 보여주어 문제점을 보완하고 있습니다.

많이 사용하는 텍스트 기반 생성형 AI에 관해 소개하였습니다. 사용 방법은 ChatGPT와 유사하므로 어렵지 않습니다. 누구나 쉽게 접근할 수 있고, 무료로 이용할 수 있습니다. 같은 질문을 하더라도 어떤 생성형 AI를 사용하는지에 따라 다른 답변이 제공됩니다. 그렇다면 어떤 생성형 AI를 쓰면 좋을까요? 어떤 목적으로 어떤 형태의 결과물을 원하는지에 따라 사용자가 생성형 AI를 선택하여 적재적소에 활용하는 것을 추천합니다.

4 ChatGPT, 누구나 쓸 수 있을까? 우리 아이가 써도 될까?

우리 아이도 ChatGPT를 사용해도 될까요? 된다면 어느 범위까지 허용해야 할까요? 아직 신뢰성과 정확성이 완전히 검증되지 않았기 때문에 내 자녀가 ChatGPT를 사용하는 것은 조심스러운 문제입니다. 이에 대하여 텍스트 생성형 AI 개발사들은 연령 제한에 관한 입장을 발표하였습니다.

OpenAI의 공식 지원 센터에 따르면, 'ChatGPT는 13세 미만의 아동에게는 적합하지 않으며, 13세에서 18세 사이의 아동은 ChatGPT를 사용하기 전에 법적 보호자(부모)의 동의를 받아야 합니다.'라고 밝혔습니다.[13]

13 https://openai.com/safety

구글은 "Bard를 사용하려면 만 13세(또는 거주 국가에서 적용되는 적정 연령) 이상이어야 한다. 18세 미만의 사용자는 Bard를 사용할 때 보호자의 감독이 필요하다."라고 제시하고 있습니다. 대한민국에서의 적정 연령은 만 14세 이상입니다. 만 14세 미만 아동의 개인정보를 수집하거나 이용하기 위해서는 법정 대리인의 동의를 받아야 하기 때문에, 만 14세 이상이어야만 구글 계정을 직접 관리할 수 있기 때문입니다.[14]

Microsoft 사는 사용 연령 제한에 관한 질문에 "대한민국에서는 13세 이상 18세 미만은 보호자 동의를 받아 빙(Bing) 챗을 사용할 수 있고, 13세 미만의 어린이는 빙(Bing) 챗을 사용할 수 없습니다."라고 회답했습니다.

뤼튼(Wrtn)은 사용 연령 제한에 관한 질문에 '현재 뤼튼 이용 연령 제한은 없습니다. 생성 AI 특성상 편향성이 있거나 기타 일부 논쟁이 될 수 있는 결과물을 생성할 수 있기 때문에, 만 13세 미만은 이용에 대한 지도가 필요합니다. 만 13세 미만이 뤼튼을 이용할 시에는 보호자 및 교사의 지도를 동반하기를 권고한다.'라고 대답했습니다.

결론적으로 미성년자는 텍스트 생성형 AI 사용에 제한이 있습니다. 연령 인증이 필요한 생성형 AI 플랫폼은 걱정이 덜 되지만, 연령 인증이 부재하는 플랫폼은 아이들의 무분별한 사용을 막기 쉽지 않을 것입니다. 이러한 사회적 흐름을 반영하여 현재 기술적으로 안전성이 보장되는 인공지능을 제공하기 위해 노력하고 있고, 교육용 AI(예: 칸미고) 개발에도 힘쓰고 있습니다. 제도적으로도 ChatGPT 사용 가이드라인을 제시하고 있는 상황입니다.

기술의 업데이트나 법적 규제를 기다리기에는 ChatGPT의 사용이 지속해서 증가하고 있는 것이 현실입니다. 무작정 ChatGPT를 차단하는 것은 능사가 아닙니다. 생성형 AI의 부정적인 측면으로부터 우리 아이들을 지켜낼 방법은 무엇일까요? 바로 '생성형 AI를 현명하게 받아들이고자 하는 어른들의 의지이자 준비'입니다.

어른들이 먼저 ChatGPT에 대해 배우고, 이를 올바르게 사용하는 방법을 모색해야 할 것입니다. 부모의 현명한 지도는 아이들이 ChatGPT를 지혜롭게 잘 활용하는 밑거름이 될 것입니다.

---

14 https://support.google.com/bard/answer/13594961?visit_id=638376715166451515-496473030&p=privacy_help&rd=1

5 ChatGPT의 문제점을 알면 답이 보인다. - ChatGPT의 윤리적인 문제 파악하기

ChatGPT를 현명하게 사용하기 위해서는 우선 문제점을 올바로 파악해야 합니다. ChatGPT의 대표적인 문제들을 살펴보고, 올바르게 활용하는 방법에 대해 생각해 봅시다.

(1) 환각, 할루시네이션

환각(Hallucination)은 ChatGPT와 같은 생성형 AI가 잘못된 정보나 허위 정보를 생성하는 것을 뜻합니다. ChatGPT는 질문에 반드시 답을 생성하도록 프로그래밍되어 있으므로, 사실이 아닌 정보를 그럴듯하게 대답하기도 합니다. 왜냐하면 확률적으로 적절한 단어를 연결하는 방식으로 대답을 만들어 내기 때문입니다.

특히 한국어의 데이터가 소량이다 보니 한국어로 질문할 경우, 환각이 발생하기 더 쉽습니다. 예를 들어 장영실의 신분이 무엇인지 물어보면, 출생 신분에 대한 기록이 제한적이기 때문에 정보를 줄 수 없다고 나옵니다. (장영실은 노비의 신분으로 종3품의 대호군까지 신분이 올라갔습니다.) 또한 한강 다리의 개수에 관해 물어보면 10개 정도의 주요 다리가 있는 것으로 말합니다. (31개의 다리가 존재합니다.)

인간은 알고 있는 정보, 모르는 정보, 잘못된 정보를 구별해 내는 능력을 갖추고 있지만, ChatGPT는 구분하는 과정이 없으므로 잘못된 정보도 자신 있게 말하는 위험성이 존재합니다. ChatGPT를 활용할 때는 환각의 한계에 유의해야 합니다.

(2) 데이터 편향 문제

ChatGPT는 사람이 만든 데이터를 기반으로 학습된 것이기 때문에 사람들이 가진 편견들이 그대로 학습됩니다. 이 문제를 '편향성'이라 합니다. 사람들이 가진 인종, 문화, 학력, 성별, 성적 기호, 정치 등에 대한 편향된 사고가 학습될 수 있는 것입니다. 이러한 편향성으로 인해 ChatGPT가 생성한 답은 특정 대상에 대한 편견과 차별을 반영할 수 있습니다. 이러한 편향된 정보가 미성년자인 우리 아이들에게 여과 없이 노출된다면, 건전하지 못한 가치관을 형성할 수 있으며, 성인이 되어서도 인지하지 못한 채 잘못된 관념을 갖고 살아갈 것입니다. 이러한 편향성 문제는 생성형 AI 서비스를 비판하기보다는 우리 어른들이 만든 사회의 현실임을 알아야 합니다. 어른들이 발 벗고 나서서 도움을 주어야 할 것입니다.

참고 환각과 데이터 편향의 한계를 극복하기 위해서는?

① 사전지식이 없을 때는 사용을 제한하자.
사전지식이 없는 상황에서 ChatGPT를 사용하면 잘못된 정보를 사용했을 때의 위험성에 대해 정확히 알려주어야 합니다.

② AI 리터러시 능력을 키우자.
생성형 AI가 만들어 낸 답변의 진위를 가리기 위한 비판적 사고와 판단력을 키워야 합니다. 또한 인공지능 윤리 규정을 준수하고, 생성형 AI 활용에 대한 책임 의식을 갖도록 도와주어야 합니다.

③ 생성형 AI를 맹신하지 말자.
ChatGPT는 학습한 데이터를 바탕으로 그럴듯한 답변을 하는 대화형 AI입니다. 인공지능에 과의존하지 않고, 지식을 구성하는 데 있어 주도적인 태도가 필요합니다.

(3) 개인정보유출 문제

삼성전자는 ChatGPT 업무 사용을 허가했고, 삼성전자 기술 소스 코드를 보완, 최적화하기 위해 엔지니어가 ChatGPT에 질문하였습니다. 기업의 기밀 소스 코드가 ChatGPT 학습 데이터로 사용되었고, 사내 정보 유출 방치를 위한 ChatGPT를 금지했습니다.[15]

2023년 3월 20일 오후 5시부터 다음 날 오전 2시 사이 ChatGPT 플러스에 접속한 전 세계 이용자 중 일부 이름이나 e메일, 신용카드 번호 등 한국인 687명의 개인정보가 다른 이용자에게 노출되었습니다. 정보보호위원회는 ChatGPT를 만든 '오픈AI'에 과태료 360만 원을 부과하는 일이 있었습니다.[16]

15 조정형 (2023), 삼성전자, ChatGPT 사용 금지… "자체 솔루션 준비 중", 전자신문, https://www.etnews.com/20230502000316

16 나운채 (2023), ChatGPT, 한국인 687명 개인정보 유출… 국내법 적용해 첫 제재, 중앙일보, https://www.joongang.co.kr/article/25180781

생성형 AI의 개인정보, 기밀 정보 노출에 대한 사회적 논란과 이에 대한 불안감을 호소하는 사용자들의 요구를 반영하여 생성형 AI 개발사는 개인정보 보안에 대한 노력을 기울이고 있습니다. 국가적으로도 개인정보 등 민감한 정보들이 악의적으로 쓰이지 않도록 법률이나 제도를 마련하고 있습니다. 그러나 생성형 AI 특성상 완전한 보안은 어려우므로, 정보보호를 위한 개개인의 직접적인 노력이 필요합니다.

참고 개인정보를 보호하면서 ChatGPT를 사용할 수 있는 방법은?

① ChatGPT 설정 바꾸기
- ChatGPT 대화 삭제: Settings > General > Clear all chats의 Clear
- ChatGPT 채팅 기록 비활성화: Settings > Data Controls > Show > Chat History & Training 비활성화하면 새 대화를 열 때마다 해당 내용이 ChatGPT 모델 훈련에 사용되지 않습니다. 비활성화 중 사용하는 대화 내용은 30일 뒤 서버에서 자동 삭제됩니다.

② 개인정보 입력하지 않기
개인의 중요한 정보를 입력하지 않도록 유의해야 합니다. 공공 컴퓨터에서 ChatGPT를 사용했다면 반드시 로그아웃해야 합니다.

③ 생성형 AI 유사 불량 앱 유의하기
반드시 앱 개발사 이름을 확인해야 합니다. 유사 불량 앱을 사용하면 개인 데이터가 유출될 수도 있고, 결재 사기를 당할 수 있습니다.

(4) ChatGPT 표절 문제

텍사스A&M대 농업대 동물과학 강사 재로드 멈(Jared Mumm)이 자신의 수업을 수강한 학생들에게 0점을 주겠다고 통보한 뉴스 기사를 접한 적이 있습니다.[17] 이유는 에세이를 제출하는 과제에 ChatGPT를 사용했다는 이유입니다. 논란이 커지자, 강사는 과제 제출 기간을 연장하여 실제 졸업이 취소된 사례는 없다고 합니다.

학생들마다 어느 범위까지 ChatGPT를 사용했는지는 알기 힘듭니다. ChatGPT로 아이디어를 뽑아내는 데 사용한 학생도 있을 것이고, ChatGPT의 대화 내용을

17 임미나 (2023), "너희 모두 0점… ChatGPT 베꼈잖아", 美 텍사스 대학강사 논란, 연합뉴스, http://news.heraldcorp.com/view.php?ud=20230520000006

복사 붙여넣기 하여 과제를 제출한 학생도 있을 것입니다. 모두다 0점인 것은 얼핏 듣기에는 가혹한 일입니다. 그렇지만 우리 어른들은 이러한 사건들을 간과해서는 안 되며, 반드시 짚고 넘어가야 합니다.

아이가 과제로 ChatGPT를 베꼈다고 해봅시다. 무엇이 문제일까요?

우선, 선생님들이 내주는 과제는 학생들이 그 연령대에 필요한 역량을 쌓기 위함입니다. 글을 읽고 요약하는 능력, 주장과 이를 뒷받침하는 근거를 생각하는 능력, 문제를 분석하는 능력 등 다양한 역량을 쌓기 위해 과제를 내줍니다. ChatGPT를 전적으로 베끼다 보면, 이러한 학습 능력이 저하됩니다.

둘째, ChatGPT의 도움을 받아서 낸 과제는 결국 '나의 것'이 아닌 '타인의 것'입니다. ChatGPT가 출처 없이 텍스트를 과제로 제출한다면, 타인의 저작권을 침해하는 행위가 될 수 있습니다.

맘카페에 "아이 과제 사용에 ChatGPT를 써도 되나요?"라는 질문의 글이 올라온 적이 있습니다. "안될 거 같다.", "선생님마다 허용 범위가 다르신 것 같다.", "교사가 다 확인할 수 없으니, 부모가 선택해야 할 문제이다." 등의 다양한 댓글들이 있었습니다. 이러한 혼란을 막기 위한 솔루션을 아래 제시해 보고자 합니다.

참고 ChatGPT 표절 해결 방안은?

① ChatGPT 사용 가이드라인을 정확하게 알자.

내 자녀에게 맞는 기관을 기준으로 ChatGPT 사용 가이드라인을 미리 알아두어야 합니다. (6에서 소개)

② ChatGPT 표절 위험성을 알려주자.

ChatGPT를 이용해 자녀와 함께 과제를 해보는 것을 추천합니다. 이를 통해 ChatGPT가 만들어 낸 답안이 잘못된 정보일 수 있음을 반드시 인지시켜야 합니다. 어느 범위까지 생성형 AI를 활용해야 하는지 같이 논의하는 자세가 필요합니다. 또한 생성형 AI 판별기를 통해 과제 표절을 검수할 수 있다는 점도 알려주도록 해야 합니다.

③ 올바른 출처 표기하는 습관 키우기

ChatGPT의 표절 방지를 위한 방법 중 하나는 올바른 출처를 표기하는 습관을 키우는 것입니다. 참고한 뉴스 기사, 유튜브, 도서 등을 명확히 표기하도록 해야 합니다. 또한 ChatGPT를 활용했다면 사용한 프롬프트와 생성한 답안을 어디까지 인용했는지 표기하는 방법을 가르쳐 주어야 합니다.

6 ChatGPT 가이드라인을 제대로 알면 부작용을 줄일 수 있다.

ChatGPT 같은 생성형 AI로 인해 발생할 수 있는 부작용을 최소화하기 위해 우리나라도 대처방안 마련에 나서고 있습니다. 이미 공식화된 생성형 AI의 가이드라인 중 서울특별시교육청의 활용 지침을 소개하고자 합니다.

서울특별시교육청: 학교급별 생성형 AI 활용 지침[18]

교육 현장에서의 혼선을 방지하고자 서울특별시교육청에서는 학교급별 생성형 AI 활용 지침을 구체적으로 제시하였습니다.

초등학생은 교사 시연으로 ChatGPT를 간접 체험할 수 있습니다. 교사의 추가 작업으로 안정성을 확보하는 경우에는 학생이 직접 사용할 수 있습니다. 중학생은 부모나 법적 보호자의 허락을 받고 교사의 지도 아래 ChatGPT를 수업 시간에 사용할 수 있습니다. 고등학생은 부모나 법적 보호자가 동의하면 학생이 직접 ChatGPT를 사용할 수 있습니다. 학교 프로젝트 등에 필요하다고 판단될 경우, 고교생은 ChatGPT를 보조 교사로 활용할 수 있습니다. 학교에서 ChatGPT 등 생성형 AI 프로그램을 수업이나 방과 후 수업 등에 활용하려는 경우 가정통신문 등을 통해 학부모 동의를 받아야 한다는 점을 알아두면 좋을 것입니다.

교사들은 ChatGPT를 활용할 때 학생들에게 생성형 AI의 원리와 한계점을 담은 언어모델 이해 자료, AI의 윤리적 사용 방법을 반드시 안내해야 합니다. 가정에서도 윤리 교육을 함께 해주면 도움이 될 것입니다. 특히, 학생들은 ChatGPT를 수업이나 방과 후 시간에 체험용으로 쓸 수 있지만 점수에 반영되는 시험이나 수행평가 시간에는 사용할 수 없음을 미리 알려주어야 할 것입니다.

18 서울특별시교육청 (2023), 학교급별 생성형 AI 활용 지침, https://drive.google.com/file/d/1YSRNhMTUNGJqDHoW_lYv9nT04wYZ3DlJ/view

7 우리 자녀와 ChatGPT를 똑똑하게 쓰는 방법 알아보기(실전편)

똑똑한 질문일수록 답도 똑똑해지는 법!
ChatGPT에 똑똑하게 질문하는 방법

1. 역할 부여하기

역할을 부여하여 질문하면 질문의 의도나 목적을 파악하기 쉬워 원하는 답변을 들을 수 있습니다.

예) 디지털 리터러시를 실천하는 방법을 알려줘요.

→ <u>부모로서</u> 10대 청소년 자녀에게 디지털 리터러시를 실천하는 방법에 대해 알려줘요.

2. 상황을 구체적으로 설명하기

주요 키워드가 많이 들어가고, 구체적으로 물어보는 것이 좋습니다. ChatGPT는 질문에 해당하는 모든 단어에 반응하기 때문입니다.

예) • 청자 제시: '초등학생이 이해할 수 있도록' 같이 대상을 명확하게
• 궁금했던 내용의 원문을 구체적으로 제시: 교과서 내용, 문학 등 원문 제시하고 질문
• 주요 키워드가 많이 들어가도록 제시: 남녀공학의 장점을 알려줘요. → 남학생으로서 남녀공학 고등학교에서 평가 영역에서의 장점을 알려줘요.

3. 원하는 결과를 명확하게 알려주기

원하는 결과물 즉, 답변의 형식을 명확하게 알려주게 되면 답변을 정리하는 수고를 덜 수 있습니다.

예) • 형식 제시: 표로 만들어줘요, 5가지로 알려줘요, 500자로 설명해줘요.
• 예문 제시: 아래의 시조처럼 3장 6구 형식으로 해줘.
'~라면 …이었을까?'라는 문장으로 말해줘요.

4. 여러 번 질문하기

ChatGPT는 지난 대화를 기억하고, 맥락을 기반으로 답변합니다. 답변이 불만족스럽더라도 질문의 문장 구조, 주요 키워드를 수정하면서 질문을 여러 번 하는 것을 추천합니다. 좀 더 만족스러운 답의 결과물을 얻을 수 있을 것입니다.

(1) 가족의 소통 수단으로 활용하기

1) 여행계획 짜기

프롬프트 예시) 13세, 9세 딸아이들과 경주로 2박 3일 여행을 가려고 하는데, 여행 코스 추천해 주세요. 딸아이들은 역사 관련 유적지를 좋아하고, 아기자기한 물건들을 파는 가게도 좋아합니다. 둘째 날은 아이들이 놀 만한 시설을 방문하도록 코스를 정해 주세요. 이동 동선이 최대한 짧게 정해 주면 좋을 것 같아요.

2) 가족 외식 메뉴 정하기

프롬프트 예시) 가족 외식 메뉴를 정하려고 합니다. 1~4 중 한 숫자를 고르면 결과에 중국집, 초밥, 스테이크, 국밥 중 하나가 골라질 수 있도록 사다리 게임을 만들어 주세요.

(2) 진로, 진학 상담으로 활용하기

프롬프트 예시) 우리 딸 진로를 고민하고 있어요. 나이는 17살입니다. 직업흥미검사(H형) 결과는 1순위로 C유형(관습형), 2순위로는 I유형(탐구형), 3순위로는 E유형(기업형), 4순위로는 R유형(실재형), 나머지는 S유형(사회형), A유형(예술형)입니다. 어떤 진로를 추천해줄 수 있어요? 워라밸보다는 연봉이 우선시되는 직업을 원합니다. 이 점도 고려해서 직업을 골라주세요.

(3) 엄마표 영어 보조 교사로 활용하기

1) 영어 독후 활동 퀴즈 만들기

프롬프트 예시) Step Into Reading 2: Platypus! 저자: Ginjer L. Clarke 책 내용에서 단답형이 답이 되는 퀴즈 문항 10개 만들어 주세요. 유치원 아이 수준으로 만들어 주고, 질문과 답을 영어로 부탁해요.

2) 영어 문법 문항 만들기

프롬프트 예시) don't와 doesn't 의 문법적 차이를 이해할 수 있는 문장 10개 알려주세요. 초등학교 1학년 아이 수준의 간단한 문장이었으면 좋겠어요.

3) 영어 라이팅 피드백 받기

프롬프트 예시) Today my mom and dad went to the store. so I was playing with my uncle. We played with my toys and played board games. My uncle is tired because we played with me for long time. I was very happy. 8살 아들이 작성한 영어 일기입니다. 문법적 오류나 부자연스러운 표현을 알려주고 수정해 주세요.

(4) 교과 학습 도움받기

1) 수학 예제문항 만들기

프롬프트 예시)

Q. [초등학교 수학] 10살 아이가 긴 문장제 수학 문제에서 곱셈과 나눗셈을 언제 사용해야 할지 궁금해합니다. 실생활 관련 문제 6개 제출해 주고, 풀이 과정도 알려주세요.

Q. [중학교 수학] 중학교 수준의 일차 방정식 문제와 답을 10개 만들어 주세요.

Q. [고등학교 수학] 고등학교 수준의 여러 개의 문자가 포함된 인수분해 문항 30개 만들어 주고, 답을 알려주세요.

2) 과학 실험 설계, 발명 아이디어 과제 도움 주기

① 과학 탐구 대회 아이디어 고안하기

프롬프트 예시)

Q. 내 딸은 중학교 2학년입니다. 생물학 분야로 과학 탐구를 해보려고 합니다. 초미세먼지 농도와 관련해서 실험할 수 있는 주제가 무엇이 있을지 알려주세요.

Q. 초미세먼지의 식물 성장 관련해서 실험을 해보려고 합니다. 초미세먼지에 예민하게 반응하면서 구하기 쉬운 식물 3가지 알려주세요.

② 과학 탐구 실험 설계 보완하기

프롬프트 예시) 고등학교 학생이 제브라 피시의 학습과 불안에 대한 아세틸콜린, 세로토닌의 역할에 대한 실험을 설계했습니다. 준비물, 실험 과정에서 발생하는 오류를 찾아주세요. (자세한 실험 과정 생략)

③ 발명 아이디어 디자인하기

프롬프트 예시)
Q. 동시 번역 음성 기계를 개발하고 싶어요. 마이크에 내가 말한 내용을 전달하면, 작은 스피커에서 다른 언어로 번역되는 기계입니다. 이런 아이디어에 대해 어떻게 생각하나요?
Q. 동시 번역 음성 기계를 개발하고 싶어요. 마이크에 내가 말한 내용을 전달하면, 작은 스피커에서 다른 언어로 번역되는 기계를 디자인해 주세요.

(5) 컴퓨터 코딩 학습으로 활용하기

프롬프트 예시)
Q. 코딩을 처음 시작하는 학생입니다. 판다스에서 라이브러리 및 데이터 불러오고, 탐색적 자료 분석을 하는 기본적인 코드를 알려주세요.
Q. 코로나바이러스의 여러 변이 염기서열을 다운로드해서, 염기서열 간 차이를 비교할 수 있는 파이선 코드를 만들고 싶어요. 처음에 어떻게 접근해야 할지 방법을 알려주세요.

(6) 토론의 파트너로 활용하기

프롬프트 예시) "인공지능은 환경 문제를 해결할 수 있을 것인가?"를 논제로 토론 연습을 하려고 해요. 저의 연습 파트너가 되어 논제에 관한 입장을 말해 주세요. 입장에 대해 제가 반박해 보도록 하겠습니다. 토론의 대화는 중학교 1학년 수준입니다. 내용은 400자 이내로 해주세요.

8 ChatGPT 시대에 부모로서 난 무엇을 해야 할까? - 내 아이에게 필요한 미래 역량 알아보기

유아 사교육이 최근 교육계의 큰 관심을 받고 있습니다. 학습 격차 해소를 이유로 영어유치원 선행 사교육이 어린 나이부터 성행하고 있습니다. 부모들에게 디지털 격차를 줄이기 위한 노력은 하고 있는지 묻고 싶습니다. 단순히 컴퓨터를 잘 쓰고, 로봇을 만져보고, 인공지능에 대해 아는 것이 디지털 교육을 하는 것이 아닙니다.

디지털 교육이란, 근본적으로 디지털 시대에 살아가기 위한 '역량'을 키우는 것입니다. 디지털 역량 교육은 일찍 시작할수록 좋습니다. 대체로 아이가 어릴수록 부모가 영향력을 발휘할 기회가 많고, 역량 교육의 결과는 단기간에 드러나지 않기 때문입니다. 그렇다면 무엇이 중요할까요?

(1) 기본 개념에 충실하자!

개념은 어떤 사물이나 현상에 대한 일반적인 지식을 의미합니다. 아이들은 경험, 학습을 통해 개념을 형성합니다. 사전 개념을 아는 아이들은 생성형 AI를 활용할 때, 맹목적으로 정보를 받아들이지 않습니다. 필요한 지식을 선별할 수 있고, 잘못된 정보를 걸러내어 올바르게 사용할 수 있습니다. 그러나 개념이 부족한 아이들은 생성형 AI의 정보를 전적으로 믿고, 과의존하게 되어 위험한 결과를 초래할 수 있습니다.

내 아이의 기본 개념 습득에 좀 더 집중해야 합니다. 책 읽기를 통해서, 다양한 체험을 통해서 등 자신만의 개념을 차곡차곡 쌓아두어야 합니다.

(2) 다양한 경험을 만들어 주자! (문제 해결 능력 향상하기)

문제 해결 능력은 다양한 경험 속에서 만들어질 수 있습니다. 다양한 경험이 중요한 이유는 여러 문제 상황에 자연스럽게 노출되기 때문입니다. 다양한 경험은 거창한 것이 아닙니다. 가족 여행을 가는 날 차가 막힌 상황, 놀이터에서 그네를 타다가 넘어진 상황, 지나가는 길에 개미집을 발견한 상황, 조별 프로젝트를 하다가 한 친구가 연락이 끊긴 상황. 이러한 사소한 것들이 모두 경험입니다.

아이들은 크고 작은 문제 상황에 놓였을 때, 문제의 원인을 스스로 파악하게 되고, 이를 해결하려는 과정에서 분석적 사고력과 창의성이 발휘됩니다. 실패 경험도 생길 수 있지만, 이를 개선하는 과정에서 문제 해결 능력은 더 높아집니다. 문제 해결 능력을 갖춘 아이들은 생성형 AI가 만능 해결사로만 생각하지 않을 것입니다. 문제의 원인을 정확하게 파악하고, 문제 해결 목적에 맞게 생성형 AI를 활용할 수 있습니다.

(3) AI 리터러시 능력을 키워주자!

AI 리터러시(Artificial Intelligence Literacy)는 '인공지능을 이해하고, 잘 활용할 수 있는 능력', '인공지능 시대에 갖추어야 할 역량'을 모두 포함하는 개념입니다. ChatGPT 시대를 살아가는 아이들에게는 AI 리터러시 능력이 더욱 중요합니다. 앞서 설명한 것처럼 인공지능은 제대로 알고 쓰면 약이 될 수 있지만, 모르고 시작하면 독이 될 만큼 위험 요소가 있기 때문입니다. ChatGPT의 결과물이 정확한 지식인지를 비판적으로 평가해야 하고, 활용 목적에 맞는 정보인지를 판단하는 능력을 갖추어야만 합니다.

AI 리터러시를 키우는 가장 좋은 방법은 가족이 생성형 AI를 같이 써보는 것입니다. 학교 과제를 수행하거나 문제 상황을 해결해야 할 때 ChatGPT를 같이 시작해 봅시다. 인공지능이 답을 검증하는 과정을 같이 살펴보고, 올바른 정보만을 선별하여 자신만의 산출물을 만들 기회를 제공해 주어야 합니다. 인간의 비판적 사고력과 판단력이 접목되었을 때, 생성형 AI의 답변이 의미 있다는 것을 몸소 느끼게 해주어야 합니다. 이를 통해 건강한 AI 리터러시 능력이 향상될 것입니다.

(4) 창의성을 키워주자!

ChatGPT 시대에는 '언제, 어디서나, 누구나' 원하는 정보를 쉽게 얻을 수 있습니다. 앞으로는 '정보를 많이 알고 있느냐'보다는 '정보를 가공하여 새로운 것을 잘 창출하느냐'가 능력을 판단하는 요소가 될 것입니다. 이것이 바로 창의성입니다. 창의성이 높은 아이들은 새로운 뭔가를 끌어낼 프롬프트를 사용하고, AI가 생성한 정보들로부터 새로운 것을 창출할 확률이 높습니다.

창의성 교육에는 특별한 정답이 있는 것은 아닙니다. 창의성을 높이기 위해 사고력 수학, 과학 학원을 보내라는 것이 아닙니다. 가정에서 자유로운 분위기 속에서 많은 대화를 나누고, 다양한 답변이 나올 수 있는 질문들을 많이 공유하는 것이 창의성 교육의 기본입니다. 생각과 고민을 많이 할수록 자연스레 창의성은 높아질 것입니다.

9 마지막으로 전하는 말

진화론에 관한 연구로 유명한 영국의 과학자인 찰스 다윈(Charles Robert Darwin)의 명언 중 좋아하는 문구가 있습니다.

> "살아남는 것은 가장 강한 종도 아니고, 가장 똑똑한 종도 아닌, 변화에 가장 잘 적응할 수 있는 종이다."

생물학적으로 변화에 잘 적응할 수 있는 종이 살아남을 확률이 높다는 것입니다. 인생을 살아가면서 한 번쯤은 되새겨 볼 만한 말입니다. 우리 아이들이 변화에 잘 적응하기를 바란다면, 부모로서 2가지만 기억해 주세요.

첫째, 부모가 먼저 세상을 이해하려고 공부하자. 부모의 불안은 아이들에게 온전히 다 전달됩니다. 시대의 빠른 흐름에 '불안감'을 느끼기보다는 시대의 변화를 '가능성의 기회'라 생각하고 공부해 보세요. 그리고 긍정적으로 나아가려는 노력을 아이들에게 보여주세요.

둘째, 아이들에게 정서적인 안정감을 주자. 부모와 소통이 원활하게 잘 되는 아이들일수록, 부모와 신뢰 관계를 잘 맺은 아이들일수록, 위기에서 빠르게 회복합니다. 빠른 변화 환경에서 아이들이 위기로 넘어지더라도, 부모라는 안전한 환경 속에서 일어설 수 있는 것입니다.

마지막으로 '영어 단어를 많이 외우는 아이', '수학 문제를 잘 푸는 아이'가 아닌 '부모가 믿음을 주는 아이', '조건 없이 사랑받는 아이'가 변화에 잘 적응할 힘을 가진 아이가 된다는 사실을 기억하시길 바랍니다.

이 보 은

- 동국대학교사범대학부속여자중학교 교사
- 이화여자대학교 과학교육과(생물교육) 학사
- 동국대학교 교육대학원 AI융합교육학전공 석사
- 전문 분야: AI 융합 과학교육, AI 윤리, 과학 영재교육, 학생평가

경험의 힘! 메이커교육으로 AI 시대에 살아남기

정한별

1 어느덧 우리 곁에 다가온 인공지능

인공지능은 어느덧 우리 곁에 가까이 다가왔습니다. 오늘날 우리는 TV 프로그램, 뉴스, 광고 등에서 인공지능이라는 말을 손쉽게 접할 수 있고, 영어를 모르는 어린이도 'AI'가 인공지능이라는 것은 알고 있을 정도입니다. 또한 인공지능은 하루가 다르게 발전하고 있습니다. 인공지능을 활용한 신기한 프로그램이 개발되어 테스트하고 있으면 어느새 그 프로그램보다 한 단계 더 발전된 프로그램이 출시됩니다. 인공지능은 빠르게 발전하고 있으며 점차 우리 생활과 사회의 모든 분야에 영향을 미칠 것입니다. 사물인터넷, 자율 주행 자동차, 로봇과 같이 다소 거리감이 있게 느껴졌던 말도 점차 우리 곁에 가까워지고 있으며, 학교 교육에서도 인공지능을 이용한 그림 그리기, 인공지능에게 물어보기, 인공지능 기능을 활용한 코딩 교육 등 인공지능을 활용한 다양한 교육이 시행되고 있습니다. 또한 더 나아가 인공지능을 활용한 학습 분석, 개별화 학습과 같이 인공지능 코스웨어를 교육에 도입하고자 하는 노력도 계속되고 있습니다.

인공지능이 계속하여 발전하고 있고 이를 활용하려는 다양한 시도가 이루어지고 있지만, 인공지능과 관련하여 장밋빛 전망만 있는 것은 아닙니다. 인공지능과 관련된 개인정보 유출, 인권 침해 등 윤리적인 문제가 제기되고 있으며, 이와 관련하여 다가오는 인공지능 시대를 대비한 법과 제도를 정비하려는 노력도 계속되고 있습니다.

2 인공지능 시대에 대한 상상

인공지능과 관련된 상상은 여러 영화의 주제로 다루리어져 왔습니다. 감정을 가진 인공지능 로봇 이야기로부터 인공지능과 사람이 사랑에 빠지는 이야기, 인공지능이 인간을 감시하는 이야기, 인공지능으로 인해 멸망하는 인류의 이야기 등 다양한 상상들이 영화 속에 등장하곤 했습니다. 인공지능이 지금과 같은 속도로 발전을 계속하면 어떤 일이 생길까요?

미래학자 레이 커즈와일(Ray Kurzweil)은 2045년이면 인공지능이 모든 인간의 지능을 합친 것보다 뛰어날 것으로 예측하였는데, 이 시점을 특이점(Singularity)이라고 합니다. 인공지능이 인간의 지능을 초월하며 인간의 많은 일을 대체하면 인간은 편리함을 누리게 될까요? 아니면 인공지능에 대한 비극적 상상처럼 인류에게 어두운 그림자가 드리워질까요? 이에 대한 열쇠는 역시 인간에게 달렸습니다. 인공지능을 만드는 인간이 어떻게 대응하느냐에 따라 장밋빛 미래 또는 어두운 미래가 펼쳐질 것입니다.

3 인공지능 시대에 인간으로서 필요한 능력은 무엇일까?

미래는 결국 인간에게 달렸습니다. 그렇다면 다가오는 인공지능 시대에 우리는 어떻게 대응해야 할까요? 인공지능이 인간의 많은 일을 대체할 수 있는 시대에 인간만이 할 수 있는 것은 무엇일까요? 인공지능과 차별되는 인간 고유의 특징은 무엇일까요? 이와 같이 인공지능과 인간에 대한 질문은 꼬리에 꼬리를 물고 이어져, 조금만 더 파고 들어가면 "인공지능 시대에 나의 존재 가치는 어디에서 찾을 수 있을까?"와 같이 '나'에 대한 철학적인 근본적 질문으로까지 수렴하게 됩니다. 이 모든 질문에 대한 답을 제시할 수는 없겠지만, 저는 인공지능 시대를 살아가기 위해 인간에게 필요한 능력으로 창의성과 자기주도성, 문제 해결력을 제시하고 싶습니다.

창의성이란 일반적으로 새로운 것을 발견하거나 생각해내는 능력을 말합니다. 얼마 전까지만 해도 창의성은 인간의 전유물로 여겨졌고 많은 사람들이 인공지능은 창작할 수 없을 것으로 생각하였으나, 현재의 인공지능은 인간의 데이터를 기반으로 새로운 것을 생성할 수 있는 수준에 이르렀습니다. 생성형 인공지능이 비약적으로 발전하면서 인공지능이 생성한 음악, 미술 작품, 동영상, 글 등 다양한 콘텐츠가 나오고 있으며, 이제는 일반인도 인공지능을 이용해 쉽게 콘텐츠를 생성할 수 있습니다. 물론 인공지능의 생성을 창작으로 볼 수 있는가에 대한 문제는 논의의 여지가 있으나, 이제는 창의성을 인간의 전유물로 보기는 어려운 시점에 이른 것이 아닌가 합니다. 하지만 저는 창의성은 여전히 인간의 고유한 능력이며 우리가 계속해서 길러나가야 할 능력이라고 생각합니다. 인공지능을 만들 수 있었던 것도 인간의 창의력이며 계속해서 새로운 인공지능을 만드는 동력 역시도 인간의 창의성이 없다면 불가능한 일이라고 생각합니다.

자기주도성이란 스스로 목표를 설정하고 그 목표를 달성하기 위한 계획을 세우고 실행하는 능력을 말합니다. 정보의 홍수를 넘어, 다양한 기능에 특화된 인공지능이 홍수와 같이 등장하는 오늘날, 인공지능을 어떻게 바라보고 활용할 것인가는 개인이 스스로 판단하고 결정해야 하며, 우리는 이러한 문제를 자기주도적으로 결정하는 연습을 해야 합니다. 인공지능과의 관계에서 인공지능의 제안이나 선택에 피동적으로 반응하지 않고 주체적인 판단을 내릴 때 비로소 나의 의미를 찾을 수 있을 것이기 때문입니다.

문제 해결력이란 다양한 경험, 지식, 정보를 바탕으로 당면한 문제를 해결하는 능력을 말합니다. 자기주도성을 바탕으로 스스로 결정한 것을 실행할 때 다양한 문제가 발생할 수 있는데, 이때 필요한 능력이 바로 문제 해결력입니다. 문제의 해결을 인공지능에게 맡기면 인간은 처음에는 편리하다고 느낄 수 있겠지만, 그것이 반복되다 보면 결국에는 쉬운 문제도 스스로 해결할 수 없게 되어 존재의 의미를 상실하기 쉽습니다. 따라서 문제 해결력은 인공지능 시대에 나의 의미를 찾기 위해 반드시 필요한 능력이라고 생각합니다.

4 창의력, 자기주도성, 문제 해결력을 기르려면?

창의력과 자기주도성, 문제 해결력을 기르기 위한 많은 방법이 있겠지만 저는 가장 좋은 방법은 무언가를 직접 경험해 보는 것이라고 생각합니다. 인간은 경험을 통해 학습하며 직접 경험한 것은 쉽게 잊어버리지 않습니다. 구체적 조작을 통해 직접 경험해 보는 것만큼 좋은 학습 방법은 없으며, 인간은 어떠한 문제를 경험을 통해 자기주도적으로 해결하는 과정에서 문제 해결력과 창의성을 기를 수 있습니다. 그리고 저는 이러한 역량을 함양할 수 있는 교육 방법으로 메이커교육을 들고 싶습니다.

5 메이커(Maker)란 무엇일까?

메이커라는 말을 들어본 적이 있습니까? 어린 시절에 어떤 물건이 유명한 브랜드 회사의 제품일 때 "이 제품 메이커야."라는 말을 썼던 기억이 납니다. 하지만 메이커교육에서 말하는 메이커는 브랜드를 뜻하는 것이 아니라 '무언가를 만드는 사람'을 뜻합니다. 좀 더 구체적인 정의는 사람마다 다르지만 Maker Space TechShop의 공동 설립자인 마크 해치(Mark Hatch)는 메이커를 '기존의 제작자 카테고리에 얽매이지 않으면서 손쉬워진 기술을 응용해서 폭넓은 만들기를 하는 대중'이라고 정의하였습니다.[19] 또, 서울시 교육청은 메이커를 '디지털 기기와 다양한 도구를 사용한 창의적인 만들기 활동을 통해 자신의 아이디어를 실현하고, 만든 결과물과 지식, 경험을 공유하는 사람'이라고 정의하였습니다.

어떤 것을 만들고 개선하는 일은 인류 역사 이래 계속되어 온 것으로, 인류는 도구를 사용한 이래로 사물을 끊임없이 개조해 왔습니다. 이는 비단 도구에만 한정되지 않는 것으로, 예술과 과학, 표현과 사상 등 인간의 삶의 모든 영역과 관련되어 있습니다. 즉, 인간은 태어나면서부터 메이커(Maker)라고 할 수 있습니다.

6 메이커교육이란? 메이커교육과 관련된 인물들

메이커교육은 자율성과 협력을 바탕으로 작품의 기획 · 제작 · 완성의 모든 과정을 학생 스스로 결정하고, 제작 과정을 공유하는 프로젝트 교육을 말합니다. 메이커교육은 창의성과 문제 해결 역량을 강조하며, 학생들이 실제 세계 문제에 대한 해결

19 마크 해치 (2014), 『메이커 운동 선언』, 정향(역), 한빛미디어

책을 개발하고 실험할 기회를 제공합니다. 메이커교육에 대해 자세히 알아보기에 앞서 메이커 교육과 관련된 역사적 인물 중 우리에게 익숙한 인물들에 대해 알아봅시다. 아래 내용은 책 『메이커 혁명, 교육을 통합하다』(실비아 마르티네즈, 게리 스테이저, 2020)를 참고하였습니다.[20]

우리가 잘 아는 레오나드로 다빈치(Leonardo da Vinci)는 르네상스 시기의 인물로 발명가이자 예술가, 조각가, 건축가, 공학자, 음악가, 수학자였습니다. 다빈치의 많은 발명품들은 시대를 훨씬 앞섰으며 그는 매우 훌륭한 메이커였다고 할 수 있습니다.

피아제(Jean Piaget)는 학습자들이 경험에 기반하여 지식을 형성한다고 보았으며 능동적인 학습을 통한 학생들의 자발적 탐구 활동의 중요성을 강조하였습니다. 그는 학생들에게 추상적인 학습 내용 대신, 실생활에 기초한 학습 환경을 제공해야 한다고 주장하였는데, 메이커 활동을 통한 학습은 피아제 사상에 기반한 이론들과 같은 맥락에 있습니다.

듀이(John Dewey)는 학생들이 현실 세계에 기반한 학제 간 프로젝트에 능동적으로 참여할 수 있어야 한다고 주장하였으며, 교육은 아이들이 현상을 주의 깊게 관찰하고, 관찰한 것을 이전의 경험과 관련지어 문제를 해결할 수 있도록 도와주어야 한다고 하였습니다. 이는 메이커교육이 강조하는 프로젝트 수업과 맥락을 같이 한다고 볼 수 있습니다.

마지막으로 메이커 활동의 아버지라고 불리는 시모어 패퍼트(Seymour Papert)에 대하여 이야기해 봅시다. 1928년 남아프리카공화국에서 태어난 시모어 패퍼트는 수학자, 컴퓨터 공학자, 인공지능 분야 개척자, 심리학자, 발명가 등 다양한 분야를 아우르는 활동을 하였습니다. 패퍼트는 완전한 이해를 통해 자신의 지식 구조에 포함될 수 있는 지식만이 활용할 수 있는 지식이며, 이를 위해 능동적으로 지식을 쌓는 경험이 중요함을 강조하였습니다. 그의 이론에 따르면 학습자는 실제로 무언가를 만들며 개념과 지식을 쌓을 수 있는데, 이는 학습자가 스스로 자신의 프로젝트를 만들고 실현하는 '과정'을 강조하는 메이커 교육과 일맥상통합니다.

---

20 실비아 마르티네즈, 게리 스테이저 (2020), 『메이커 혁명, 교육을 통합하다』, 송기봉, 김형일(역), 홍릉, pp.14−21 (참고하여 작성)

7 메이커 활동의 아버지 패퍼트가 인공지능 분야의 선구자?

메이커 활동의 아버지라 불리는 패퍼트는 MIT의 민스키(Marvin Minsky) 교수로부터 초빙을 받아 활동하게 되는데, 인공지능 연구 분야에서 퍼셉트론(Perceptron)의 한계를 수학적으로 증명해 내는 등 민스키 교수와 함께 인공지능 분야의 선구적인 일을 하게 됩니다.[21] 우리는 메이커 활동의 아버지로 불리는 패퍼트가 새로운 학문 분야인 인공지능과 관련하여서도 선구적인 역할을 담당했다는 사실을 통해서, 메이커 활동가다운 그의 면모를 다시 확인할 수 있습니다. 저는 패퍼트가 메이커 활동가로 활동하며 기른 자기주도성과 문제 해결력이 인공지능이라는 새로운 학문 분야에서 선구적인 역할을 하는 데 도움이 되었을 것이라 생각합니다.

다양한 학문 분야에서 두각을 드러냈던 메이커 활동가 패퍼트의 모습을 통해, 우리는 미지의 세계인 다가오는 인공지능 시대에 메이커교육의 의미를 되새겨볼 수 있으며, 필자는 메이커교육이 인공지능 시대를 살아갈 우리 아이들에게 반드시 필요한 교육이라고 생각합니다.

8 인공지능 시대와 메이커교육

메이커 활동의 아버지 패퍼트는 학생들이 경험을 통해 아이디어를 떠올리는 데 도움을 주는 '도구'를 만드는 일에 많은 노력을 기울였으며, 컴퓨터를 활용한 교육용 프로젝트를 강조하였습니다. 그는 학교에서 컴퓨터 교육은 실제 전등 스위치를 작동시키고, 녹음기를 조종하고, 켜는 등 다양한 장치나 기계들을 조종하는 방식으로 이루어져야 한다고 하였는데,[22] 이는 오늘날의 피지컬 컴퓨팅(Physical computing)[23] 기반 소프트웨어 교육과 흐름을 같이 합니다. 그리고 최근 피지컬 컴퓨팅 기반 소프트웨어 교육은 인공지능 기술의 발달에 발맞추어 일부 학교에서 인공지능을 활

---

21 실비아 마르티네즈, 게리 스테이저 (2020), 『메이커 혁명, 교육을 통합하다』, 송기봉, 김형일(역), 홍릉, p.23

22 실비아 마르티네즈, 게리 스테이저 (2020), 『메이커 혁명, 교육을 통합하다』, 송기봉, 김형일(역), 홍릉, p.24

23 피지컬 컴퓨팅이란 현실 세계의 다양한 데이터를 모니터나 장치로 입력받고, 장치에서 내린 명령을 현실 세계의 기기로 출력시키는 활동을 말한다.

용한 피지컬 컴퓨팅 교육으로도 진행되고 있습니다.

이러한 과정은 보통 프로젝트 교육으로 진행됩니다. 즉, 학생들은 스스로 생활 주변을 관찰하여 문제를 발견하고, 그 문제를 해결하기 위한 방법을 찾아 자기주도적으로 문제를 해결합니다. 이러한 점에서 인공지능을 활용한 피지컬 컴퓨팅 교육은 그 자체로 메이커 활동이라고 할 수 있습니다. 즉, 계획을 세우고 프로젝트를 진행하는 과정에서 학생들은 인공지능에 대한 이해의 폭을 넓힐 수 있고, 인공지능을 자기주도적으로 활용하여 문제를 해결하게 되며, 창의성과 자기주도성, 문제 해결력을 기를 수 있습니다.

이처럼 인공지능 시대에도 우리 교육 현장에서 메이커교육은 여전히 중요한 교육으로 자리 잡고 있습니다.

9 메이커교육 실천의 기본 마음가짐

메이커교육이 인공지능 시대를 살아갈 아이들에게 중요하다면, 우리가 자녀들에게 메이커 활동을 해보도록 도움을 줄 수는 없을까요? 자녀들과 메이커 활동을 해보려면 먼저 무엇부터 준비해야 할까요? 저는 마음가짐이 우선이라고 생각합니다.

우리가 자녀들에게 가장 많이 하는 말은 무엇인지 생각해 봅시다. 사람마다 빈도의 차이는 있겠지만 우리는 여러 가지 이유로 "안 돼!"라는 말을 자주 하게 되는 것 같습니다. 아이들이 거실을 어지럽히며 무언가를 만들고 있는 모습을 늘 사랑스러운 눈으로 바라보기만은 쉽지 않지요. 하지만 아이들은 타고 난 메이커이며 자기 스스로 계획을 세워 실행해 보는 경험을 통해 자기주도성과 문제 해결력을 습득하게 됩니다. 따라서 아이들의 모습을 보며 때로는 마음이 어려울 수도 있겠지만, 메이커교육을 위해 다음과 같은 마음가짐을 가지고 아이들을 응원해 주면 어떨까요?

Tip 메이커교육 실천의 기본 마음가짐

① 호기심을 장려해 주세요.

자녀들의 질문에 대답하고, 함께 탐구하는 활동을 즐기려는 마음을 가져봅시다. 호기심은 메이커의 핵심역량이며 새로운 아이디어를 생성하고 실행하는 핵심 동력이 되기 때문입니다.

② 자유로운 탐구 환경을 만들어 주세요.

안전하고 자유로운 탐구 환경을 제공하여 자녀가 다양한 실험을 시도해 볼 수 있는 정서적 물리적 기반을 조성해 줍시다. 자녀가 프로젝트를 구상하고 실현할 수 있도록 필요한 도구와 자재를 제공하여 적극적으로 탐구할 수 있도록 장려해 주십시오. 이러한 환경에서 자녀는 다양한 시도를 할 수 있을 것이며 이 과정에서 창의성을 기를 수 있을 것입니다.

③ 긍정적으로 피드백해 주세요.

자녀의 시도에 대한 긍정적 피드백은 계속적으로 탐구할 수 있는 원동력이 됩니다. 결과가 좋지 않더라도 노력을 인정하고 긍정적으로 피드백을 해주면 자녀는 실패를 두려워하지 않고 새로운 도전을 할 수 있는 자신감을 갖게 될 것입니다. 그리고 이 과정에서 겪게 되는 성공과 실패, 개선의 경험은 스스로 계획을 세워 탐구할 수 있는 자기주도성을 기르는 데 중요한 역할을 하게 될 것입니다.

④ 재료에 대해 열린 마음을 가져 주세요.

자녀가 메이킹 활동에 활용하는 재료가 하찮게 여겨지는 작은 것일 수도, 최첨단 기술과 관련된 것일 수도 있으나 이 모든 것에 열린 태도를 가지면 좋겠습니다. 예를 들어 자녀가 아이스크림 막대를 가지고 무언가를 만들 수도, 마이크로비트와 같은 보드로 코딩을 하며 생활에 필요한 물건을 만들 수도 있으나, 이 모든 것이 메이킹 활동이므로 열린 태도를 가져 주십시오.

10 이러한 메이킹 활동을 해보세요.

그렇다면 우리는 자녀들과 어떤 메이킹 활동을 할 수 있을까요? 자녀의 나이에 따라 메이킹 활동의 재료나 주제는 다를 수 있겠지만, 나이가 관계 없는 경우도 있습니다. 메이킹 활동의 가장 좋은 점은 재미있다는 것입니다. 노는 것인지 학습을 하는 것인지 알지 못하는 사이에 많은 것을 배울 수 있습니다. 다음과 같은 활동을 해보며 자녀들과 즐거운 시간을 가져 보시면 좋겠습니다.

(1) 아이스크림 막대를 활용한 만들기

아이스크림 막대를 활용한 만들기는 쉽게 구할 수 있는 재료로 짧은 시간에도 할 수 있는 편안한 활동입니다. 인터넷에서 'popsicle stick art' 또는 'popsicle stick craft' 등으로 검색하면 다양한 작품들을 볼 수 있습니다. 필요한 재료는 아이스크림 막대, 글루건 또는 양면테이프, 가위, 자 정도입니다. 아이스크림 막대를 활용하여 다양한 모양의 도형, 잠자리 등 매우 쉽고 간단한 것으로부터, 휴대폰 거치대, 액자 등 실생활에 활용할 수 있는 작품을 만들 수 있습니다. 그리고 투석기나 고무줄 총과 같이 놀이를 할 수 있는 작품, 마을, 집 등 미적 요소를 강조할 수 있는 작품까지 다양한 것을 만들 수 있습니다. 쉬운 작품으로 시작하여 점차 어려운 작품에 도전할 수 있으며 만들 수 있는 소재도 무궁무진합니다. 같은 작품이라도 서로 다르게 만들 수 있어서 아이들의 상상력과 창의성을 기를 수 있으며, 계획부터 제작까지 다양한 목적별로 프로젝트 활동을 진행할 수 있으므로 가장 편안하게 접근할 수 있는 메이킹 활동으로 추천합니다.

[그림 9] **아이스크림 막대를 활용한 메이킹 활동**

출처: 저자 제공.

(2) 나무 도막을 활용한 만들기

나무는 인류가 오랫동안 도구로써 사용해 왔으며 아이들도 쉽게 접할 수 있는 훌륭한 교구입니다. 대부분의 아동용 장난감이 플라스틱으로 이루어진 오늘날, 목재의 질감과 향은 아이들에게 편안함을 줄 수 있습니다. 그리고 아이들은 의외로 나무로 된 교구를 좋아합니다. 카프라라고 불리는 나무 도막 또는 그와 비슷한 많은 나무 도막 교구는 훌륭한 메이킹 활동 도구입니다. 카플라(KAPLA) 혹은 카프라는 네덜란드어로 요술 판자라는 뜻인데 단순한 나무 조각으로 요술과 같이 멋진 작품을 만들 수 있어서 붙여진 이름이라고 합니다.[24] 단지 몇 조각을 쌓는 것만으로도 재미를 느낄 수 있습니다. 나무 도막 높게 쌓기 활동은 아주 단순해 보이지만, 점점 높게 쌓아가면서 튼튼한 건축물을 만들려면 어떤 구조가 필요한지 고민해볼 수 있으며, 아름답게 꾸미고자 하는 미적 욕구도 갖게 됩니다. 필요한 재료는 나무 도막뿐이고 간단한 작품으로 시작하여 복잡한 작품까지 다양한 프로젝트를 경험해 볼 수 있는, 역시 쉽게 시작할 수 있는 메이킹 활동으로 추천합니다.

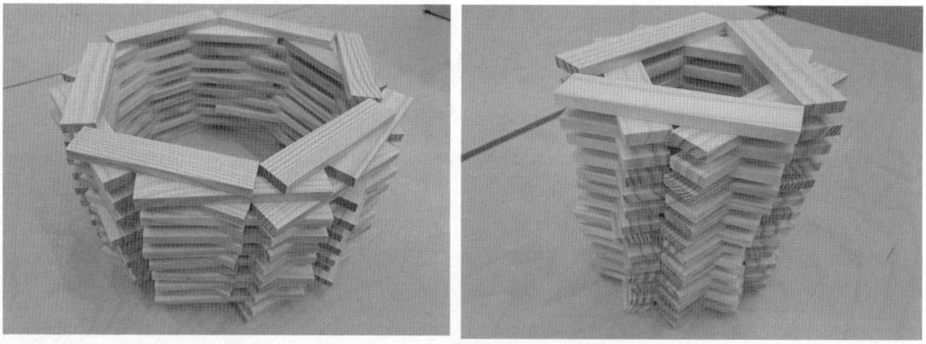

[그림 10] **나무 도막 교구(카프라)를 활용한 메이킹 활동**

출처: 저자 제공.

(3) 빨대를 활용한 만들기

빨대 또한 훌륭한 메이킹 도구입니다. 아이스크림 막대를 활용한 메이킹 활동처

---

24 이승철 (2014), "카프라? 그게 뭐지? 처음 듣는 소린데", 오마이뉴스, https://www.ohmynews.com/NWS_Web/View/at_pg.aspx?CNTN_CD=A0001980799

럼 빨대와 가위, 목공풀 또는 글루건을 활용하여 실생활에 필요한 물건 또는 감상용 작품을 쉽게 만들 수 있습니다. 또한 4D프레임과 같이 관절을 이용한 빨대 프레임 교구를 활용하면 기하학의 원리, 입체 도형과 건축물의 구조를 이해할 수 있습니다. 빨대는 굽어지기도 하고 쉽게 자를 수 있어서 다양한 모양을 만들 수 있으며, 상상력과 창의력을 기르기에 좋습니다. 그리고 원하는 모양 및 구조를 만드는 과정에서 많은 문제에 부딪히게 되는데, 이를 해결하는 과정에서 문제 해결력을 기를 수 있기에 메이킹 활동으로 추천합니다.

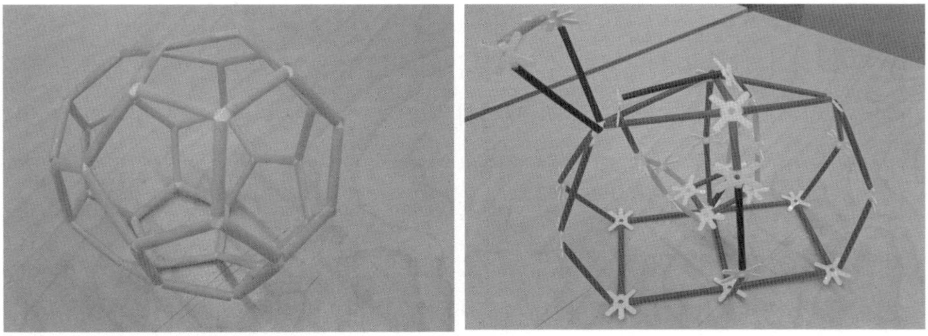

[그림 11] **빨대 교구(4D 프레임)을 활용한 메이킹 활동**

출처: 저자 제공.

(4) 코딩

메이킹 활동은 기본적으로 구체적 조작 활동으로 이루어지지만 넓은 의미에서는 자기주도적으로 무언가를 만드는 모든 활동을 포함한다고 볼 수 있습니다. 절차적 사고와 컴퓨팅 사고력을 기를 수 있는 코딩(프로그래밍) 활동도 역시 훌륭한 메이킹 활동입니다. 시중에는 유아 또는 초등학교 저학년, 중학년을 위한 언플러그드 코딩 교구들이 많이 나와 있습니다. 언플러그드 활동이란 컴퓨터를 사용하지 않으면서 코딩 교육으로 얻을 수 있는 이점을 살린 활동인데, 순차적·논리적으로 사고하는 방법을 기르기 위해 아이콘 카드를 이용하거나 보드게임을 활용합니다.

초등학교 고학년, 중학교 저학년 단계에서의 코딩 교육은 주로 컴퓨터로 이루어지며 단어 블록을 활용한 블록 코딩으로 이루어집니다. 가장 많이 활용하는 교육용 프로그래밍 언어(EPL, Educational Programming Language)로는 MIT에서 만든 스크래치(Scratch.mit.edu)와 네이버 커넥트 재단에서 만든 엔트리(playentry.org)가 있습니다. 대부분의 부모님들이 코딩을 직접 경험해 보지 않았기에 코딩에 대한 막연한 두려움을 갖고 있는 경우가 많은 것 같습니다. 그래서 코딩을 어떻게 가르쳐야 하나 고민하고 학원을 알아보는 경우도 보았습니다. 하지만 블록 코딩은 초등학생이 할 수 있는 것인 만큼 누구나 조금만 노력하면 쉽게 익힐 수 있습니다. 지금 바로 컴퓨터를 켜고 위의 두 사이트에 접속해서 코딩해 보십시오. 꽤 쉽고 재미있다는 것을 발견하게 될 것입니다.

블록 코딩을 활용하여 학생들은 다양한 창작품을 만들 수 있습니다. 다양한 블록을 사용해 보며 각 프로그래밍 언어별로 언어의 약속을 탐구할 수 있고, 점차 논리를 익혀 절차적 사고력을 기를 수 있습니다. 또한 스스로 계획을 세워 문제를 해결하는 과정에서 자기주도성과 문제 해결력을 기를 수 있습니다. 최근에는 블록 코딩에서도 이미지 인식, 음성 인식 등 인공지능 기술을 쉽게 활용할 수 있도록 다양한 블록들이 추가되었기에, 아이들은 코딩을 통해 인공지능을 어떻게 활용할 수 있을지에 대해 고민할 수 있고, 인공지능을 활용한 문제 해결 능력, 인공지능 활용 능력도 기를 수 있습니다. 이처럼 코딩을 통한 인공지능 활용 메이커 활동은 인공지능 시대를 살아갈 아이들에게 직접적으로 도움을 줄 수 있기에 추천합니다.

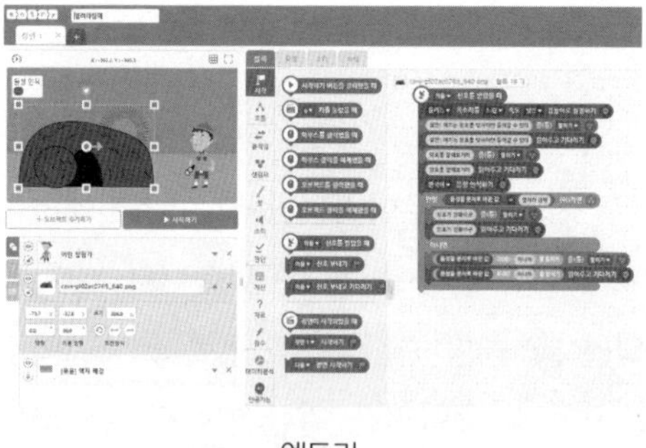

엔트리

스크래치

[그림 12] **코딩을 활용한 메이킹 활동**

출처: 저자 제공.

(5) 피지컬 컴퓨팅 활용 메이킹 활동

피지컬 컴퓨팅이란 현실 세계의 다양한 데이터를 모니터나 장치로 입력받고, 장치에서 내린 명령을 현실 세계의 기기로 출력시키는 활동을 말합니다. 쉽게 말하면 코딩한 결과를 화면으로만 보는 것이 아니라, 코딩을 통해 현실 세계의 로봇을 작동시키는 것이 피지컬 컴퓨팅의 예가 될 수 있습니다. 앞서 말한 메이커 활동의 아버지 패퍼트가 강조한 것이 피지컬 컴퓨팅이며 피지컬 컴퓨팅은 프로젝트 계획 수립, 실행, 결과물 공유의 절차를 거치는 매우 훌륭한 메이킹 활동입니다. 초등학교에서 활용하는 피지컬 컴퓨팅에는 크게 로봇과 전자 보드가 있습니다. 그리고 로봇에는 완성된 형태의 완성형 로봇과 브릭을 활용해 직접 만드는 조립형 로봇이 있습니다. 피지컬 컴퓨팅은 내가 코딩한 것을 실물로 움직이게 할 수 있어서 아이들의 흥미를 유발하기에 좋습니다. 또한 최근에는 인공지능 기능을 이용한 코딩을 통해 기기를 작동시키는 것도 가능하므로, 인공지능 기술에 대한 이해를 높이고 인공지능 기술의 활용 능력도 길러줄 수 있는 훌륭한 메이킹 활동입니다. 예를 들어, 학생들은 인공지능을 활용한 안면인식 도어락이나 음성으로 조종하는 자동차를 만드는 프로젝트를 할 수 있습니다. 이러한 프로젝트는 아이들이 센서, IoT, 데이터 분석에 대한 경험을 통해 고급 프로그래밍 또는 다양한 기술을 습득하고 문제 해결력을 기르는 데 도움을 줄 수 있기에 좋은 메이킹 활동으로 추천합니다.

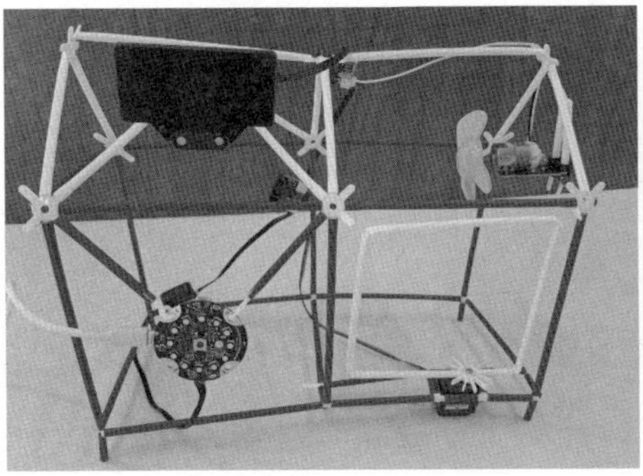

할로코드, 4D 프레임

스파이크프라임

[그림 13] **피지컬 컴퓨팅을 활용한 메이킹 활동**

출처: 저자 제공.

11 메이커교육, 천리 길도 한 걸음부터!

메이커교육은 계속해서 발전하고 있는 인공지능 시대를 살아갈 우리 아이들에게 자기주도성과 창의성, 문제 해결력을 길러줄 수 있습니다. 더욱이 기술의 발달로 다양한 학문 분야 및 인공지능과 연계한 메이커교육도 가능해졌습니다. 즉, 디지털 미디어와 인공지능, 가상 현실 기술을 활용한 메이커교육이 가능해지면서 메이커교육의 소재도 다양화되어 메이킹 활동을 보다 흥미롭게 즐길 수 있게 되었습니다.

어린이들은 항상 무언가를 만듭니다. 모래성, 나무집, 인형 옷, 레고 블록 자동차 같은 것들부터 쓸모없어 보이는 물건들까지. 어린이들은 친구들이나 어른들에게 자신이 만든 것을 보여 주고 함께 실험하며 놀고 배우는 메이커입니다. 비단 어린이뿐만 아니라 나이의 많고 적음을 떠나 우리는 모두 메이커가 될 수 있습니다. 메이커가 되는 가장 쉬운 방법은 일단 무언가를 만들어 보는 것입니다. 다양한 것을 시도해보고 만들어 보는 메이커 활동을 통해 우리는 재능과 정체성을 찾을 수 있으며, 자기주도성과 창의성, 문제 해결력을 기를 수 있습니다.

많은 말이 필요치 않습니다. 지금 바로 주변의 물건을 찾아봅시다. 그리고 만들어 봅시다. 메이커교육의 슬로건처럼 상상하고, 만들고, 공유해 봅시다!

정 한 별

- 서울교육대학교 교육대학원 인공지능과학융합전공 석사
- AIEDAP(아이에답) 마스터 교원, 서울특별시 AI 융합교육 선도교사
- 서울 서부 · 남부 영재교육원, 강남서초 · 성북강북 발명교육센터 강사
- 전문 분야: 초등 SW · AI 교육, 메이커교육, 로봇 및 피지컬컴퓨팅

CHAPTER

04

AI 시대 본격적 진로 준비

1. 4차 산업혁명과 미래 직업 _ 이지상
2. AI를 알고 나의 진로를 준비하자! _ 박진우
3. AI 융합 진로탐색 전략 _ 여경진
4. 대학에서 원하는 AI 관련 고등학교 활동 _ 윤영집
5. AI 관련 대학 학과 진학하기 _ 임부현

시대의 흐름을 읽고 미래를 예견하는 일은 쉽지 않습니다. 네 번째 장에서는 학생들의 진로 및 진학 지도 전문성을 가지고 왕성하게 활동하고 있는 저자들의 전문적 의견을 모았습니다. 처음에는 초중고 상관없이 누구나 참고할 수 있는 흥미로운 미래 직업을 살펴볼 수 있습니다. 학교 현장에서 학생들과 AI를 활용하며 학생들의 진로를 함께 대비한 선생님들의 경험 이야기와 함께 지속가능 발전목표를 연계한 실생활 프로젝트 및 교실에서 생성형 AI를 활용한 진로탐색 전략을 담았습니다. 대학에서 원하는 AI 관련 고등학교 활동 편은 실제 면접관이 어떤 질문을 하며, 어떻게 준비해야 하는지 세밀한 정보를 제공합니다. 마지막으로 AI 관련 대학 학과 진학하기 편은 점점 인기를 더해가고 있는 AI 관련 대학 학과 진학의 실상을 파악하고, 진로 방향 및 대학 진학에 대한 성찰을 제시하며 학부모로서의 진로 역량 강화를 지원합니다. 네 번째 장의 내용을 통해 빠르게 변화하는 직업 세계를 대비하는 학생들과 부모님뿐만 아니라 학생들의 진로 진학을 위해 애쓰시는 현장의 선생님들에게도 AI 시대 진로 준비를 본격적으로 시작하기 위한 든든한 길잡이가 되기를 바랍니다.

4차 산업혁명과 미래 직업

이지상

1 사회와 직업 세계의 변화

4차 산업혁명 시대에 우리가 직면한 가장 큰 변화의 주제는 무엇일까요? 그것은 인공지능, 빅데이터, 로봇공학, 블록체인 등으로 불리는 첨단 기술의 발달입니다. 단순히 없던 기술이 새로 개발되어 우리 생활이 편리해졌다는 단계를 넘어 그러한 변화에 대해 "우리는 지금 어떤 준비를 해야 할까?"라고 고민해야 하는 시점입니다. 특히 미래를 살아갈 우리 학생들의 진로에 있어서 이러한 변화는 가장 중요한 전제조건입니다. 그리고 부모의 역할은 자녀가 미래의 변화를 미리 준비하고 역량을 키워나가 성인이 되었을 때 주도적인 사회 구성원으로서 살아갈 수 있도록 도와주는 것이 아닐까 합니다.

[표 1] 시대별 인기 직업

1950년대	1960년대	1970년대	1980년대	1990년대	2000년대
군 장교	택시운전사	트로트 가수	증권 · 금융인	프로그래머	공인회계사
의사	자동차엔지니어	건설기술자	반도체엔지니어	벤처기업가	국제회의 전문가
영화배우	다방 DJ	무역업 종사자	야구선수	웹마스터	커플매니저
권투선수	은행원	화공엔지니어	탤런트	펀드매니저	사회복지사
타이피스트	교사	기계엔지니어	드라마프로듀서	외환딜러	IT 컨설턴트
의상디자이너	전자제품기술자	비행기 조종사	광고기획자	가수	인테리어디자이너
서커스 단원	가발기술자	대기업 직원	카피라이터	연예인 코디네이터	한의사
공무원	섬유엔지니어	노무사	선박엔지니어	경영컨설턴트	호텔지배인
전화교환원	버스안내양	항공 여승무원	통역사	M&A전문가	프로게이머
전차운전사	방송업계 종사자	전당포 업자	외교관	공무원	생명공학연구원

*주: 인기 직업은 김병숙 경기대 교수의 저서 「한국직업발달사」, 이종구 경희대 교수의 논문 「한국직업변천사」, 김준성 직업평론가의 의견을 참조해 매경이코노미가 직접 선정했음

출처: https://m.mk.co.kr/economy/view.php?sc=50000001&year=2011&no=64969

과거에는 안정적인 수입과 높은 사회적 지위를 보장하는 의사, 변호사, 공무원 등이 대표적인 직업이었습니다. 하지만 최근의 조사 결과를 보면 이러한 전통적인 직업의 선호도는 점차 변화하고 있습니다. 1950년대의 인기 직업을 보면 군 장교나 의사, 영화배우, 공무원 등 지금도 여전히 인

기가 있는 직업이 있는가 하면, 타이피스트(typist)나 서커스 단원, 전화 교환원, 전차 운전사 등 지금은 존재하지도 않거나 지금의 기준으로는 도무지 유망 직업이라 할 수 없는 직업도 포함되어 있다는 사실을 확인할 수 있습니다.

대한민국 역대 인기 직업 변천사(1950~2020)

현재의 학생들에게 어떤 직업을 추천하고자 할 때, 우리는 상당히 혼란스럽습니다. 전통적으로 인기 있는 직업을 추천해야 할지, 아니면 새로 만들어진 직업을 추천해야 할지 확신할 수 없습니다. 만약 지금의 내가 과거로 돌아가서 그 당시 유망할 직업을 고른다면 이는 어렵지 않은 선택일 것입니다. 왜냐하면 각각의 시대와 산업의 발전 방향을 이미 알고 있는 상황에서는 특정 직업을 고르는 건 쉬운 일이기 때문입니다. [표 1] 시대별 인기 직업에 따르면 지금 그토록 인기 있는 의사는 1950년대 이후 2020년대까지 유망 직업에 존재하지 않습니다. 다방 DJ나 가발 기술자, 버스 안내양 등 당시에는 유망하였으나 시대변화에 따라 급격히 쇠퇴하거나 사라진 직업입니다. 그러한 직업이 왜 사라졌는지 우리는 잘 알고 있습니다. 이것은 시대의 흐름, 기술의 발달을 이해한다면, 지금의 수많은 유망 직업 중에서 실제로 오래 살아남는 직업과 잠시 붐을 일으키다가 사라질 직업을 예측할 수 있다는 뜻입니다.

[표 2] 중학생 희망 직업 상위 10위

순위	2020년	2021년	2022년
1	교사	교사	교사
2	의사	의사	의사
3	경찰관/수사관	경찰관/수사관	운동선수
4	군인	운동선수	경찰관/수사관
5	운동선수	군인	컴퓨터공학자/소프트웨어개발자
6	뷰티디자이너	공무원	군인
7	공무원	요리사/조리사	시각디자이너
8	간호사	컴퓨터공학자/소프트웨어개발자	요리사/조리사
9	요리사/조리사	뷰티디자이너	뷰티디자이너
10	컴퓨터공학자/소프트웨어개발자	경영자/CEO	공무원

[표 3] 고등학생 희망 직업 상위 10위

순위	2020년	2021년	2022년
1	교사	교사	교사
2	간호사	간호사	간호사
3	군인	군인	군인
4	의사	경찰관/수사관	경찰관/수사관
5	생명과학자 및 연구원	컴퓨터공학자/소프트웨어개발자	컴퓨터공학자/소프트웨어개발자
6	경찰관/수사관	공무원	뷰티디자이너
7	뷰티디자이너	의사	의사
8	컴퓨터공학자/소프트웨어개발자	경영자/CEO	경영자/CEO
9	보건·의료분야 기술직	생명과학자 및 연구원	생명과학자 및 연구원
10	경영자/CEO	보건·의료분야 기술직	요리사/조리사

출처: https://www.joongang.co.kr/article/25126793#home

최근 희망 직업을 조사한 자료를 보면 과거부터 지금까지 꾸준히 사랑받으며 살아남은 유망 직업조차 온도 차가 있음을 알 수 있습니다. 지금까지 부동의 희망 직업 1위는 교사였습니다. 2022년 조사에서도 교사를 희망하는 학생이 많았습니다. 2위, 3위 직업은 남학생과 여학생의 성향에 따라 나뉘는데, 주로 여학생은 간호사를 선호하고 남학생은 군인이나 경찰을 선호합니다. 하지만 이러한 교직 선호 분위기도 최근 학령인구의 감소에 따른 정부의 교원 감축 방침과 교권 추락 사태의 영향으로 사범대 경쟁률이 크게 하락하는 상황입니다.

[그림 1] **사범대 수시 모집 경쟁률**

[그림 2] **사범대 학과별 경쟁률**

출처: https://www.joongang.co.kr/article/25126793#home

수시 모집 4.57대 1… 사범대 '반토막'

공무원도 마찬가지입니다. 한동안 인기 직업이었으나 이제는 순위에서 떨어지는 추세를 보이고 있습니다. 공무원이 2020년 7위, 2021년 6위에 머무르던 중, 2022년에는 중학생 희망 직업에서 10위, 고등학생 희망 직업에서 11위로 하락하였습니다. 공무원의 인기가 떨어진 대표적인 이유로는 '박봉'으로 상징되는 낮은 임금입니다.

2023년 9급 공무원 1호봉의 세전 월급은 177만 원, 7급은 200만 원, 5급은 265만 원입니다. 물론 여기에 상여금, 추가 근로 수당, 식비 등이 붙겠지만 여전히 낮은 수준입니다. 최근 2~3년 새 기업 전반의 급여가 큰 폭으로 올랐지만, 공무원의 급여 상승률은 지지부진해 차이가 더 벌어졌습니다. 과거에는 급여가 다소 적더라도 직업 안정성과 연금 때문에 공무원을 선호했지만, 지금은 분위기가 많이 변한 것을 알 수 있습니다.

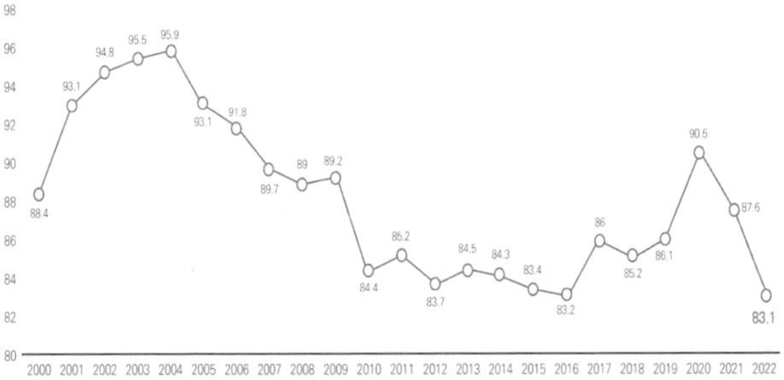

[그림 3] **민간 대비 공무원 보수수준 추이**

출처: e-나라지표

[그림 4] **공무원 선호도 설문조사**

출처: 취업플랫폼 캐치

[포켓이슈] **'공무원이 최고야'는 옛말, 지금은 'ㅇㅇㅇ'이 최고야**

이와 반대로 2022년에 실시된 조사에 따르면 학생들의 희망 직업에서 소프트웨어개발자, 컴퓨터 공학자 등의 순위가 높아진 것으로 나타났습니다. 특히 중학생의 경우, 컴퓨터 공학자·소프트웨어 개발자 관련 직업이 2020년 10위에서 2022년 5위로 크게 상승하였고, 고등학생도 2년 연속 5위를 차지하였습니다. 2023년 지금도 변함없이 컴퓨터공학과나 소프트웨어 관련 학과에 많은 학생이 몰리고 있습니다.

이러한 결과는 4차 산업혁명의 영향으로 풀이될 수 있습니다. 인공지능(AI) 전문가, 로봇공학자, 3D 프린팅 전문가 등 새로운 직업을 희망하는 학생들의 비율이 10년 전에 비해 두 배 이상 늘었습니다. 이것은 4차 산업혁명 시대에 주목받는 직종에 관한 관심이 높아진 것을 보여줍니다. 4차 산업혁명 시대에 적응하고자 하는 학생들의 노력이며, 미래의 사회가 요구하는 직업에 대한 인식의 변화를 보여주는 중요한 지표라 할 수 있습니다.

[표 4] 주요 대학교의 자연계 학과 선호도 변화(최근 3년, 서연고 등)

* 의치한수, 약대, 간호 제외
* 주요 11개대 정시 경쟁률 상위 3개 학과 집계 기준

No	2021학년도			2022학년도			2023학년도		
	학과분류	학과수	비율	학과분류	학과수	비율	학과분류	학과수	비율
1	생명	3	10.0%	AI	4	13.3%	컴퓨터	6	20.0%
2	컴퓨터	3	10.0%	생명	3	10.0%	반도체	4	13.3%
3	에너지	3	10.0%	컴퓨터	3	10.0%	AI	3	10.0%
4	식품	2	6.7%	수학	2	6.7%	에너지	2	6.7%
5	의류	2	6.7%	지구과학	2	6.7%	데이터통계	2	6.7%
6	건축	2	6.7%	천문	1	3.3%	화학	2	6.7%
7	수학	2	6.7%	화학	1	3.3%	정보통신	1	3.3%
8	기계	1	3.3%	공대	1	3.3%	자동차	1	3.3%
9	과학	1	3.3%	반도체	1	3.3%	공대	1	3.3%
10	조경	1	3.3%	항공	1	3.3%	교통	1	3.3%
11	AI	1	3.3%	디스플레이	1	3.3%	전자전기	1	3.3%
12	자동차	1	3.3%	지리	1	3.3%	뇌인지	1	3.3%
13	교통	1	3.3%	데이터통계	1	3.3%	지리	1	3.3%
14	의생명	1	3.3%	도시공	1	3.3%	건축	1	3.3%
15	공대	1	3.3%	전기전자	1	3.3%	의류	1	3.3%
16	조선해양	1	3.3%	뇌인지	1	3.3%	생명	1	3.3%
17	융합공학	1	3.3%	자동차	1	3.3%	수학	1	3.3%
18	반도체	1	3.3%	화공생명	1	3.3%			
19	융합	1	3.3%	건축	1	3.3%			
20	디스플레이	1	3.3%	의생명	1	3.3%			
21				융합공학	1	3.3%			
-	총합계	30	100.0%	총합계	30	100.0%	총합계	30	100.0%

출처: https://it.chosun.com/news/articleView.html?idxno=2023092101296

2 4차 산업혁명 시대의 기술과 직업

아이폰의 등장은 직업 세계에 있어서도 혁명 같은 일이었습니다. 단순히 성능이 우수한 핸드폰의 등장이라기에는 사회, 문화, 산업 분야에 많은 변화를 가져왔습니다.

스마트폰의 등장으로 인해 당장 소비가 급격히 줄거나 아예 쓸모없어진 제품이 생기게 되었습니다. 손전등, 시계(알람 시계, 스톱워치, 타이머), 거울, 지도(GPS 장치, 네비게이션), 신용카드(삼성페이, 애플페이), 휴대용 녹음기, 유료 문자서비스, 라디오, 카메라, 비디오 캠코더, 종이 티켓(버스, 극장), MP3 플레이어, PMP 영상플레이어, 전자사전 등이 바로 그것입니다.

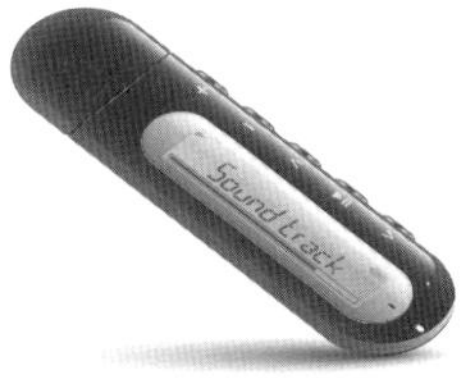

[그림 5] MP3 플레이어

[그림 6] 전자사전

[그림 7] 디지털 카메라

2007년 1월 9일 미국 캘리포니아주 샌프란시스코 애플 맥월드 키노트 행사장. 애플 창업자 스티브 잡스가 무대에 올랐습니다. "오늘은 제가 2년 반 동안, 가장 기다려 온 날입니다."라며 그가 말을 꺼냈습니다. "이건 3개의 독립된 기기가 아닙니다. 이것은 하나의 통합된 기기라고 할 수 있죠. 우리는 그것을 아이폰이라고 부를 겁니다."라며 아이폰을 세상에 처음 공개했습니다.

[그림 8] 2007년 스티브 잡스의 아이폰 출시 프레젠테이션

출처: https://metro.co.uk/2017/01/09/it-changes-everything-heres-steve-jobs-introducing-the-first-iphone-exactly-10-years-ago-6370251

전설의 스티브 잡스 프레젠테이션 - 세상을 바꾼 1세대 아이폰 2007년 공개 중요 부분 요약

과연 특정 제품이나 서비스만 영향을 받았을까요? 당연히 해당 제품이나 서비스에 종사하는 사람과 해당 직종도 변화를 맞이하게 됩니다. 스마트폰의 등장으로 없어지거나 변화를 맞이한 직업들은 다음과 같습니다.

[그림 9] **대학교 졸업식 사진사**

출처: http://m.pn.or.kr/news/articleView.html?idxno=16994

■ 사진관 사장, 필름 개발자

스마트폰에 내장된 고화질 카메라와 사진 편집 앱의 발전으로 인해 전통적인 사진관과 필름 개발이 매우 감소했습니다.

■ 음악 판매점

스트리밍 서비스의 등장으로 CD나 레코드 판매점은 큰 타격을 입었고, 많은 음반 판매점이 문을 닫게 되었습니다.

■ 전화번호부, 지도 제작자

스마트폰에는 연락처 관리 기능과 GPS 기반 지도 앱이 내장되어 있어, 이전에 필요했던 전화번호부나 종이 지도의 수요가 크게 줄었습니다. 스마트폰이 나오기 이전에는 통신사에서 부가서비스로 무려 내비게이션 요금제가 있었습니다.

[그림 10] **스마트폰 이전 내비게이션**

출처: https://kr.aving.net/news/articleView.html?idxno=44042

■ 택시 호출센터

스마트폰의 택시 호출 앱이 등장하면서 전화를 통한 택시 호출 서비스는 점차 사라지고 있습니다.

■ 시계 수리사

스마트폰에는 시계 기능이 내장되어 있어, 많은 사람들이 손목시계를 차지 않게 되었습니다. 이로 인해 시계 수리사의 수요가 감소하였습니다.

■ 여행사

스마트폰을 통해 항공편을 예약하고 숙소를 찾는 등 여행 계획을 직접 세울 수 있게 되어, 전통적인 여행사의 역할이 줄어들었습니다.

이처럼 기술의 발달은 필연적으로 해당 산업 구조와 직업 세계의 변화를 가져옵니다. 우리 앞에 다가온 4차 산업혁명으로 인해 우리는 다시 어떤 산업이 흥하고 어떤 직업이 없어지게 되는가를 생각해야 합니다. 4차 산업혁명 기술에 의해 위협을 받을 수 있는 직업은 콜센터 상담원, 생산 및 제조 관련 단순 종사원, 의료 진단 전문가, 금융사무원, 창고작업원, 계산원 등이 있습니다.

4차 산업혁명 기술에 의해 위협받는 직업은 주로 어떤 특징을 갖고 있을까요?

기술에 의해 대체되기 쉬운 직업은 주로 육체적인 직업, 정신적인(인지적) 직업으로 나누고 규칙적인 작업(정형 업무), 불규칙적인 작업(비정형 업무)으로 나누어 생각할 수 있습니다. 위의 그림을 보면 알겠지만, 단순하고 규칙적인 업무(정형 업무)가 가장 먼저 로봇이나 인공지능에 대체됩니다.

[그림 11] **4차 산업혁명 시대의 위기 직업**

출처: https://www.sisajournal.com/news/articleView.htm idxno=214346

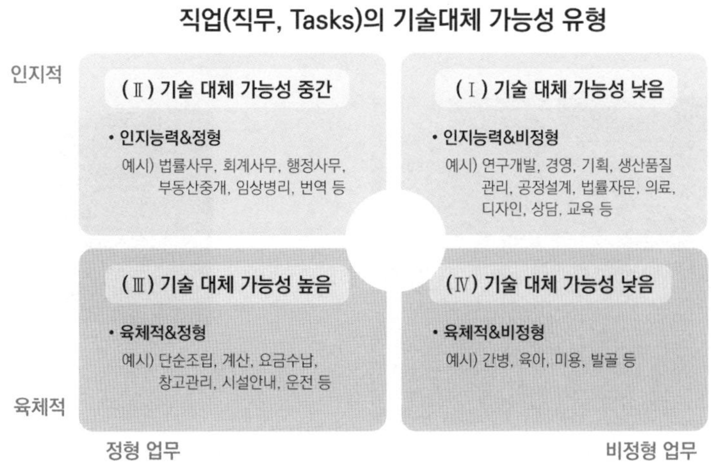

[그림 12] **직업의 기술 대체 가능성 유형**

출처: 김동규, 이은수 (2019), 『4차 산업혁명 시대 내 직업 찾기』, 한국고용정보원, p.12

우리 주변에서 쉽게 찾아볼 수 있는 예로는 햄버거 가게의 키오스크나 고속도로의 하이패스가 있습니다.

[그림 13] **키오스크**

출처: https://www.hani.co.kr/arti/science/technology/987667.html

[그림 14] **하이패스**

출처: https://ko.wikipedia.org/wiki/하이패스

쉽게 오해하기 쉬운 것 중 하나는 정신적인 업무보다는 육체적인 업무가 더 쉽게 로봇이나 기계에 대체될 것이라는 생각인데, 실제로는 업무에 규칙적인 패턴이 있는가 그렇지 않은가가 더 중요합니다. 또한 예전에는 창의적인 영역에서 인간을 뛰어넘기 위해서는 시간이 걸릴 것으로 생각하곤 하였는데, 그림, 소설, 음악 등 창작의 영역에서도 인공지능이 활약함에 따라 기존의 어떤 영역도 4차 산업혁명의 기술에서 안심할 수 없음을 알 수 있습니다.

[그림 15] **인공지능이 그린 그림**

출처: http://m.viva100.com/view.php?key=20220204010000768

[그림 16] **인공지능이 쓴 소설**

출처: https://hypebeast.kr/2021/8/artificial-intelligence-writer-new-novel-published-param-book

그렇다면 4차 산업혁명 기술에 의해 직업의 구조는 어떤 형태로 나타나게 될까요? 4차 산업혁명 기술 관련 직업은 하단 그림과 같이 크게 4가지 형태 나눌 수 있습니다.

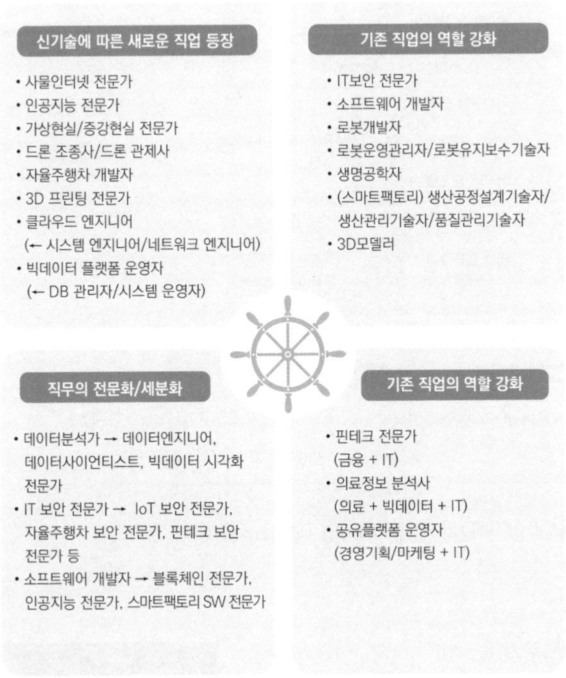

[그림 17] **직업구조 변화의 유형**

출처: 김동규, 이은수 (2019), 『4차 산업혁명 시대 내 직업 찾기』, 한국고용정보원, p.16

먼저 인공지능이나 드론, 자율주행차와 같이 과거에는 없던 새로운 기술을 기반의 직업이 새로 생기는 일입니다. 이는 우리가 쉽게 생각할 수 있는 미래의 직업입니다. 하지만 그 외에도 직업에 따라 원래 있던 직업이 더욱 강화되거나, 혹은 하나의 직업이 세분화하여 나눠지기도 하고, 기존의 직업이 IT 기술과 융합하기도 합니다.

4차 산업혁명 시대의 유망한 직업에는 무엇이 있을까요?

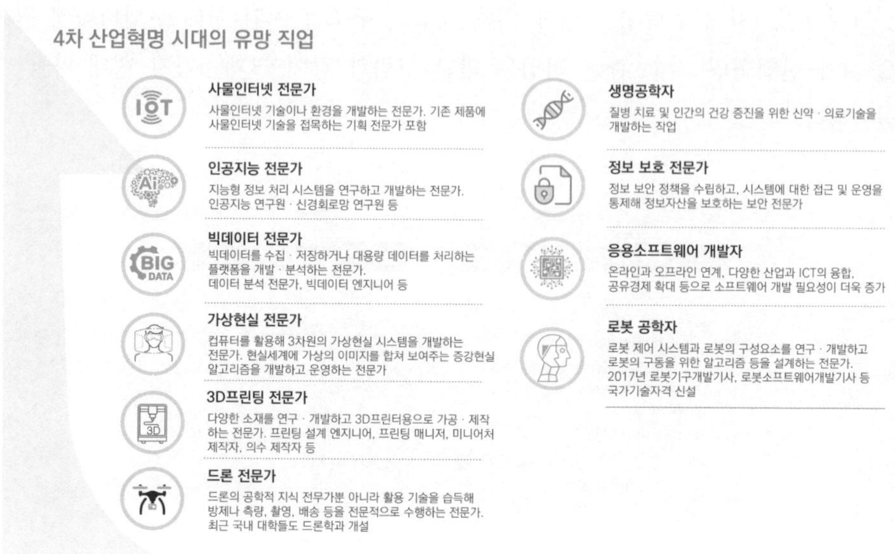

[그림 18] **4차 산업혁명 시대의 유망 직업**

출처: https://www.sisajournal.com/news/articleView.html?idxno=214346

사물인터넷(IoT)과 빅데이터(Big Data) 3분 완벽 정리!

■ 사물인터넷 전문가

사물인터넷(IoT) 전문가는 사물과 인터넷을 연결하여 스마트 시스템을 구축하고 관리하는 역할을 수행합니다. 사물인터넷은 다양한 기기와 센서를 통해 정보를 수집하고 분석하여 자동화된 시스템을 구현하는 기술입니다. 사물인터넷 전문가는 하드웨어와 소프트웨어에 대한 깊은 이해와 전문적인 지식을 갖추고 있어야 합니다.

[그림 19] **사물인터넷**

출처: http://www.kharn.kr/news/article.html?no=2769

대형 화재 막는 일등공신 'IoT 화재알림기'

■ 인공지능 전문가

인공지능은 다양한 분야에서 활용되고 있으며, 일부 직업들에 대한 대체 가능성을 높여주고 있습니다. 예를 들어, 인공지능 상담원은 방대한 데이터베이스를 기반으로 고객의 문의에 답변할 수 있으며, 자동차, 보험, 통신, 금융권 등에서 적극적으로 도입되고 있습니다.

[그림 20] 인공지능 전문가의 몸값 고공 상승

출처: 저자 제공.

■ 빅데이터 전문가

빅데이터는 4차 산업혁명 시대에서 매우 중요한 역할을 합니다. 데이터는 현대 사회에서 가치 있는 자원으로 인식되고 있으며, 빅데이터는 이러한 데이터를 종합적으로 분석하여 인공지능을 구현하는 데 필수적입니다. 자료수집에만 관여하는 직업군은 감소하고 있지만, 데이터 분석에 전문화된 전문가들에 대한 수요는 계속해서 증가하고 있습니다.

[그림 21] 빅데이터 분석가

출처: 저자 제공.

■ 가상현실 전문가

가상현실(VR)과 증강현실(AR) 전문가는 새로운 기술을 활용하여 관광, 쇼핑, 문화 등의 분야에서 혁신적인 경험을 제공하는 직업입니다. 가상현실 기술은 게임뿐만 아니라 관광, 훈련, 비행 등 다양한 분야에 적용되고 있으며, 부동산 매매, 정신 재활 치료 등에도 활용될 수 있습니다.

[그림 22] 메타버스 플랫폼 제페토

출처: https://www.bbc.com/korean/features-59789037

[바로 알자! 메가트렌드] VR, AR, MR 어떤 차이가 있을까? 마이크로소프트의 홀로렌즈2 리뷰

■ 3D 프린팅 전문가

3D 프린팅은 제조 분야의 직업들에 큰 영향을 미치고 있습니다. 3D 프린팅을 통해 제품, 음식, 건물 등을 만들 수 있게 되었습니다. 예를 들어, 건축 분야에서 3D 프린팅으로 건물을 만들 경우 미장공, 콘크리트공, 철근공 등의 직업은 필요하지 않게 됩니다. 또한, 3D 프린터로 교정 장치나 틀니를 제작이 일상화되면, 치기공사 등의 직업도 위기에 놓일 수 있습니다. 고용노동부에서는 3D 프린팅 전문 국가자격증을 만들어 신진직업의 발전을 지원하고 있습니다.

[그림 23] **3D 프린터로 만든 집**

출처: https://www.aitimes.com/news/articleView.html?idxno=144475

[자막 뉴스] **3D 프린터로 20일 만에 지은 집, 가격은? / YTN**

■ 드론 전문가

드론은 운송과 택배 직종에 혁신을 가져왔습니다. 예전에는 군사용이나 학술용으로만 사용되던 드론이 이제 운송 시장에도 진출하고 있습니다. 드론의 등장으로 기존의 배송과 택배 기사들의 입지는 줄어들었고, 드론 조종사 등 새로운 직업들이 주목받고 있습니다.

[그림 24] **이마트24 드론**

출처: https://www.joongang.co.kr/article/25187946#home

■ 생명공학자

생명공학자는 생명과학과 공학을 융합하여 생명체의 구조와 기능을 연구하고 응용하는 전문가입니다. 생명공학은 유전자 조작, 생물학적 제약물질, 바이오머티리얼 등을 활용하여 의약품 개발, 식물 육종, 환경 보호 등 다양한 분야에서 응용됩니다.

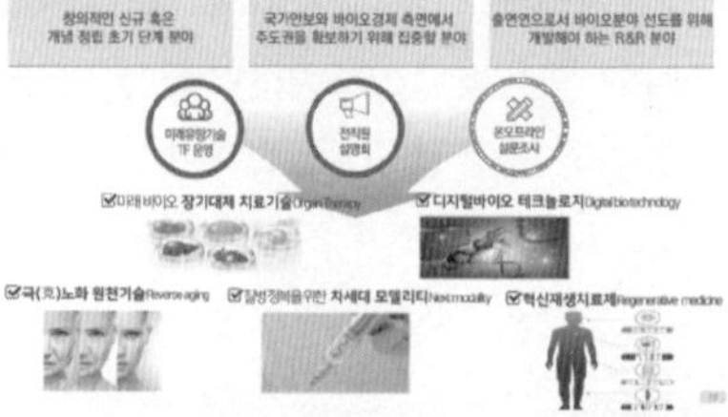

[그림 25] **미래 유망 분야**

출처: https://m.dongascience.com/news.php?idx=57562

■ 정보보호 전문가

인터넷을 중심으로 한 신기술의 발전으로 인해 정보 보안의 중요성이 더욱 커지고 있습니다. 정보 보안 전문가들은 인증 시스템을 개발하여 정보 접근을 제한하고, 해커들을 차단하는 방법을 연구하며, 정보 자산을 효율적으로 보호하는 역할을 합니다. 정보 보안 분야의 국내 자격증으로는 '정보보안기사'와 '정보보안산업기사'가 있으며, 다양한 분야에서 정보 보안 전문가들의 수요가 증가하고 있습니다.

[표 5] 2022년 IT 연봉 보고서

직업명	25% 백분위수	50% 백분위수	75% 백분위수
데이터 관리자 및 아키텍트	8만 2,750달러	10만 7,750달러	12만 4,500달러
정보 보안 애널리스트	11만 5,000달러	14만 1,000달러	16만 6,750달러
소프트웨어 개발자	10만 500달러	12만 2,250달러	14만 2,750달러
네트워크 및 컴퓨터 시스템 관리자	7만 9,750달러	9만 7,500달러	11만 5,660달러
컴퓨터 프로그래머	9만 750달러	11만 2,500달러	13만 3,750달러
웹 개발자	8만 7,750달러	11만 1,000달러	13만 1,500달러
컴퓨터 및 정보 시스템 관리자	11만 2,000달러	13만 7,750달러	16만 4,500달러
시스템 애널리스트	8만 3,000달러	9만 9,500달러	12만 250달러
헬프데스트 및 데스크톱 지원 전문가	(티어 1) 3만 6,500달러 (티어 2) 4만 2,740달러 (티어 3) 5만 2,000달러	(티어 1) 4만 4,000달러 (티어 2) 5만 1,750달러 (티어 3) 6만 2,500달러	(티어 1) 4만 7,750달러 (티어 2) 5만 8,000달러 (티어 3) 7만 4,250달러
네트워크/클라우드 아키텍트	12만 5,250달러	15만 3,750달러	18만 500달러

출처: https://www.ciokorea.com/news/223494

■ 응용소프트웨어 개발자

응용소프트웨어 개발자는 소프트웨어를 설계, 개발하고 테스트하는 전문가입니다. 응용소프트웨어는 사용자의 요구에 맞게 특정 기능을 수행하는 소프트웨어를 말합니다. 응용소프트웨어 개발자는 사용자 요구 사항을 분석하고, 이를 바탕으로 소프트웨어를 설계하고 개발합니다.

[표 6] 2023 적용 SW 기술자 평균 임금

(단위: 원)

구분	일평균임금 (M/D)	월평균임금 (M/M)	시간평균임금 (M/H)	포함직무
① IT기획자	419,656	8,644,914	52,457	
② IT컨설턴트	476,007	9,805,744	59,501	정보보호컨설턴트
③ 업무분석가	544,972	11,226,423	68,122	
④ 데이터분석가	347,476	7,158,006	43,435	
⑤ IT PM	463,265	9,543,259	57,908	
⑥ IT아키텍트	518,084	10,672,530	64,761	SW아키텍트, 데이터아키텍트, Infrastructure 아키텍트, 데이터베이스 아키텍트
⑦ UI/UX기획/개발자	291,414	6,003,128	36,427	UI/UX기획자, UI/UX개발자
⑧ UI/UX 디자이너	217,843	4,487,566	27,230	
⑨ 응용SW 개발자	311,962	6,426,417	38,995	빅데이터개발자, 인공지능개발자
⑩ 시스템SW 개발자	247,590	5,100,354	30,949	임베디드SW개발자

출처: 한국소프트웨어산업협회

■ 로봇공학자

로봇의 활용 확대로 생산과 제조 직군이 축소되고 있습니다. 아마존 물류센터에서는 로봇이 물건을 올리고 내리며 직원들에게 전달합니다. 로봇의 활용으로 주문부터 출고까지 걸리는 시간이 크게 단축되었습니다. 이러한 산업계 업무 효율화로 로봇 전문가는 물론 로봇 관련 분야의 직업들도 주목받고 있습니다.

아마존의 프로테우스

보스턴 다이내믹스의 스폿

로보타이어

[그림 26] 국내외 산업용 로봇

출처: https://www.chosun.com/economy/tech_it/2023/06/28/ZVX5ZW5HCVD5NNR3J3ZOHDPMK4

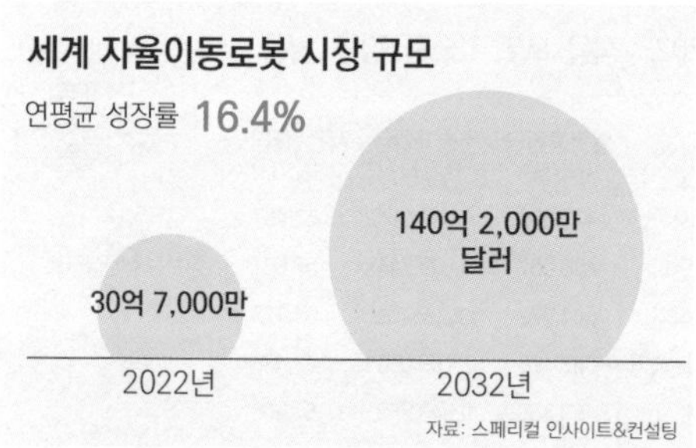

[그림 27] 자율이동로봇 시장 규모

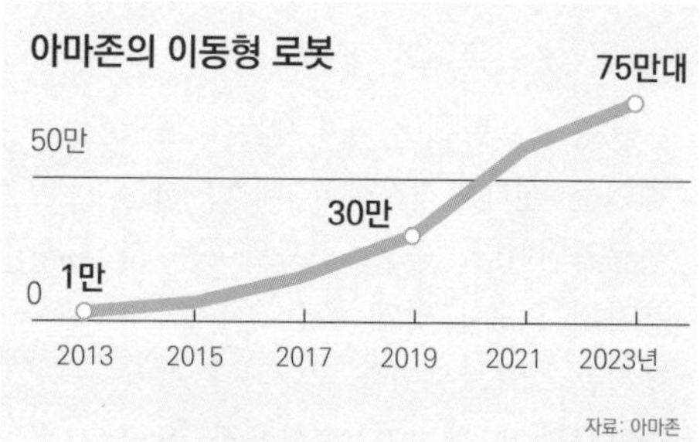

[그림 28] 아마존의 이동형 로봇

[세상만사] 휴머노이드(인간형) 로봇의 진화, 이 정도였나?

2050년은 지금과 전혀 다른 세상이 됩니다.

③ 4차 산업 기반 미래 직업 세계를 살아가야 하는 우리 자녀들에게 무엇을 가르쳐야 할까?

■ 창의적인 문제 해결 능력

미래 직업 세계에서는 기존의 문제들을 해결하는 것뿐만 아니라, 새로운 문제들에 대한 창의적인 해결책을 제시할 수 있는 능력이 중요합니다. 이를 위해 학부모는 자녀에게 창의적인 사고와 문제 해결 능력을 키울 수 있는 환경을 제공하고, 호기심과 탐구심을 유도하는 교육을 추구해야 합니다.

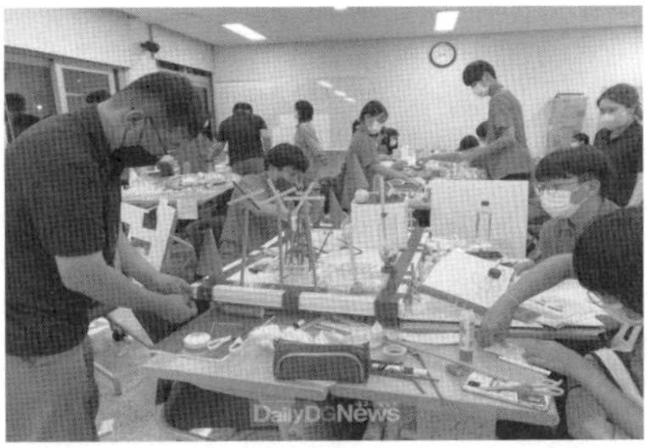

[그림 29] **스팀 교육 혁신을 위한 지원단 활동**

출처: http://www.dailydgnews.com/mobile/article.html?no=155441

■ 협업과 커뮤니케이션 능력

4차 산업혁명 시대에서는 다양한 분야의 전문가들이 협업하여 프로젝트를 수행하는 경우가 많습니다. 따라서 학부모는 자녀에게 협업과 커뮤니케이션 능력을 키울 수 있는 기회를 제공해야 합니다. 그렇게 함으로써 자녀는 다른 사람들과의 원활한 소통과 협력을 통해 팀워크를 발휘할 수 있는 인재로 성장할 수 있습니다. 예를 들어, 동아리 활동이나 팀 프로젝트를 통해 협업과 커뮤니케이션 능력을 향상시킬 수 있습니다.

[그림 30] **서울 웹 3.0 페스티벌 해커톤 참가자**

출처: https://www.yna.co.kr/view/PYH20230731064800013

■ 디지털 기술과 정보 문해력

4차 산업혁명 시대에서는 디지털 기술과 정보의 홍수에 적응할 수 있는 능력이 필요합니다. 학부모는 자녀에게 디지털 기술을 적극적으로 활용하는 방법과 정보를 분석하고 평가하는 능력을 함양할 수 있는 교육을 제공해야 합니다. 예를 들어, 코딩 교육이나 정보 검색과 평가에 대한 교육을 통해 자녀의 디지털 능력과 정보 문해력을 키울 수 있습니다.

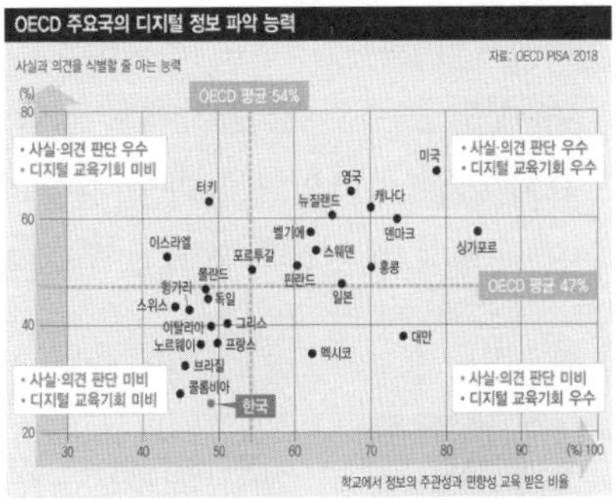

[그림 31] **OECD 주요국의 디지털 정보 파악 능력**

출처: https://www.hani.co.kr/arti/science/future/995403.html

■ 지속적인 학습과 적응력

4차 산업혁명 시대에서는 기술의 변화와 새로운 도전들이 빠르게 찾아옵니다. 따라서 자녀는 지속적인 학습과 적응력을 갖춰야 합니다. 학부모는 자녀에게 평생 학습의 중요성을 가르치고, 새로운 지식과 기술을 습득하는 데에 대한 열정과 의지를 키울 수 있는 환경을 조성해야 합니다. 예를 들어, 독서와 연구, 온라인 교육 등을 통해 자녀의 지속적인 학습과 적응력을 지원할 수 있습니다.

[그림 32] **일반대학 온라인 학위 과정**

"부자되는 직업이 싹 바뀝니다." 한국에서 '이 능력' 없으면 가난해진다.

4 미래 직업 진로 교육의 방향

4차 산업혁명 시대에는 직업의 특성과 요구되는 역량이 변화하고 있어, 진로 교육의 중요성이 강조되고 있습니다. 진로 교육은 학생들이 자신의 적성과 흥미를 이해하며, 최신 기술 동향을 파악하여 적합한 진로를 선택할 수 있도록 돕는 교육입니다. 미래의 직업에 대비하기 위해서는 창의적인 문제 해결 능력, 협업과 커뮤니케이션 능력, 디지털 기술과 정보 문해력, 지속적인 학습과 적응력을 강조하는 자녀교육이 필요합니다. 부모님은 자녀의 관찰을 통해 자녀의 관심과 장점을 고려하며, 부담을 주지 않는 자세로 적합한 미래 직업을 조언해 주시면 됩니다. 부모의 강요가 아닌 자녀의 성장과 발전을 위한 지원이 중요하며, 이를 통해 자녀가 미래 직업 세계에서 필요한 인재로 성장할 수 있습니다.

이 지 상

- 서울인창고등학교 진로진학 상담교사
- 한국과학창의재단 과학기술분야 진로 컨설턴트
- 한국직업능력연구원 커리어넷 온라인 상담위원
- 전문 분야: SW · AI 교육, 데이터 과학, 사물인터넷, 메이커교육, 3D 모델링

AI를 알고 나의 진로를 준비하자!

박진우

1 AI를 활용한 문제 해결 경험하기

제가 근무하고 있는 학교는 서울에 있는 특성화고입니다. 서울의 경우 선도학교를 신청한 학교들은 신청한 해에 입학한 학생들부터 고교학점제 교육과정을 적용하였고, 선도학교를 신청하지 않았던 특성화고는 2022학년도에 모두 고교학점제 선도학교로 지정되었습니다. 제가 근무하고 있는 학교는 2024학년도가 되면 1~3학년 모두 고교학점제 교육과정이 적용됩니다. 제 학교는 2022 개정 교육과정 적용 선도학교로 2025학년도 입학생부터 적용되는 고교학점제 교육과정을 미리 운영하고, 정규 교육활동 중에 나타나는 학습 결과와 학생들의 학습 수행 과정 등을 바탕으로 지속적인 환류 과정을 통해 고교학점제를 안정적으로 운영할 수 있는 준비 과정 중에 있습니다.

특히 직업계고에서의 학점제 교육과정에서는 학과별 특색, 전공과 관련된 학과 내 코스, 학과 간 융합형 등 여러 교육과정 모델을 학교 실정에 맞게 도입하여 운영하고 있는데, 직업계고 학점제 운영상 본질은 학생들이 학교에서 학습하며 체득한 모든 정규 교육과정 속에서 자신의 취업과 진학에 대한 자신의 진로를 스스로 탐색하며 계획을 세워 준비하는 것이라 할 수 있습니다. 그렇기 때문에 학점제 적용에 직접적으로 관련이 있는 교과뿐만 아니라 학교에서 이루어지는 모든 교육활동의 전반에 대해 학생 개개인의 진로를 준비하는 데 필요한 것들을 배우고 스스로 할 수 있는 것들을 제공해 줄 필요가 있다고 생각하였습니다. 교과 수업뿐만 아니라 창의적 체험활동(자율·자치, 동아리, 진로)까지 학교에서 이루어지는 정규 교육활동 속에서 진로 탐색을 할 수 있는 내용들을 구성하여 지속적이고 꾸준한 교육이 이루어져야 한다고 생각해왔습니다. 정보컴퓨터 전공 교사로서 직업계고 학점제 교육과정을 교육활동에 적용하기 위해 우선 IT, SW 분야를 기반으로 학과 특성에 맞게 융합한 교육이 필요하다고 생각하며 교육의 방향과 목표를 설정하게 되었습니다.

이미 사회 전반에 걸쳐 대부분 산업에 인공지능, SW, IT 기술 등이 하드웨어적 또는 소프트웨어적으로 융합되어 널리 이용되고 있기에 직업계고 학생들이 졸업 후 취업, 진학 등의 진로를 준비하는 데 있어서 AI, SW 기초소양을 갖추어 적응할 수 있는 능력이 필요합니다.

근무하고 있는 학교에 운영 중인 호텔항공과, 베이커리디저트과, 외식산업과, 뷰티아트과 이외에도 직업계고에 운영 중인 대부분의 학과에서도 AI, SW 기초소양 능력을 함양하여 AI 등의 IT 신기술과 SW를 다루는 데 쉽게 적응할 수 있는 것에 대한 필요성을 공감하고 교육하는 데 노력하고 있습니다.

음식점, 미용실 등 우리가 이용할 여러 상점이 대부분 인터넷 또는 스마트폰 상에서 예약을 통해 이용할 수 있는데, 음식점 같은 경우 자리가 없을 때 음식점 입구 앞에 비치된 태블릿에 본인의 연락처와 방문 인원수 등을 등록하여 대기를 신청하고 있고 대기 순서가 임박하면 스마트폰 앱 알림을 통해 메시지로 안내받고 있습니다. 또한 음식점, 카페 등에서 주문할 때 키오스크에서 주문을 받고 있으며, 음식을 나르는 것을 종업원이 아닌 로봇으로 대체되어 운영하는 곳도 점차 늘어나고 있습니다. 또한 무인으로 운영 중인 점포들도 분야를 막론하고 주위에 많이 존재하고 있음을 쉽게 알 수 있습니다.

코로나19 이후에 이러한 IT 및 SW 기반으로 운영되고 있는 것도 알고 있는 상황에 학생들에게 자신의 전공, 관심이 많은 분야가 어느 분야이든 인공지능과 같은 최신 IT 기술과 SW 활용 능력 등을 학교 교육활동 속에서 배우며 준비해야 급변하는 사회에 쉽게 적응할 수 있습니다. 인공지능으로 인해 자신이 준비하는 진로 및 직업에 많은 영향이 있을 것을 항상 생각할 수 있도록 학생들과 교육할 때 항상 강조하여 자신의 진로(취업, 진학) 목표를 이루고 사회에 진출하여 생활할 때 SW, IT 기초소양을 바탕으로 무엇이든 쉽게 적응할 수 있는 능력을 길러나가는 데 도움을 주기 위해 항상 노력하고 있습니다.

이러한 생각을 바탕으로 삼성 주니어 소프트웨어 아카데미 프로그램과 인텔 AI 진로교육(인텔 AI Lab 운영) 프로그램을 신청하였고, 삼성 주니어 소프트웨어 아카데미, 인텔 AI 진로교육 프로그램 운영학교에 선정되어 이 프로그램들의 내용을 정규 수업과 창의적 체험활동의 동아리 활동 시간에 접목하여 운영하였습니다.

특히 인텔 AI Lab 프로그램의 경우 UN이 발표한 지속발전 가능목표와 연계한 실생활 속의 문제를 AI 기술을 이용해 해결하는 프로젝트를 실시하게 되었는데, 인텔 AI Lab 프로젝트를 희망하는 학생들과 함께 활동하였습니다. 학생들이 직접 계획한 프로젝트를 파이썬 언어를 이용하여 프로젝트를 수행하였고 결과물을 직접 만들고 자신들이 만든 프로젝트 결과를 설명하는 동영상 제작과정까지 참여하여 학생들이 프로젝트를 자신의 힘으로 완성하였습니다. 학생들은 [그림 33]처럼 시각장애인들을 위한 음료 판독기 제작으로 지속가능발전목표 연계 실생활 문제 해결 프로젝트를 구상하였습니다.

[그림 33] **지속가능 발전목표 연계 실생활 문제 해결 프로젝트(시각장애인들을 위한 음료 판독기 제작 프로젝트)**

출처: 저자 제공.

앞으로 자신들이 하고자 하는 진로에 AI를 활용하는 것들이 무엇이 있는지 찾아보고 AI를 활용하여 할 수 있는 것들이 자신들의 직업에는 무엇이 있는지를 스스로 생각하는 기회로서 AI를 경험한 소중한 시간이었다는 소감을 들을 수 있었습니다. 지능정보시대 속에서의 학생들을 가르치는 교사로서 AI, SW 기초소양을 함양하여 자신의 진로를 준비하고, 직접 겪을 수 있는 여러 변화 속에서 어렵지 않게 적응할 수 있는 능력을 길러야겠다는 교육의 목표와 방향을 확립할 수 있었습니다.

앞으로 이러한 인공지능 관련 교육 사례들을 많이 만들어야겠다고 다짐하며 학교 현장에 이바지하고자 항상 노력하고 있습니다.

2 데이터를 활용한 문제 해결 프로젝트 경험하기

데이터 과학과 머신러닝 교과목을 온라인으로 수업하는 온라인 공동 교육과정을 개설한 서울 관내의 고등학교에 강사로 임하며 학생들과 데이터 기반의 인공지능 내용의 수업도 할 수 있었습니다. 데이터 분석과 머신러닝, 딥러닝 등의 이론과 실습을 통해 데이터 기반 인공지능을 활용한 수업을 파이썬 프로그래밍 언어를 이용한 코딩 기반과 머신러닝을 쉽게 할 수 있는 노코딩 기반 프로그램을 활용한 수업을 실시하였습니다. 이 내용을 바탕으로 자신이 관심이 있는 분야를 포함하여 다른 교과목에서 배웠던 수업 내용을 활용하여 데이터 기반 인공지능 개별 프로젝트를 진행하여 프로젝트를 수행하고 발표 자료를 만들어 수업 시간에 발표하는 활동으로 마무리하는 수업을 하였습니다. 학생들이 자신이 관심 있는 분야, 다른 수업 시간에 배운 내용을 데이터로 활용하여 프로젝트를 수행하는 과정에서 자신이 알고 있는 지식을 객관적으로 볼 수 있는 기회가 되었습니다. 프로젝트를 수행하며 나타나는 결과들이 자신이 생각하는 것과 어떻게 나타나는지를 객관적으로 확인할 수 있어 프로젝트를 자신의 힘으로 수행했다는 것에 뿌듯하고 소중한 교육활동이었다는 소감을 들을 수 있었습니다. 데이터를 활용할 수 있는 능력을 길러주는 것은 AI, SW 기초소양을 함양하여 자신의 진로를 준비하고, 직접 겪을 수 있는 여러 변화 속에서 어렵지 않게 적응할 수 있는 능력을 이끌어 낼 수 있는 중요한 교육활동임을 깨달았습니다.

특히 인상적이었던 부분은 어떤 학생이 수행한 프로젝트가 AI 기반 실시간 보이스피싱 탐지 시스템 구축이라는 주제였는데, 보이스피싱 범죄가 사회적으로 많은 문제가 있어 전화 통화 중에 상대방이 하는 말이 보이스피싱에 해당되는 지를 AI가 탐지하여 실시간으로 보이스피싱 내용임을 예측하는 프로젝트의 결과가 상당히 잘 나왔고, 이 학생이 프로젝트를 수행한 결과에서 끝낸 것이 아니라 금융감독원에 자신이 수업시간에 수행한 AI 기반 실시간 보이스피싱 탐지 시스템 프로젝트 내용을 잘 정리하여 보고서 형태로 제작하여 시스템 도입의 필요성과 이로 인한 피해를 줄여야 한다는 당위성을 주장하여 건의하였다는 것이었습니다.

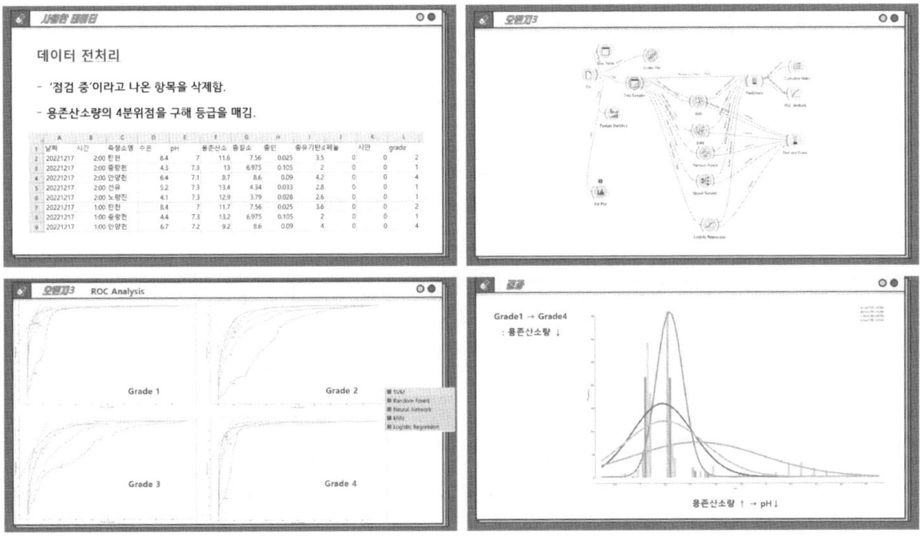

[그림 34] 데이터 기반 인공지능 수업의 학생 개별 프로젝트 수행 사례 1

출처: 저자 제공.

[표 7] 데이터 기반 인공지능 수업의 학생 개별 프로젝트 수행 사례 2

관심 있는 주제 및 선정 이유	클러스터링을 통한 보이스피싱 탐지 누군가의 퇴직금, 학자금, 소중한 돈이 사기꾼 손에 넘어간다는 사실이 정말 안타까웠습니다. 또 고령층, 저학력자부터 사회 초년생, 전문직 종사자까지 피해자의 스펙트럼이 매우 넓기 때문에 보이스피싱은 단순히 개인의 문제가 아니라 우리 사회의 문제라고 생각합니다. 가면 갈수록 사기 방식이 더욱 악랄해지고 복잡해지기 때문에 평소에 보이스피싱에 대한 깊은 식견이 있지 않은 이상 개인이 보이스피싱을 탐지하는 것은 더욱 어려워질 것입니다. 때문에 현재 데이터를 바탕으로 한 보이스피싱 탐지 AI가 필요하다고 생각하여 프로젝트를 계획하게 되었습니다.
프로젝트를 수행하여 만들어 내고자 하는 결과	'보이스피싱 탐지 AI'를 만들어 보이스피싱 피해를 줄여보고자 합니다. 주로 해외에서 활동하는 보이스피싱 조직을 검거하는 것은 매우 어렵기 때문에 실질적으로 보이스피싱의 피해를 줄이는 방법은 오직 사전에 차단하거나 전화를 받을 때 차단하는 것뿐입니다. 저는 전화를 받을 때 대화 내용을 rnn을 통해 분석하여 통화 당사자에게 '보이스피싱 의심 정도'라는 정보를 제공하여 보이스피싱 피해를 줄이고자 합니다.

➜ 프로젝트 결과를 실제 생활 속에 활용

프로젝트 결과를 어떻게 활용할 수 있는가?

단순히 개인 프로젝트로서 끝나면 보이스피싱 피해를 줄일 수 없기 때문에 블로그, 인스타그램 등에 보이스피싱 탐지 AI의 아이디어와 코드를 공유하며 오픈 소스의 장점(계속 발전해 나간다는 것, 안정성 높다는 것)을 통해 더욱 피해액을 줄일 수 있을 것이다.

※ 특기사항
보이스피싱에 패턴을 데이터 분석을 통해 파악하고 보이스 피싱 탐지 모델을 만들어 발표하였다. 평범한 인터넷 기사와 금융감독원의 보이스피싱 텍스트를 각각 크롤링하여 보이스피싱과 무관한 텍스트 데이터와 유관한 텍스트 데이터를 만들었고, 불용어 사전을 정의하고 특수문자를 전처리하였으며, 전처리 과정에서 파이썬 정규 표현식의 사용법을 익혔다. 형태소를 기준으로 토큰화한 후 tf-idf를 통해 임베딩하여 텍스트 벡터를 생성하였다. K-means와 DBSCAN의 차이점과 K-means가 이상치에 민감하게 반응한다는 단점을 설명하며 이상치가 많은 데이터에는 DBSCAN이 더 적합하다는 것이 명확히 보였다. DBSCAN에서 엡실론과 minPts를 적절히 조절하여 보이스피싱을 81%의 정확도로 탐지하는 수준 높은 알고리즘을 만들었고, 비록 데이터의 양에 비해 높은 정확도를 보였으나 데이터가 한정적이었다는 단점을 보완하기 위해 금융감독원 금융민원센터에 더 많은 정보를 공개할 것을 청구하며 발전적 태도를 보였다. 또 스스로 만든 프로그램 계획서를 제출하여 정부 차원에서 적극적으로 보이스피싱 탐지 AI를 개발할 것을 건의하였으며, 기술을 이용한 사회적 문제 해결에도 관심을 보이는 학생으로 프로젝트를 수행하면서 nlp에 대한 많은 관심을 보이고 이해도가 향상되었다.

출처: 저자 제공.

수업 시간에 자신이 직접 수행한 교육활동에 대해 단순히 배우는 것에서 그치지 않고 실생활에 직접 활용하고 공신력 있는 기관에 건의하는 등 능동적인 모습을 직접 확인할 수 있었다는 것에서 직업계고 학점제 도입을 통해 학생들과의 교육활동 속에서 학생들이 스스로 자신의 진로와 관련된 것들을 체계적으로 준비하고 실제로 자신들의 삶에 적용할 수 있는 교육이 필요하다는 것을 다시 깨달았던 수업이었습니다.

3 AI를 경험하며 나의 진로 준비하기

우리는 일상생활에서 디지털 기기들을 통해 AI 기술들로부터 많은 정보를 얻고 활용하고 있습니다. 산업 현장에서 단순 반복적인 일은 사람 대신 로봇이 대체하고 있고, 음식점의 테이블에는 태블릿을 비치하여 종업원 대신 주문을 받고, 음식을 나르는 서빙용 로봇을 이용하고 있습니다. 인터넷과 스마트폰으로 물건을 구매하기 위해 많이 이용하는 쿠팡과 같은 전자상거래 업체들은 고객 만족도를 높이기 위해

AI 기술로 고객의 구매 이력을 분석하여 물건을 추천하는 등 고객들에게 맞춤형 정보를 제공하고 있습니다. 이렇게 우리나라 대부분의 산업에서는 소프트웨어를 활용하고 기업들이 축적해놓은 데이터를 AI를 활용하고 있습니다.

우리 자녀들이 앞으로 취업하고 일을 할 시기에는 AI를 지금보다 더 많이 사용할 것이고 AI로 인해 사회의 변화 속도는 점점 더 빨라질 것입니다. 그렇기 때문에 우리의 교육에는 아이들이 AI를 경험하며 학습을 할 수 있도록 교육의 변화가 있어야 한다고 생각합니다. 대부분의 산업 분야에서 AI를 활용하고 있기에 학교의 교육에서도 다양한 교과에서도 AI를 활용한 수업을 차근차근해 보면 자신이 하고자 하는 진로와 직업을 선택했을 때 AI를 활용하여 일을 수행할 때 학교에서 배운 AI 수업을 활용할 수 있을 것입니다. AI를 활용한 수업에 경험을 활용하여 기존의 업무를 효율적으로 처리할 수 있도록 변화를 시도할 수 있고 새로운 업무들을 맡아 하는 것도 쉽게 적응할 수 있다고 생각합니다.

AI 기술의 원천은 데이터라고 볼 수 있습니다. 학교 수업에서는 수업 내용과 관련된 데이터를 가지고 문제를 해결하는 방법에 대한 수업을 시도할 수 있습니다. 학생들이 직접 수집한 데이터를 통해 도출한 결과를 실제 배운 내용과 비교하는 과정에서 데이터를 통해 얻을 수 있는 정보를 직접 만들어내고 어떤 데이터들이 결과에 많은 영향을 주는지에 대한 관계를 분석할 수 있습니다. 이런 활동을 통해 데이터를 분석하는 능력을 갖추고 AI 기술을 활용해 데이터를 통한 어떤 결과의 예측 및 확인 경험을 통해 AI를 알고 자신의 진로를 준비해 보시면 좋겠습니다. AI를 많이 알면 알수록 자신의 진로 선택에 대한 폭은 넓어질 것입니다.

박 진 우

- 서울대일관광고등학교 교사
- 성균관대학교 교육대학원 인공지능융합교육학과 석사
- 서울특별시교육청 AI 교육 선도교사단
- 전문 분야: AI 리터러시, 데이터 과학, AI 연계 진로교육, AI 활용교육

AI 융합 진로탐색 전략

여경진

오늘날 학생들이 하루 중 가장 많은 시간을 머물며 활동하는 교실의 모습은 이전의 내가 다녔던 학교와 많이 다릅니다. 예전의 교실은 일제식으로 수업이 이루어졌기에 칠판, 책, 펜만 있으면 충분히 수업이 가능했습니다. 시대가 빠르게 변화하고 현재 교실에서는 그린스마트 교실 사업의 진행으로 분필을 사용하던 칠판은 전자칠판의 보급으로 대체되었고, 스마트패드 등 디지털 기기의 보급이 대중화되어 인공지능 앱을 활용한 다양한 수업 방식을 이용해 수업을 진행하고 있습니다.

2022 개정 교육과정 총론에서도 인공지능 기술 발전에 따른 디지털 전환 및 학생 개개인의 특성과 진로에 맞는 학습을 지원해 주는 맞춤형 교육의 중요성을 제시하고 있습니다. 특성화고는 진학보다는 취업을 목표로 하기 때문에 교육과정에서도 보통교과보다 전문교과의 비중이 높으며 직업기초능력향상과 NCS 국가직무능력이 우선시됩니다. 그렇다면 인공지능화가 가속화되는 미래 산업 환경에서 특성화고 학생이 준비해야 할 것은 어떤 것들이 있을까요?

2023년 4월 ChatGPT 4.0을 선두로 구글, 엔비디아, 어도비, 바이두 등 생성형 인공지능이 쏟아지고 있고 교육현장에서 에듀테크를 활용하는 교육의 필요성이 대두되고 있고 수업 사례들도 많이 나오고 있습니다. 특성화고에서는 학교 특성에 맞게 '성공적인 직업생활'이라는 전문 공통과목을 대부분 편성하고 있습니다. 이 과목은 교과(군)와 관계없이 선택할 수 있는 전문 공통과목으로, 예비 직업인들이 성공적으로 직업 세계로 진입할 수 있도록 일과 직업, 진로 직업 설계와 직업 기초 능력, 취업과 창업, 직업 생활과 직업 윤리, 근로관계와 산업 안전, 경력 관리와 평생 학습 등에 관한 지식을 습득하고, 디지털 자원을 활용하여 서로 소통하며 데이터를 공유하면서 직업 생활 속에서 일어날 수 있는 다양한 문제 해결력을 기를 수 있는 전문적인 역량뿐만 아니라 인성과 인간관계의 중요성을 학습할 수 있는 내용으로 구성된 과목입니다.[1]

1 [별책 34] 전기·전자 전문 교과 교육과정, p.17

또한 이 과목은 인공지능을 융합할 수 있으며, 학생들의 진로를 탐색하고 준비할 수 있는 중요한 과목입니다. 일과 직업, 진로 직업 설계와 직업 기초 능력, 취업과 창업, 직업 생활과 직업 윤리, 근로관계와 산업 안전, 경력 관리와 평생 학습 각각 단원에서 ChatGPT를 활용하여 자료를 검색하고, 그에 따른 산출물을 또 다른 생성형 AI를 사용하여 수업을 진행합니다. 이때 학생들은 주입식 교육의 수동적인 객체에서 스스로 자료를 탐색하고 활동하는 능동적인 주체로 변합니다. 프로젝트 수업을 진행함에 있어서도 학생들이 스스로 직업생활에 대한 고민을 바탕으로 자신이 잘하는 것과 잘 할 수 있는 것에 대해 정리가 이루어진다면 보다 효율적이고 심층적인 생각을 바탕으로 프로젝트 수업에 참여할 수 있을 것입니다.

이에 대해 4개의 영역으로 나누어 인공지능 시대에 우리 아이가 준비해야 하는 것들에 대해 이야기하고자 합니다.

1 인공지능 장단점과 나의 장단점 알기

인공지능이 잘 하는 것과 사람이 잘 하는 것은 엄연히 다릅니다. 우선 인공지능이 잘 하는 것을 ChatGPT에게 물어보았습니다. 인공지능은 데이터 분석, 이미지 인식, 음성 인식, 언어 처리, 예측 및 추천, 자율주행 그리고 어떤 작업에서도 인간의 노동력을 보조하거나 대체할 수 있는 유용한 도구로 사용된다고 하였습니다. 다음으로 사람이 잘 하는 것을 ChatGPT에게 물어보았습니다. 창의성과 예술, 감정 이해와 소통, 문제 해결, 윤리적 판단과 도덕성, 신체활동, 대인관계 구축, 학습과 지식 습득, 역사와 문화의 이해, 도구 사용 및 기술 활용, 동료 협력과 팀 노력이 있습니다. 그리고 사람은 다양한 능력과 역할을 수행할 수 있는 다재다능한 존재로서, 사회와 문화의 다양성을 형성하고 발전시키는 데 중요한 역할을 한다는 대답을 얻을 수 있었습니다. 이러한 답들이 시사하는 바는 우리 인간이 인공지능을 보다 잘 활용할 수 있는 일을 찾아야 한다는 것입니다. 가령, ㅇㅇ자동차 생산라인에 일하는 로봇처럼 사람의 노동력을 보조하거나 대체할 수 있는 유용한 도구로 사용하는 것입니다.

진로지도를 위해 학생과 상담을 진행하다 보면 일부 학생들은 졸업 이후 진로에 대해서 무응답을 보이곤 합니다. 본인이 무엇을 잘 하는지도 모르고, 하기도 싫어

하는 학생들입니다. 이 학생들에게는 어떤 방법으로 접근을 해야 진로에 대해 관심을 가질까 고민이 됩니다. 학생들마다 이유가 각기 다르고, 성향도 각기 다르기 때문에 획일적으로 적용할 수는 없습니다. 하지만 이 학생들의 개인생활을 살펴보고, 각 교과 선생님의 수업 모습을 들어보면 조금 해답을 찾을 수 있습니다. 각 교과 수업에서 일관되게 무기력한 아이가 있는 반면 일부 교과에는 적극적으로 참여하는 학생들이 있습니다. 이는 자신의 흥미로운 분야의 대한 학습이기에 나오는 학생의 자연스러운 행동이라고 말할 수 있습니다. 진로지도는 학생들의 흥미있는 분야의 학습동기를 이끌어낼 수 있도록 상담하고, 체험할 수 있도록 안내해야 합니다. 진로정보망 커리어넷에서도 진로 및 직업에 대한 정보를 제공하고, 적성과 흥미 탐색을 위한 심리검사를 검사할 수 있습니다. 인공지능을 활용한 프로그램도 있습니다. AI－MIT(인공지능 기반 다중지능 검사) 등의 검사를 통해 소질, 자질을 분석하여 원하는 직업을 가질 수 있도록 지도할 수 있습니다. AI 기반의 추천 시스템은 학생들의 성향, 관심사, 성적 등 다양한 데이터를 분석하여 개별적인 교육 계획 및 교과목 추천을 제시할 수 있습니다. 또한, 온라인 강의 플랫폼이나 가상현실(VR) 등의 기술은 지리적 제약 없이 타 학교나 전문 강사와 협력하여 다양한 과목에 접근할 수 있는 환경을 조성합니다.

뿐만 아니라 AI 기반의 진로지도 시스템은 학생들의 성격 유형 검사 결과와 관련 정보를 활용하여 적합한 직업 및 대학전공 추천 등 개별화된 진로 상담 서비스를 제공할 수 있습니다. 또한, 대량의 데이터 분석으로 해당 지역 혹은 분야에서 요구되는 인재 프로파일 및 산업 동향 등 정보를 실시간으로 업데이트하여 학부모와 함께 최신 정보에 바탕하여 의사결정하는 데 도움이 됩니다.

학생들은 적성과 진로에 맞게 다양한 교과목을 선택하여 이수하고, 학점이 기준에 도달하면 고교학점제를 통해 졸업할 수 있는 제도가 있습니다. 2022년부터 특성화 고교학점제가 전면 도입되어 타 학과 수업 및 공동교육과정(온라인 및 학교 간)을 통해 다양한 수업을 이수할 수 있게 되었습니다. 이는 학생들이 자신의 관심과 역량을 바탕으로 학습 경험을 개인화하는 데 도움을 줍니다. 예를 들어, 한 학생은 전자회로 프로젝트 납땜 조립 수업을 매우 재미있게 수강하며 높은 완성도를 보여주었지만, 내선공사시간에 제어판 수업은 거의 참여하지 않거나 자는 시간을 보내는 학생도 있습니다. 이러한 경우, 개별적인 관심사와 성향에 따라 선택할 수 있는 다양한 교과목 옵션을 제공함으로써 학생들이 자신의 잠재력을 최대한 발휘할 수 있도록 돕는 것이 중요합니다. 이를 위해서는 인공지능 기술을 활용하여 개개인마다 적합한 교육 경로와 직업 선택 지원 서비스를 활용하는 방법에 대해서도 관심을 가지는 것이 좋겠습니다.

2 광고 제작에서 인공지능과 협업하기

생성형 인공지능 중에 광고제작에서 인공지능과 협업한 사례를 들어보겠습니다.

이전에 광고를 하기 위해서는 종이에 글로 써서 벽보를 붙였습니다. 그렇다면 현재는 어떠한가요? SNS에 광고하고자 하는 것을 탑재합니다. 이전에 광고에서는 글자를 예쁘게 쓰고, 잘 보이는 곳에 붙이면 되었습니다. 하지만 디지털 시대에 자라난 학생들은 글자를 예쁘게 쓰는 것보다 디지털 활용을 잘 하는 것이 중요합니다.

SNS 광고를 제작하는 방법은 다양합니다. 원하는 사진을 많이 찍어서 선별한 후 일러스트 및 포토샵 등을 활용하여 편집 및 수정합니다. 수정 후 그 사진을 사용할 바탕화면에 온 후 디자인을 편집하고, 동영상을 편집합니다. 이런 일련의 과정을 거친 후에 광고가 제작됩니다.

이를 좀 더 간편화할 수 있는 생성형 인공지능인 아이작을 활용하여 창업광고 수업을 진행하였습니다. 아이작은 크게 광고 아카이브 검색, 트랜드 분석, 광고카피 제작, 스토리보드 만들기 4가지 메뉴로 구성이 되어 광고제작 전단계인 스토리보드 만들기까지 사용할 수 있는 AI 기반 광고창작 지원 서비스입니다.

광고 아카이브 검색에서는 아이디어를 얻기 위해 이전의 광고에 대해 검색 및 분석하고, 손쉽게 저장할 수 있습니다. 키워드만 입력하면 원하는 광고를 쉽고 빠르게 탐색할 수 있습니다. 또한 데이터 시각화 기능으로 광고 소재 분석이 가능합니다. 트랜드 분석에서는 빅데이터 기반 데이터 시각화를 통해 네이버 API를 활용하여 카테고리 검색량을 그래프로 보여주고, 성별, 연령별 검색량을 분석한 그래프를 제공하며, 인기검색어도 워드클라우드도 제공합니다.

광고카피 제작에서는 상품에 대한 정보(카테고리, 특징 등)을 입력하면 AI가 자동으로 광고 카피도 제작해주고, 제작한 광고 카피를 기반으로 사용자가 협업하여 사용할 수 있습니다. 광고카피를 만들기 위해 혼자 고민하는 것보다 훨씬 효율적이고 만드는 시간도 줄여줍니다. 카피와 어울리는 이미지도 제시해 줍니다. 다음으로 스토리보드 만들기 단계로 넘어가서 광고 스토리보드를 작성하는데, 스토리라인 텍스트를 입력하면 AI가 스케치된 이미지를 생성합니다. 이때 이용자가 직접 수정, 편집할 수 있습니다. 이처럼 같은 의도를 가지고 시작했다 하더라도 그 과정과 결과는 인공지능을 활용 여부에 따라 크게 달라질 수 있습니다. 즉, 인공지능을 잘 활용하는 방법을 배우고 숙지하는 것은 매우 필요한 일이라 할 수 있습니다.

3 생활 속 데이터 리터러시 기르기

우리는 수많은 데이터 속에서 살아가고 있습니다. 생활 속에 흔히 접하는 온도, 체온, 몸무게 등은 단순한 숫자이지만 이것이 쌓이게 되면 건강을 위한 데이터가 됩니다. 이처럼 생활 속 데이터는 공공데이터 포털(https://www.data.go.kr) 등의 많은 사이트에서 제공되고 있습니다. 공공데이터 포털은 「국가에서 보유하고 있는 다양한 데이터를 공공데이터의 제공 및 이용 활성화에 관한 법률」에 따라 개방하여 국민들이 관심이 있는 분야에 쓰이는 데이터들을 보다 쉽게 공유·활용할 수 있도록 만들어진 사이트입니다. 공공데이터 포털에서는 교육, 국토관리, 공공행정, 사회복지, 산업고용 등의 카테고리별 데이터를 제공하고 파일데이터, 오픈 API, 표준데이터셋 형태로 다운로드 가능합니다.[2] 공공데이터를 활용할 때 가장 쉽게 접근하여 데이터를 다운로드하는 것이 가능한 데이터는 날씨 데이터입니다. 날씨 데이터의 경우 기상자료개방포털(https://data.kma.go.kr/cmmn/main.do)에서 접근하기 쉽고, 이용하기 쉽고, 이해하기 쉽도록 데이터를 제공합니다. 데이터를 분석하여 여행을 가고 싶은 곳의 기온, 강수량 등의 데이터로 날씨를 예측하여 기온에 맞는 옷을 챙기고, 준비를 할 수 있다. 인공지능, 디지털에 관심이 있다면 공개된 데이터 사이트의 오픈 API를 활용하여 프로그램을 개발할 수도 있습니다. 이와 같이 우리가 필요한 정보는 인터넷 속에 공개되어 있으며, 자신이 원하는 지식과 정보를 식별하여 활용할 수 있는 능력을 길러야 합니다.

생성형 인공지능을 사용할 때 원하는 지식과 정보를 잘 활용할 수 있도록 하는 것이 중요합니다. 잘 활용한다는 것은 데이터를 식별할 때 데이터 편향성으로 인해

2 공공데이터포털(https://www.data.go.kr)에서 일부 인용하였다.

인종차별, 성차별적 요소등 윤리적인 요소를 포함해야 한다는 것을 의미합니다. 생성형 인공지능은 인터넷에서 수많은 데이터를 학습하여 질문에 대한 답을 합니다. 마이크로소프트의 인공지능 챗봇이 혐오 발언을 포함한 오류를 내어 서비스가 중단되었습니다. 이는 인종차별, 성차별 등 다양한 혐오 발언을 포함한 것으로 알려져 있습니다. 이러한 문제가 발생한 것에 대한 원인이 AI 챗봇에 입력된 데이터로 학습한대로 행동한 AI 챗봇의 잘못일까요? AI 챗봇에 데이터를 입력하여 학습시키는 인간의 잘못일까요? 이 시스템을 수정하기 위해서는 어떤 방법을 사용해야 할까요? 생성형 인공지능이 학습하는 방법은 사람이 학습하는 방법과 다릅니다. 생성형 인공지능은 데이터를 많이 학습할 수는 있지만 선별하는 것은 사람이 해야 합니다. 결국 생성형 인공지능과 사람이 협업하여야 한다는 것입니다. 여기에 프롬프트를 잘 선택하는 것도 중요합니다. 그렇기 때문에 학생들은 생성형 인공지능은 물론이고 생활에서도 원하는 답변이 도출될 수 있도록 선별된 질문을 잘 할 수 있는 방법을 길러야 합니다. 예를 들어 “어떤 차를 살까요?”보다 “가족과 함께 캠핑을 주로 갈 차이고, 금액은 4,000만 원을 생각하고 있습니다. 어떤 차를 살까요?”가 조금 더 원하는 대답을 자세히 들을 수 있는 질문의 형태입니다.

이와 같이 데이터에 기반한 생활이 일상화되고 있습니다. 데이터를 목적에 맞게 활용하고 윤리적으로 사용할 수 있는 데이터 리터러시를 키워야 합니다.

4 생성형 인공지능과 함께 지내기

특성화고 3학년이 되면 학생들이 취업을 하기 위해 이력서, 자기소개서를 작성합니다. 작성한 글을 보면 그 수준이 천차만별입니다. 작성법에 대한 지도를 받았더라도 유튜브도 숏츠만 보고 영상물에 익숙한 아이들에게 글쓰기는 또 다른 영역인 것입니다. 이때 수업시간에 활용한 ChatGPT, 뤼튼과 같은 생성형 인공지능을 활용하여 자기소개서를 작성하여 보았습니다. 막연히 종이와 펜을 주며 자기소개서를 작성하라고 했을 때보다 생성형 인공지능을 활용하여 작성했을 때의 글의 내용과 문장력에 많은 차이가 있었습니다. 각자 자기소개 내용이 다르지만 교사가 다시 챙겨봐줘야 할 부분이 훨씬 줄었고, 글의 흐름이 자연스러워진 것을 지도하는 교사와 학생 모두 확인할 수 있었습니다. 이러한 과정을 통해 학생들이 완성한 자기소개서를 실제 기업에 제출할 때 이전보다 훨씬 더 자신감 있게 제출할 수 있었습니다. 프레젠테이션도 마찬가지입니다. 이전의 파워포인트, 엑셀을 생각하면 안됩니다. 현재 생성형 인공지능 툴로 프레젠테이션을 도와주는 캔바, 미리캔버스가 있습니다. 이를 활용해본 사람은 알겠지만 프레젠테이션에 자신감이 생깁니다. 학생들 역시 이를 활용한 프로젝트 수업을 하였을 때 훨씬 더 자신 있고 재미있게 수업을 하였습니다. 생성형 인공지능에게 질문을 잘 하고, 툴을 잘 활용하는 능력은 이제 곧 인공지능 시대를 살아갈 아이들에게 필수 역량이 될 것입니다.

인공지능 시대를 살아갈 우리 아이에게 가장 필요한 것은 본인의 장단점을 아는 것입니다. 장단점을 분석하여 인공지능이 처리할 수 있는 부분은 인공지능을 활용해야 합니다. 또한 생성형 인공지능 툴과 협업을 하기 위해 디지털 활용능력을 키워야 합니다. 그리고 생활 속 무수히 많은 데이터 사이에 필요한 것만을 선별하여 활용할 수 있도록 데이터 리터러시를 키워야 할 것 입니다. 또한 생성형 인공지능을 활용한 결과물을 윤리적으로 올바르게 사용할 수 있는 가치관을 형성할 수 있도록 하여야 합니다.

아는 만큼 보입니다. 생성형 인공지능도 마찬가지입니다. 미래를 살아갈 내 자녀가 인공지능을 이해하고 활용하여 뒤처지지 않았으면 합니다. 인공지능의 상용화로 인한 디지털 시대의 한복판에서 묻습니다. 인공지능을 얼마나 알고 활용하나요?

여 경 진

- 부산항공고등학교 교사
- 부산대학교 교육대학원 인공지능융합교육학과 석사
- AIEDAP(아이에답) 리더 교원
- 전문 분야: AI 리터러시, 생성형 AI 융합교육, 특성화고 교육과정

대학에서 원하는 AI 관련 고등학교 활동

윤영집

1 대입 담당관 분석 - 사람 뽑는 일도 힘든 거 아시나요?

대학에서 원하는 AI 관련 고등학교 활동을 판단하기 위해선 먼저 '누가 어떤 기준으로 어떤 활동을 어떻게 판단하는지'를 먼저 알아봐야 합니다. 물론 그 주체는 서류평가위원과 면접평가위원이죠. 서류평가에서 학교생활기록부를 평가하는 서류평가위원은 입학사정관이, 보통 서류합격 이후 진행되는 면접 평가의 면접위원은 입학사정관과 함께 해당 학과 소속 교수로 구성됩니다. 입학사정관은 전임사정관과 위촉사정관으로 나뉘는데[3] 주로 전임 교원(교수)이 위촉되는 위촉사정관도 매년 그 역할에 임하면서 누적된 전문성은 전임사정관과 다르지 않다는 분석이 있으므로 대입 과정 평가 주체는 '서류평가에서는 입학사정관이, 면접 평가에서는 입학사정관과 해당 학과 교수'라는 일반적인 관점에서 봐도 무방합니다.

어떤 기준으로 판단하는지는 각 학교 학생부종합전형 서류평가요소 등을 통해서도 이미 알려져 있습니다. 학교마다 명칭이나 평가 요소명은 다르지만 대체로 학업역량, 전공(계열) 적합성, 발전가능성, 인성(공동체 역량) 등을 다각도로 확인한다고 되어있습니다. 이 중에서 AI 관련 고등학교 활동은 전공(계열) 적합성과 발전 가능성을 중심으로 살펴볼 수 있습니다. 이는 어떤 과목을 이수했는지, 어떤 활동을 어디까지 했는지, 얼마나 자기주도적으로 진행했는지 등을 눈여겨볼 수 있는데 여기서 AI 관련 고등학교 활동을 넣을 수 있습니다. 그리고 이것을 판단하는 주체는 앞

3 전임사정관은 해당 학교 입학처 소속으로 학생평가와 입학전형 진행 및 입학전형 연구 및 분석을 할 뿐만 아니라 입학 안내와 홍보 등 입시 관련 업무 전반을 담당한다. 위촉사정관은 해당 학교의 전임 교원(학과 교수)이 입학사정관 전반에 대한 교육을 받고 서류평가 기간의 입학업무에 투입되기 위해 위촉된다. 위촉사정관의 도입 배경은 전임사정관만으로는 입시 기간에 폭증하는 서류평가와 같은 입학업무를 모두 수행할 수 없기 때문이다.

서 말한 입학사정관과 해당 학과 교수입니다.

입학사정관과 해당 학과 교수의 관점에서 학생을 선발할 때 가장 궁금해할 것은 단순히 얼마나 공부를 잘했는지가 아닙니다. 성적보다도 학생이 '중도 탈락 없이', '대학 전공 수업에 대한 이해도'를 바탕으로, '취업 또는 진학'을 잘할지를 가장 궁금해합니다. 대학을 나타내는 지표는 단순히 '입결'만이 있지 않습니다. '중도 탈락 학생 현황'과 '취업률'도 대학알리미를 통하여 공개되고 있죠. 성적이 우수한 학생을 유치하기 위한 '입결'도 대학에는 중요하겠지만, '중도 탈락 학생'에 의한 결원 발생으로 생길 재정 손실을 피하는 것과 최종적으로 나타날 지표인 '취업률'이 대학에겐 더욱 현실적으로 중요한 문제입니다. 학생과 학부모에게도 지금 당장은 저 학교에 입학할 수 있을지가 중요하겠지만, 더 크게 보았을 때는 저 학교에 입학하면 그 이후의 삶은 어떻게 될지가 더욱 중요하니까요. 공부를 잘하는 학생을 뽑아도 전공(계열) 적합성이 맞지 않는 학생은 반드시 반수 또는 n수 등으로 자퇴하거나, 전과 또는 복수전공을 노리거나, 아니면 학점 및 포트폴리오 관리에 실패하여 취업 또는 진학에 어려움을 겪게 됩니다. 따라서 대학은 성적이 우수한 학생은 정시에서 선발하고 전공(계열) 적합성을 갖춘 학생은 수시에서 선발하는 입시 구조를 짤 수밖에 없습니다. 즉, 수시에서 기대하는 인재는 중도 탈락 없이 대학 전공 수업을 잘 따라가고 취업 또는 진학을 잘 할 수 있는 학생, 즉 전공(계열) 적합성이 뛰어난 학생이며 대학 측에서도 이러한 인재를 선발하기 위해 많은 노력을 기울이고 있습니다.

만약 AI 관련 학과로 진학을 희망한다면 학교생활기록부에서 먼저 AI 관련 내용이 입학사정관과 해당 학과 교수의 눈에 들어와야 합니다. 2023년 입시에서 학교별 전임사정관 1인당 담당 서류평가 건수의 평균은 401건이었으며, 1인당 담당 서류평가 건이 401건이 넘는 학교는 총 36개교, 그들의 평균은 910건이었습니다.[4] 단순히 학교 활동에서 AI 관련 내용이 있다고 이것저것 수집하면 면접 평가에서 급하게 준비한 얕은 지식이 걸러질뿐더러 서류평가를 통과하지 못합니다. 반드시 학생 자신만의 고유한 활동이 입학사정관과 해당 학과 교수의 눈에 띄어야 합니다.

4 2023년 학교생활기록부의 기록과 자기소개서 등 교과성적 외의 자료를 활용하는 입학전형에서 서류평가를 담당한 평가자 1명당 서류평가 건수, 대학알리미 공시자료(https://www.academyinfo.go.kr)

2 전공 목표 분석 - 컴퓨터공학과 교수님들도 컴퓨터 고치는 건 잘 몰라요

그런데 해당 학과 교수는 어떤 사람이며 어떤 눈으로 학생을 판단할까요? 이를 알기 위해선 컴퓨터공학과와 인공지능학과에 대한 이해가 먼저 필요합니다. 인공지능학과는 컴퓨터공학과에서 파생되었습니다. 언뜻 생각하기에 인공지능학과(데이터사이언스학과 등)는 인공지능을 만드는 것을 배우는 곳이고, 컴퓨터공학과(소프트웨어학과, 컴퓨터과학과 등)는 컴퓨터를 만들거나 소프트웨어 개발하는 법을 배우는 곳이라 생각할 수 있습니다. 하지만 예를 들어 컴퓨터공학과 면접 평가에서 담당 교수님께서 "우리 학과에 대해서 어떻게 알고 지원했나요?"라는 질문에 "컴퓨터를 만들거나 프로그래밍을 개발하는 것을 좋아해서 왔습니다!"라고 답변한다면, 교수님의 눈에는 그저 이 학생은 아마추어 수준으로 관심이 있는 수많은 학생 중 하나로 보일 뿐, 전공(계열) 적합성이 뛰어난 학생으로는 보이기 힘들 것입니다.

컴퓨터공학과의 경우 분명 프로그래밍 중심의 교육과정이 편성되어 있지만 그 교육과정의 목표는 우리가 흔히 생각하는 소프트웨어 개발자가 되기 위한 것이라 보기는 힘듭니다. 다른 학과를 예시로 들어보겠습니다. 비전공자의 눈에는 건축학과는 집 짓는 것을 배우는 곳이고 농생명과학과는 농사짓는 것을 배우는 곳이라 보일 수 있습니다. 완전히 틀렸다고 볼 수는 없겠지만 벽돌을 나르거나 밭을 가는 기술을 배우기 위해서 4년제 대학에 가진 않습니다. 4년제 대학 교육과정의 목적은 해당 분야에 대한 이론적인 지식을 학습하고 기초적인 학문적 연구를 할 수 있는 역량을 갖추는 것입니다. 즉, 전기전자공학부에 가면 납땜 실습을 하긴 해도, 식품영양학과에 가면 조리 실습을 하긴 해도 그것은 이론적인 지식을 바탕으로 본인이 직접 설계한 결과를 확인하기 위한 일부 실습 과정에 지나지 않습니다. 물론 나중에 취업 준비나 취직 후 실무에서는 이론적인 지식보다는 실용적이고 현실적인 기술을 요구하는 경우가 대부분인 것이 사실입니다. 하지만 그것은 나중에 취직할 때 고려해야 할 문제입니다. 대입을 위해서는 해당 학과 교수님이 생각하는 대학의 목적에 부합하는 활동과 답변이 필요합니다.

컴퓨터공학과는 알고리즘과 정보처리, 논리연산 등 수학적 지식을 바탕으로 특정 문제 상황을 해결하기 위한 알고리즘을 설계하는 역량을 갖추는 것을 목표로 합니다. 인공지능학과 또한 알고리즘, 수학 및 통계, 기계학습, 데이터 분석, 자연어처리 등의 학문적 지식을 바탕으로 기존의 인공지능 모델을 탐구하여 특정 문제 상황에서 적절한 인공지능 모델을 설계할 수 있는 것을 목표로 합니다. 이러한 학과별 교육 목표는 어느 학과를 진학하더라도 항상 먼저 파악하고 있어야 합니다. 여러 대학의 학과 홈페이지를 들어가 보면서 학과 소개, 인재상, 교육과정(커리큘럼) 등을 통해서 파악할 수 있습니다. 학과 이름에서 유추하여 단정 짓지 말고 꼭 해당 학과의 교육과정 내용과 그 교육 목적을 확인하고 해당 학과 교수의 관점에서 이해할 수 있어야 합니다. 그래야 해당 학과 교수님이 서류와 면접에서 "아, 이 학생은 좀 말이 통하겠구나."라고 할 수 있을 테니까요.

예를 들어 인공지능학과로 진학을 결정했다면, 해당 학과의 교수들의 주 연구 분야가 뭔지 알아보는 것이 좋습니다. 무슨 말인지 모르겠으면 구글 검색, 유튜브, 위키, 전문적인 뉴스 기사 등을 검색하며 다각도로 교차 검토해 보면서 파악해야 합니다. 잘 알지도 모르는 어느 블로그의 글이나 유튜브 영상 몇 개만 가지고 "이건 그렇구나."라고 넘겨선 곤란합니다. 그 블로그 글이 얼마나 신뢰가 있는지 얼마나 보장할 수 있으며, 얼마나 전문적인지 어떻게 아나요? 그렇게 폭넓게 찾아보고 검증하는 과정에서 해당 분야에 대한 기초 지식을 쌓을 수 있습니다.

그리고 학교생활기록부에 관련 활동으로 기재되기 위해선 초보적인 수준이라도 어떤 산출물을 만들어 낼 수 있어야 합니다. 학원까지 안 가더라도 시중에서 유명한 인공지능 입문 또는 데이터 분석 입문 관련 서적 보면서 따라가도 좋습니다. 이런 책의 경우 관련 자료가 인터넷에 많이 연계되어 있습니다. 프로그래밍 언어나 관련 지식이 하나도 없더라도 프로그래밍 툴 설치부터 웹개발, 앱개발, 데이터분석 등 간단한 결과물을 만들어 낼 수 있는 입문서나 특히 유튜브 영상 등이 많습니다. 처음부터 딱딱하게 배우려고 하지 말고 일단 결과물을 만들어 내고 코드 하나하나를 바꿔가면서 이해하는 역설계 방법이 초보자에게는 가장 효과적입니다.

3 생기부 분석 - 좋은 생기부는 좋은 글감 제공에서 나옵니다.

그러면 이제 본격적으로 대입에 반영할 수 있는 학교생활기록부에 기재 가능한 내용에 대해서 알아보겠습니다. 먼저 학교생활기록부 반영 대입 전형 분석과 학교생활기록부 반영 항목을 살펴보겠습니다. 2024학년도 대입을 기준으로 '서류평가는 학교생활기록부, 면접 평가는 서류 기반 면접 또는 제시문 기반 면접'으로 간명해졌습니다. 대입에 반영되는 학교생활기록부는 '교과학습 발달상황(학기별 과목별 500자)', '창의적 체험활동 상황(자율활동, 동아리활동 학년별 500자, 진로활동 학년별 700자)', '행동특성 및 종합의견'과 같이 크게 3가지 영역으로 압축되었습니다. 봉사, 진로희망 분야, 수상, 독서 등의 요소는 더 이상 대입에 반영되지 않죠. 교과학습 발달상황은 어떤 교과를 이수하였는지와 내신 성적, 그리고 담당 교과교사의 기재 사항을 확인할 수 있습니다. 창의적 체험활동 상황은 어떤 학교 활동을 참여하였는지와 그 활동 사항에 대한 담당 교사의 기재 사항을 확인할 수 있습니다. 행동특성 및 종합의견은 담임교사가 해당 학생을 총체적으로 이해할 수 있도록 작성한 내용을 확인할 수 있습니다.

(1) 창의적 체험활동 상황(동아리활동) - 뭐라도 만들어 내야 합니다!

창의적 체험활동 상황 중 동아리활동은 정규교육과정 내 동아리활동만 반영됩니다. 동아리활동의 경우 현재 정규 동아리(학교에서 개설하고 모집하는 정규 교육과정 내 동아리활동)만 대입에 반영됩니다. 따라서 먼저 인공지능, 데이터과학, 컴퓨터공학 등의 정보 관련 동아리가 있으면 들어가야 하고, 없다면 차선으로 자신이 뭔가 프로그래밍으로 개발 또는 분석하며 활동할 수 있는 동아리를 찾아서 들어가야 합니다. 학교에서 활동이 이뤄져야 하므로 학교에서 개발 또는 분석을 위해 노트북을 사용할 수 있어야 합니다. 개인 노트북이 힘들다면 학교 컴퓨터를 사용할 수 있는 동아리를 먼저 알아봐야 하고, 조건이 안 된다면 담임교사나 담당 교사, 학교 노트북과 관련된 담당 교사에게 적극적으로 상황을 설명하여 도움을 받을 방법을 모색해야 합니다. 앞서 말했다시피 구글 검색이나 유튜브나 인공지능, 데이터과학, 컴퓨터공학 개발 입문 관련 서적 등을 활용해서 가장 기초적인 산출물을 만들어보는 것을 추천합니다. 기초적인 인공지능 모델을 생성하거나 데이터 분석을 하거나, 코딩을 몰라도 영상만 따라 하면 몇 시간 내에 기초적인 게임, 앱, 웹, 챗봇, 데이터 분석, 인공지능 모델 등을 만들 수 있습니다. 다만 적극적으로 구글 검색을 통해서 부족한 부분을 알아보는 노력이 필요하고, 영어 자료도 구글 번역과 같은 다양한 번역 기능을 활용해서 접근하는 것이 좋습니다.

특히 개발 과정에서 ChatGPT와 같은 생성형 AI의 도움을 적극적으로 받는 것이 좋습니다. ChatGPT는 개발자가 원하는 방향으로 개발을 잘 도와줍니다. "나는 개발을 처음 하는 고등학생이야. 어떤 기능을 하기 위한 어떤 개발 프로젝트를 진행 중인데 어떤 언어를 사용하고 있고 어떤 플랫폼을 이용 중이야. 다음과 같은 에러가 발생하고 있어. 현재 코드는 다음과 같아. 어떤 기능을 하기 위한 코드를 제안해 줘."라고 입력하면 잘 대답해 줍니다. 하지만 이따금 여전히 오류가 있는 코드를 제공해 주거나 나의 요구를 정확히 이해하지 못한 채 제시해 주기도 합니다. 이는 몇 번의 시행착오를 거치면서 기초적인 프롬프팅(Prompting) 능력이 필요하며 이를 어느 정도 갖추면 폭발적인 개발 역량 향상을 느낄 수 있습니다. 프롬프팅, 또는 프롬프트 엔지니어링이라고 하는 부분은 사실 ChatGPT가 나의 의도를 잘 이해하도록 ChatGPT가 잘 이해할 수 있는 구조를 작성하는 것이 다입니다. 자세한 내용은 OpenAI의 Documentation에서 Prompt 관련으로 검색하면 해당 내용을 확인할 수 있습니다.

그리고 챗봇과 같은 산출물, 또는 다른 학생이나 교사들도 쉽게 접근할 수 있고 유용성이 높은 웹이나 앱을 개발하는 것은 동아리 활동 외에도 학급이나 학교 운영에 도움을 제공할 수 있어 자율활동에도 걸쳐서 기재가 가능하므로 추천합니다. 챗봇은 ChatGPT의 API를 활용하면 더욱 유용하게 사용할 수 있습니다. 또한 GitHub이라는 개발자들의 사이트가 있는데요, 개발자들이 자신의 개발 프로젝트를 공유하기도 하는데, 구글 검색을 통해서 다른 사람들이 이미 개발해서 공유한 프로젝트를 복사해 와서 코드를 들여다보고 수정할 수도 있습니다. 이렇게 하면 프로그래밍에 대한 이해뿐만 아니라 실질적인 산출물을 더욱 빠르게 얻을 수 있습니다.

(2) 창의적 체험활동 상황(자율, 진로활동) - 평범하기 싫으면 비범해야 합니다!

다음으로 창의적 체험활동 상황 중 자율활동과 진로활동에 대해서 알아보겠습니다. 학교행사, 현장학습, 예방교육 등의 학교 교육활동 내용은 자율활동 또는 진로활동에 기재되며, 전교·학급 학생자치회 회장·부회장 등 자치활동 내용은 자율활동에 기재됩니다. 학교 교육활동 시간은 보통 활동지를 써서 제출하라는 경우가 많습니다. 뭘 이런 걸 왜 작성해야 하는지 번거롭게 보일 수 있으나, 이런 활동지는 담당 교사가 자율활동 또는 진로활동에 기재할 때 학생마다 다르게 써줘야 하기에 기재 시 참고하기 위한 자료로 쓰입니다. 즉, 내가 쓴 활동지 내용이 곧 학교생활기록부 기재 근거가 될 수 있다는 뜻입니다. 따라서 활동지를 작성할 때 인공지능, 데이터과학, 컴퓨터공학 등의 사전 지식과 그 관점으로 최대한 작성해야 합니다. 전혀 상관없어 보이는 활동에도 최대한 녹여봐야 합니다. 담당 교사는 "와 이걸 이렇게 녹여서 쓰네?"라는 말이 나오겠지만, 오히려 그게 차별점이 되는 것이죠. 담당 교사는 자율활동 또는 진로활동을 기재할 때 학생별로 다르게 써줘야 하는데, 너무 말도 안 되는 내용이 아니라면 이 학생은 유달리 남들과는 다른 특별한 아이디어를 보여줬음을 인정하여 이를 반영해줄 수도 있습니다.

학생 스스로 자신만의 주제를 정할 수 있는 발표대회, 토론대회는 정말로 인공지능, 데이터과학, 컴퓨터공학 등의 사전 지식을 가감 없이 노출하여 기재될 수 있게 해야 합니다. 외부 인사 초청 교육 또는 특강에서도 마찬가지입니다. 인공지능, 데이터과학, 컴퓨터공학 관련 내용이라면 활동지에서도 자신의 사전 지식을 충분히 드러낼 수 있습니다. 만약 관련성이 떨어지는 특강 내용이라면? 학생 본인이 해당 강사에게 질문을 통해서 활동지 기록 내용 설계가 가능합니다. 다음과 같은 예시 질문이 가능합니다.

Tip 예시 질문

① 전자공학 관련

"미래에는 인공지능이 보편화될 것인데 현재는 인공지능 개발 속도에 비해서 이를 처리할 병렬 연산 반도체가 부족한 것으로 알고 있습니다. 기존 GPU로는 인공지능 연산 처리가 비효율적이라서 맞춤형 AI 반도체 개발에 대한 개발과 투자가 많이 이뤄지고 있는 것으로 알고 있는데, 이에 대해서는 어떻게 생각하시는지 알 수 있을까요?"

심지어 아무런 관련이 없어 보이는 기후, 의료, 언론, 경영, 해외문화 관련 내용이라도 가능합니다.

② 기후 관련

"기후 위기를 알리기 위해서 탄소배출이나 기상·기후와 관련된 빅데이터를 활용해서 많은 지표가 나오지만, 일반인들에게는 크게 와닿는 것 같지 않습니다. 혹시 파급력이 있었던 데이터 분석 사례로는 어떤 사례가 있었을까요? 아니면 어떤 방법이 가능할까요?"

③ 의료 관련

"현재는 의사의 전문성을 바탕으로 문진과 진찰을 통한 진료와 처방이 이뤄지고 있습니다. 만약 기존에 정리된 의료데이터를 바탕으로 환자에게 직접 문진과 생체정보를 확인해서 일차적으로 진료해주는 시스템이 나온다면 의료 전문가로서 예상되는 장점과 문제점은 무엇일까요?"

④ 언론 관련

"언론에서 데이터 저널리즘의 중요성이 커지고 있습니다. 인공지능과 데이터과학을 활용하여 사회적 이슈를 분석하고 보도하는 언론의 사례를 소개해주실 수 있나요?"

⑤ 경영 관련

"기업들이 대규모 데이터를 분석하여 시장을 예측하거나 조직을 관리하는 과정이 보편화되고 있는 것으로 알고 있습니다. 관련 사례가 있다면 말씀해 주시고, 추가로 실무에서 필요한 데이터분석가는 어떤 역량이 있어야 한다고 생각하시나요?"

⑥ 해외문화 관련

"해외여행이나 외국어 화자와 대화할 때 이제는 음성과 이미지를 실시간 번역을 해주고 있습니다. 다만 아직 언어 장벽이 가까운 시일 내에 해소될 거라곤 생각 들진 않는데, 아마 번역은 언어적 의사소통만 번역되지, 그 나라 문화의 역사나 정서, 공감대, 몸짓, 표정과 같은 비언어적인 의사소통까지는 번역되지 않아서 그런 것 같습니다. 만약 기술의 발달로 비언어적인 의사소통에 대한 이해가 더 필요한 시대가 온다면 어떤 것이 중요할까요?"

물론, 아마 이런 의문이 드실 수도 있습니다. "아니, 고등학생이 어떻게 이런 말을 할 수 있냐?", "친구들 다 있는 자리에서 어떻게 질문이 가능하냐?" 만약 질문에 관해서 부담스럽다면 강의 끝나고 따로 질문을 하면 됩니다. 대신 해당 강의 전에 미리 담당 교사에게 '강의 중에 물어보는 건 좀 부담스러워서 그런데, 강의 끝나고 개별적으로 따로 물어본 걸 활동지에 적어도 되는지'를 확인해야 합니다. 그리고 위의 예시를 그대로 말하면 옆에 있던 친구가 이상하게 보며 "아, 나의 벗이 결국 대학을 위해 사회성을 저버렸구나."라고 안타까워할 것은 당연합니다. 평소 자신이 쓸 법한 언어로 바꿔서 질문하는 것이 맞습니다. 평소 인공지능, 데이터과학, 컴퓨터공학 등의 사전 지식을 미리 갖추면 더욱 자연스러울 것입니다. 또한 해당 강의 내용이 확인되면 미리 검색을 통해서 해당 강의 내용과 인공지능, 데이터과학, 컴퓨터공학 등이 어떻게 연관된 이슈가 있는지 질문을 미리 준비할 수 있습니다. 질문하는 것에 대해 좀 더 용기를 드리기 위해서 한 가지 사실을 다시 상기해 보겠습니다. 학교생활기록부를 검토할 입학사정관(전임사정관)은 2023년 기준 1인당 평균 401건의 서류를 평가했으며, 서울대의 경우 1인당 1,500건을 검토하였습니다.

(3) 창의적 체험활동 상황(자율활동) - 학생회 활동에서도 이걸 한다고요?

창의적 체험활동 상황의 자율활동 중 또 다른 영역은 전교·학급 학생자치회 회장·부회장 등 자치회 임원과 같은 자치활동 내용입니다. 당연히 자치회 임원은 어떠한 형태로든 하는 것이 대입에 유리하죠. 다만 자율활동에 기재될 수 있는 글자 수가 학년별 500자임을 고려하면 1년에 한 학기만 확실히 활동하는 것이 효율적이겠습니다. 회장·부회장 등의 활동을 하면서 전교·학급 구성원들을 위해서 인공지능, 데이터과학, 컴퓨터공학 관련 활동을 녹이는 것이 다소 애매할 수는 있습니다. 하지만 거시적인 관점에서 보겠습니다. 본디 인공지능, 데이터과학, 컴퓨터공학 등의 활용은 문제 상황을 효과적으로 해결하는 방법으로 나타납니다. 구성원들의 이익과 편리를 위해 자신의 인공지능, 데이터과학, 컴퓨터공학 능력을 활용한 사례는 인성(공동체역량)을 충분히 발휘하면서도 전공(계열) 적합성 또한 보여준 특별한 사례로 인상 깊게 보일 수 있습니다.

이런 사례는 학교 생활하면서 스스로도 "아, 이런 거 있으면 좋을 텐데, 편할 텐데."라고 떠올릴 만한 상황에서 만들어 낼 수 있습니다. 몇 가지 예시를 들어볼까요? 대표적으로 학교 홈페이지의 공지사항이나 가정통신문, 학사일정, 학교급식 등이 다양한 정보를 바로 확인할 수 있는 웹(모바일 친화) 또는 카카오톡 챗봇을 개발하는 것이 해당할 수 있습니다. 웹 개발은 거의 모든 개발 영역에서 가장 쉬우면서도 산출물을 바로 확인할 수 있는 장점이 있습니다. 평소 우리가 비즈니스용 카카오톡 챗봇을 쉽게 접할 수 있는 이유는 그만큼 카카오톡 챗봇 개발에 대한 지원과 인프라가 많이 있기 때문입니다. 기존에 알려지고 공유되는 방법을 따라가면 생각보다 쉽게 개발할 수 있습니다. 이런 사례는 위의 동아리 활동 시간에 만들어서 재활용하거나 반대로 동아리 활동에서 심화시킬 수도 있습니다. 또한 학교 홈페이지 업로드 여부를 매번 확인해서 직접 입력할 필요 없이 웹 크롤링, RSS 등에 대한 이해를 바탕으로 다양한 검색을 통해서 도움을 받으면 자동화 구성도 가능합니다. 만약 자동화 구성을 위한 기술 습득까지 버겁다면 직접 홈페이지 업로드 자료와 담임 선생님의 학급 공지, 교과 수업별 과제 등을 직접 정리해서 적용해도 됩니다. 만약 홍보물을 제작한다면 이미지 또는 영상을 쉽게 생성할 수 있는 생성형 AI 활용 프로그램도 많이 있습니다. 주제만 던져줘도 그 내용이나 대사를 생성해 주거나, 내용이나 대사를 음성으로 바꾸거나(Text to Speech, TTS), 음성을 자동으로 텍스트로 바꿔서 자막을 생성하거나(Speech to Text, STT), 해당 내용이나 대사에 적절한 이미지를 생성하거나, 앞의 모든 과정을 통합해서 주제만 던져줘도 연쇄적으로 영상까지 만들어 주는 프로그램도 나왔습니다. 이를 이용하여 자치활동에 필요한 이미지나 영상을 생성형 AI 프로그램을 활용한 점이 기재될 수도 있습니다. 물론 이러한 모든 활동은 담당 교사에게 충분히 인지될 수 있게 보여야 합니다. 앞서 언급한 TTS 또는 STT의 경우는 가능하다면 직접 제작하는 것이 간단하므로 그 제작 과정을 직접 해볼 것을 추천합니다. 나중에 대입 면접평가 때 설명할 수 있어야 하니까요.

(4) 교과학습 발달상황 - 전공(계열) 적합성은 등급이 아니라 선택 과목입니다!

교과학습 발달상황은 먼저 2015 개정 교육과정 적용 대상과 2022 개정 교육과정 적용 대상으로 나눠서 봐야 합니다. 창의적 체험활동 상황과 행동특성 종합 의견은 공통적으로 적용될 수 있으나 교과학습 발달상황은 교육과정 변경에 따른 이수 교과 내용이 달라지므로 구별이 필요하기 때문입니다. 2024년 기준으로 2015 개정 교육과정 적용 대상은 이미 고등학교에 진학한 학생이고 일반적으로 2008년생까지 해당하며, 2022 개정 교육과정 적용 대상은 2025년부터 고등학교에 진학하는 학생이며 일반적으로 2009년생부터 해당합니다.

2015 개정 교육과정의 경우 정보, 물리학, 확률과 통계, 미적분은 반드시 이수해야 하며 인공지능 수학, 인공지능 기초, 정보과학은 학교에 개설되어 있다면 반드시 이수해야 합니다. 정보, 물리학, 확률과 통계, 미적분은 등급이 산출되는 일반 선택 과목입니다. 2022 개정 교육과정의 경우 이 글을 작성하는 시기(2023년 11월) 기준으로는 공통 과목 외에 다른 과목에서 등급 반영 여부가 미정인 상황입니다. 다만 등급이 반영된다 하더라도 정보, 대수, 확률과 통계, 미적분, 전자기와 빛은 반드시 이수해야 하며 인공지능 수학, 소프트웨어와 생활, 인공지능 기초, 데이터

과학, 정보과학의 경우 학교에 개설되어 있다면 반드시 이수해야 합니다. 다소 부담스러운 내용일 수 있어서 해당 과목을 기피하고 싶더라도, 앞서 인공지능학과와 컴퓨터공학과의 교육과정을 살펴보면 반드시 해당 과목을 배워야만 따라갈 수 있는 내용으로 구성되어 있습니다. 따라서 해당 교육과정을 이수하지 않는다면 서류 평가에서 전공(계열) 적합성 측면에서 결코 좋은 평가를 받을 수 없습니다.

2015 개정 교육과정의 경우 추가로 융합과학 탐구(또는 과학과제 연구), 수학 과제 탐구, 사회문제 탐구(또는 사회과제 연구)가, 2022 개정 교육과정의 경우 융합과학 탐구(또는 과학과제 연구), 수학 과제 탐구, 사회문제 탐구(또는 윤리 문제 탐구), 창의공학 설계가 학생 자신이 원하는 활동 내용을 교과학습 발달상황에 직접적으로 기재되는 것을 노릴 수 있는 과목입니다. 해당 과목이 학생 스스로가 설정한 주제에 관해서 탐구하는 것을 다루는 과목이기에 가능한 것인데요. 다만 반드시 해당 과목 담당 교사에게 먼저 자신이 원하는 활동이 가능하고 해당 내용이 기재되는 구조인지 조심스럽게 확인한 뒤에 결정해야 할 부분입니다.

가끔 일반계 고등학교 중에서 전문계 고등학교 과목을 개설하는 경우가 있습니다. 2015 개정 교육과정의 경우 인공지능과 미래 사회, 데이터과학과 머신러닝, 정보과학 융합탐구, 프로그래밍, 자료구조, 웹 프로그래밍, 빅데이터 분석, 인공지능과 피지컬컴퓨팅 등입니다. 2022 개정 교육과정의 경우 인공지능 일반, 프로그래밍, 자료구조, 알고리즘 설계, 컴퓨터 시스템 일반, 빅데이터 분석 등입니다. 만약 해당 과목이 있다면 관련 학과 진학을 위해서 개설된 과목인지 확인해 보고 만약 그렇다면 수강을 추천합니다.

앞서 언급한 모든 과목에서는 단순히 이수하는 것이 중요한 것이 아니라 각 과목에서 자신이 활동 및 발표하거나 산출물을 제작할 때 컴퓨터공학 또는 인공지능 관련 요소를 최대한 녹여내서 그 활동이 기재되는 것이 가장 중요합니다. 이를 위해 담당 과목 교사에게 학생 본인이 진학 희망 학과에 대해서 충분히 인지되어야 하고, 교사가 자발적으로 관련 도움을 제공해줄 수 있는 호의적인 관계를 유지하는 것이 필수적입니다. 물론 위에서 언급된 과목뿐만 아니라 다른 교과에서도 인공지능을 녹여낼 소재가 있다면 마찬가지로 최대한 시도해야 합니다.

4 면접 평가 분석 – 자네, 혹시 입학하면 대학원도 올 생각은 없나?

이상으로 대학에서 원하는 AI 관련 고등학교 활동, 즉 '입시 서류평가에서 해당 학과 교수가 봤을 때 AI 전공(계열) 적합성을 보여줄 수 있는 활동'을 알아보았습니다. 마지막으로 서류평가를 지나 면접 평가에 대해서 보겠습니다. 면접 평가의 경우 서류 기반 면접 또는 제시문 기반 면접으로 크게 나뉩니다. 서류 기반 면접은 간단한 자기소개 또는 지원동기 확인 후 서류 내용과 학과 관련성을 확인하는 과정으로 구성됩니다. 제시문 기반 면접은 지원 계열 및 전공 관련 내용으로 주어진 제시문에 대해서 자신의 논리로 답변하는 과정으로 구성됩니다. 또한 제시문 기반 면접도 해당 학교가 제시하는 지침에 따라서 학교생활기록부의 내용을 바탕으로 답변할 수 있는 경우도 있습니다.

입시에서 자기소개서가 폐지되었으므로 면접평가는 학교생활기록부의 내용에 대해서 면밀하게 들여다보고 이를 검증하는 과정으로 진행될 수밖에 없습니다. 면접 평가에서 면접관이 세 명이라면 그중 한 명 이상은 보통 해당 학과 교수로 구성됩니다. 따라서 급하게 암기한 단편적인 내용이나 어설프게 배운 잡기술은 금방 탄로나기 쉽습니다. 교수님은 나와 말이 통할 학생을 그리워합니다. 앞서 4년제 대학의 교육 목적에 관해 설명한 부분에서도 언급했듯이 해당 학과의 교육과정 내용과 그 교육 목적을 해당 학과 교수의 관점에서 이해할 수 있어야 합니다. 대학에서 그리고 이 학과에서 뭘 왜 어떻게 배우는지에 대해서 이해와 통찰, 그리고 비전을 보여준다면 확실한 차별점이 될 수 있습니다.

어차피 면접 때 말할 수 있는 시간은 아무리 길어도 10분입니다. 학교생활기록부에서 유달리 특이한 문구가 있다면 그리고 이게 해당 학과와 관련이 있다면, 이를 안 짚고 넘어갈 면접관은 그다지 많지 않습니다. 해당 경험과 배움에 대해서 밀도 있고 풍부하게 설명할 수 있도록 다시 되새겨야 합니다. 반대로 글자 수가 모자라 설명이 부족해서 어떤 활동인지 충분히 파악하기 힘든 문구도 있습니다. 담당 선생님에게 아쉬운 마음이 들 수도 있겠지만 입시 지도 경험상 이런 점은 오히려 면접관이 대체 이게 무슨 활동이었는지 면접 때 질문할 수밖에 없는 내용이기도 했습니다. 즉, '역으로 트랩을 까는 방식'의 기재 내용이므로 면접관의 예상 질문은 미리 확보했다고 볼 수 있으니 충분히 자신감을 가지고 준비해도 좋습니다.

"간단하게 지원자 소개 부탁드립니다.", "왜 우리 학교/학과에 지원했나요?"와 같은 기초적인 질문은 보통 지원자의 긴장을 풀기 위한 '스몰 토크'라고도 합니다. 그래도 어쩌겠어요. 해당 학교의 특색과 해당 학과의 교육과정을 먼저 확인해서 깊은 이해가 담긴 답변을 할 수 있으면 해야죠. 정말 깊게 파고 싶다면, 특히 면접에서 인상을 남기고 싶다면 진학 희망 학과 교수들의 얼굴과 이름, 관심 연구 분야, 최근 연구를 파악하고 교수별 맞춤형 답변도 준비해볼 수 있습니다. 학과 홈페이지 등을 통해서 확인할 수도 있고 RISS에서 학술논문 또는 학위논문(해당 교수가 지도한 대학원생의 학위논문, 지도교수 검색 기능 사용)을 검색하여 어렴풋하게나마 최근 어떤 연구를 하고 있는지 확인해 보는 것도 가능합니다.

지금까지 대학에서 원하는 AI 관련 고등학교 활동에는 어떤 것들이 있는지 살펴보았습니다. 제가 생각할 수 있는 가장 최선의 방법 또는 가능성이기에 이 모든 것을 하는 것은 가능할 수도 없으며 정답도 아닙니다. 그러나 '주어진 환경에 맞게 남들처럼 하는 것'이 아닌, '나아갈 곳을 위해 남들과 다른 환경을 만드는 것'이 위 모든 내용의 기본 원리였음을 전합니다.

윤 영 집

- 갈매고등학교 교사
- 서울대학교 과학교육과 물리전공 석사
- AIEDAP(아이에답) 리더 교원
- 전문 분야: 생성형 AI, 개별화교육, 웹기반 교육 플랫폼

AI 관련 대학 학과 진학하기

임부현

우리나라 최고의 명문대라고 하는 서울대, 연세대, 고려대학교의 2022년 자퇴자 수가 1,874명이라고 합니다. 이 학교들은 누구나 입학하고 싶어 하는 대학인데, 도대체 어떤 이유로 그토록 많은 학생이 자퇴했을까요? 자퇴하지 않고 무사히 졸업한 서울대생 10명 중 4명은 전공과 전혀 무관한 분야에 취업하고 있다고 합니다. 그들이 대학에서 전공 학문을 익히기 위해 투자한 4년이라는 시간과 등록금을 감안한다면 이는 국가적으로 엄청난 손실일 수밖에 없습니다.

한국고용정보원은 전공 분야와 업무가 일치했을 때 정규직 취업률이 더 높다는 연구 결과(2014.6.12.)를 발표하였습니다. 대학 4년 동안 열심히 공부한 자신의 전공을 살려 직업을 갖는다면 여러 면에서 이득일 수 있습니다. 그럼에도 불구하고 많은 학생들이 대학 진학 시 자기의 적성과 흥미를 고려하기보다는 단순히 성적에 맞추어 전공을 택한 결과 대학 진학 후에 전공 학문에 흥미를 느끼지 못하거나 자신의 진로에 대해 갈등을 느끼고 있습니다. 전공 선택은 단순히 눈앞의 상황만 보기보다, 장기적인 안목을 갖고 자신의 관심사와 적성을 고려하여 신중하게 결정할 문제입니다.

[그림 35]는 서울 소재 ○○남자고등학교 3학년 학생들의 대입 지원학과를 워드 클라우드 기능을 이용하여 도식화한 것입니다. 인문계열은 경영·경제, 자연 계열은 컴퓨터, 체육 계열은 스포츠 과학 관련 학과에 눈에 띄게 많이 지원하고 있습니다.

2021 수시 지원학과　　　　　2021 정시 지원학과

[그림 35] **서울 소재 ○○남자고등학교 3학년 학생들의 2021학년도 대입 지원학과**

출처: 저자 제공.

2022학년도에는 약학전문대학원에서 모집하던 1,743명을 대학의 약학과에서 모집하였고, 신설된 한국에너지공과대학이 110명, 주요 첨단학과 정원이 817명 늘어나면서 대학의 모집 정원이 총 2,670명 증가하여 최상위 대학교 1개가 생겨난 것과 같은 효과가 생겼습니다. 또한, 2020학년도에는 5개 대학 205명에 불과했던 인공지능 관련 학과 입학정원이 2022학년도에는 48개 대학 2,588명으로 무려 12.5배가 증가했습니다.

[그림 36] **대학 학과, 얼마나 달라졌나**

출처: https://www.chosun.com/national/education/2023/01/11/TAYNI3KABFGLZCCL7W2DBAW5MY

AI가 나오기 전까지만 해도 영어와 중국어 관련 학과는 인기 학과였지만 지금은 이런 학과들이 통폐합되는 추세입니다. 반면에 인공지능이나 바이오 관련 학과들은 신설되거나 입학정원을 확대하고 있습니다. 2024학년도부터 흔히 첨단학과라고 불리는 IT 관련 학과는 다음 [표 8]과 같이 정원이 확대되고 있습니다.

[표 8] 2024학년도 첨단학과 학교별, 지역별 모집 현황

수도권			
구분	대학명	학과 수	증원(명)
1	서울대	4	218
2	연세대	1	24
3	고려대	1	56
4	성균관대	2	96
5	동국대	1	45
6	이화여대	1	30
7	서울과기대	1	30
8	세종대	3	145
9	가천대	3	150
10	덕성여대	2	23
계	10개교	19	817

비수도권			
구분	대학명	학과 수	증원(명)
1	경북대	6	294
2	전남대	5	214
3	충북대	5	151
4	충남대	2	82
5	연세대(미래)	3	75
6	전북대	3	71
7	부경대	2	38
8	금오공대	1	30
9	부산대	1	20
10	울산대	1	17
11	안동대	1	10
12	창원대	1	10
계	12개교	31	1,012

출처: 교육부

채용조건형(채용연계형) 계약학과란 기업이 우수 인재 확보를 위해 대학(원)에 관련 학과를 만들고 해당 기업에 채용을 보장하며 입학생들은 재학 기간 등록금 전액을 지원받는 것을 말합니다.

삼성전자, SK하이닉스, LG디스플레이, LG전자 등의 대기업들이 실력 있는 인재를 채용하기 위해 앞다투어 대학들과 협약을 맺으면서 2022학년도 채용조건형 계약학과의 모집 정원이 618명으로 대폭 확대되었습니다. 몇 년 전까지만 해도 성균관대 반도체시스템공학과가 관련 분야 인재를 독식하였으나 2021년도 고려대와 연세대에 반도체 관련 학과가 생기면서 양상이 변했습니다. 더구나 2022년부터 서강대, 카이스트, 포항공대, 한양대 등에 반도체학과가 신입생을 선발하기 시작하면서 성균관대로 가던 우수 자원들은 분산되고 있습니다.

채용조건형 계약학과는 반도체로 시작해서 디스플레이, 배터리, AI(인공지능), 차세대통신 등으로 분야를 넓혀가며 학부와 대학원에 분산 개설되고 있습니다. 전 세계적으로 정보통신 및 IT기기 수요가 늘어나고 자율주행차의 발전 등 반도체 수요가 급증하면서 반도체 관련 학과가 가장 큰 관심을 받고 있지만, 교육부의 첨단분야 입학정원 규제 완화 조치에 따라 반도체 외에도 인공지능, 데이터사이언스,

핀테크, 소프트웨어 등 첨단산업 관련 학과가 꾸준히 신설되고 있어 눈여겨볼 필요가 있습니다.[5]

계약학과는 기업체의 수요를 충족하기 위해 만든 맞춤형 교육과정입니다. 입학생들에게 학비지원과 장학금이 제공되며, 기숙사 입사와 해외 연수 등 많은 혜택 등이 있습니다. 취업하기 힘든 시기에 무엇보다 일정한 조건만 충족되면 대기업에 채용이 되기 때문에 학생들에게 많은 관심의 대상이 되고 있습니다.

[표 9] 2024학년도 기업체 채용조건형 계약학과(총 754명)

대학명	학과명(모집인원)	협약기업
경북대	모바일공학과(30명)	삼성전자
성균관대	반도체시스템공학과(70명)	
성균관대	지능형소프트웨어학과(50명)	
연세대	시스템반도체공학과(100명)	
고려대	차세대통신학과(30명)	
KAIST	반도체시스템공학과(100명)	
포스텍	반도체공학과(40명)	
UNIST	반도체(40명) – 학석사 통합 5년제	
DGIST	반도체(30명) – 학석사 통합 5년제	
GIST	반도체(30명) – 학석사 통합 5년제	
고려대	반도체공학과(30명)	SK하이닉스
서강대	시스템반도체공학과(30명)	
한양대	반도체공학과(40명)	
연세대	디스플레이융합학과(30명)	LG디스플레이
연세대	인공지능학과(34명)	LG전자
고려대	스마트 모빌리티학부(50명) – 학·석사 통합과정(총 5년)	현대자동차
숭실대	정보보호학과(20명)	LG 유플러스
가천대	클라우드공학과(30명)	카카오엔터프라이즈

간혹 본인이 컴퓨터에 소질이 있는데 컴퓨터 관련 학과에 특기자 전형으로 진학할 수 있는지 문의하는 학생들이 있습니다. 사실 일반계고에서 주요 대학의 특기자 전형에 합격하는 것은 소가 바늘구멍에 들어가는 것보다 힘듭니다. 국민대와 숭실대 특기자 전형의 1단계 제출 서류가 일반계 고등학교 학생이 정규 교육 과정에서

5 https://www.edudonga.com/?p=article&at_no=20220519090950826781

준비하기 힘든 대회 수상 실적인 경우가 대부분이고 대회 수준 또한 상당히 높습니다. 세간을 떠들썩하게 한 정치인 자녀의 대학 부정 입학 사건 이후 특기자 전형은 대폭 축소되었으며, 2024학년도 주요 대학 컴퓨터 관련 학과 특기자 전형 모집인원은 다음 [표 10]과 같지만, 2025대입부터는 숭실대, 한양대는 폐지되고 고려대(세종)는 6명을 모집합니다.

[표 10] 주요 대학 컴퓨터 관련 학과 특기자 전형 모집인원

대학명	학과	2024 대입 모집인원(명)	2025 대입 모집인원(명)
고려대(세종)	인공지능 사이버보안	7	6
국민대	소프트웨어학과	10	10
	인공지능학부	5	5
숭실대	정보보호학과	4	0
한양대	컴퓨터소프트웨어학부	13	0

제가 대학에 진학할 때는 IT 관련 학과가 상당히 인기가 있었고, 일부 대학의 전자공학과는 의예과보다 합격 점수가 높았습니다. 하지만 제가 대학을 졸업할 무렵 국가 부도 사태가 터졌고 이공계 졸업생들은 거의 취업이 안 되면서 의학, 치의학, 한의학 계열 학과에 최상위권 학생들의 지원이 집중되는 현상이 벌어졌습니다. 그 때부터 지방대 의예과와 서울대 컴퓨터공학과에 동시 합격하는 경우 대부분 지방대 의예과를 선택하는 추세가 이어져 왔습니다.

최근에는 4차 산업혁명의 흐름을 타면서 IT 관련 학과들의 인기가 치솟고 있습니다. 빠른 속도로 새로운 AI가 출시되어 우리를 놀라게 하고 있습니다. AI가 AI를 만드는 시대도 멀지 않아 도래할 것으로 보입니다. IT 관련 학과의 전망은 밝지만, 이러한 추세가 얼마나 지속될지는 알 수 없습니다. 지금은 한창 인기 있는 학과의 인기가 십여 년 뒤에도 이어지리라는 보장이 없기 때문입니다.

따라서 학과 선택을 할 때 무엇보다 중요한 점은 학생이 무엇을 좋아하고 무엇을 잘하는지 파악하는 것입니다. 교사가 수업 시간에 살펴보고 한두 시간 상담하며 나눈 대화만으로 학생의 재능과 흥미를 정확하게 파악하기란 거의 불가능합니다. 하지만 부모는 다릅니다. 거의 20년 가까운 세월 동안 자녀가 성장하는 모습을 지켜보았기 때문에 교사들보다 자녀의 재능이나 흥미를 훨씬 더 잘 파악할 수 있습니다.

만약, 자녀의 흥미와 적성을 파악하기 힘들다면 자유전공학부를 추천합니다. 교육부에서 2025학년도 대입부터 입학정원의 25%를 전공 구분 없이 무학과로 선발하는 대학에 재정 지원 등의 인센티브를 주겠다고 발표했습니다. 매년 수천 명을 선발하는 대학의 입장에서는 신입생을 무학과로 선발하여 학생들의 희망 학과로 진급시키는 것은 여간 힘든 일이 아닐 수 없습니다. 서울대는 2040년까지 모든 신입생을 무학과로 선발하겠다는 내용의 중장기 발전계획 보고서를 2022년에 발표했습니다. 2024학년도 대입에서 무학과로 선발한 수도권 대학 선발 인원은 [표 11]과 같습니다.

[표 11] 2024학년도 대입 수도권 무학과 선발 인원

대학명		선발인원(명)
서울대	자유전공학부	123
	공대 광역 선발	46
고려대		95
한국외대		116
서울시립대		30
숭실대		56
인하대		70
한국항공대		100
가톨릭대		50
수원대		1
합계		641

지방대 육성을 목적으로 교육부가 지방 소재 대학 중 혁신 대학으로 선정된 학교에 5년간 천억 원을 지원하는 '글로컬대학 30' 사업 공청회에서 무학과 선발을 대학 혁신의 예시로 꼽을 정도로 무학과 선발 확대에 대한 교육부의 추진 의지가 매우 높습니다.

해마다 대학의 학업 중도 포기자 수는 증가하고 있습니다. 우리나라 최고의 명문대라고 하는 서울대, 연세대, 고려대학교의 2022년 자퇴자 수가 1,874명이라고 합니다. 이 학교들은 누구나 입학하고 싶어 하는 대학인데, 도대체 어떤 이유로 그토록 많은 학생이 자퇴했을까요? 교육부는 그 해답을 무학과 선발에서 찾는 것 같습니다.

[표 12] 주요 대학 학업 중도 포기자 수

대학명	2019년(명)	2020년(명)
서울대	273	317
연세대	511	561
고려대	632	746
서강대	363	380
성균관대	594	909
한양대	582	671
중앙대	622	744
경희대	971	1,134
한국외대	834	911
서울시립대	320	355
건국대	630	655
동국대	571	534
홍익대	600	611
합계	7,503	8,528

출처: 한국교육개발원

무학과 선발은 한동대, 과기원, 포항공대가 수십 년 전부터 실시하고 있는 시스템으로, 2021학년도 전국 4년제 대학의 학업 중도 포기자 수는 97,326명(4.9%)인 것에 비해, 한동대는 2.6%에 불과합니다. 2023학년도 한동대 입학생 중 고등학교 때 인문계였는데 이공계열 학과를 선택한 학생이 39%, 고등학교 때 자연계였는데 인문계열 학과를 선택한 학생이 14.2%에 이른다는 점을 감안하면 무학과 선발을 통해 학생들에게 자유로운 전공 선택의 기회를 부여하는 것이 대학의 학업 중도 포기율을 낮추는 데 영향을 미쳤음을 알 수 있습니다.

진로 선택에는 정해진 답이 없습니다. 유행이나 인기를 무작정 따라갈 수도 없는 노릇입니다. 대학 진학 시의 학과 선택이 학생의 인생에 미칠 영향이 얼마나 큰지 잘 알기에 고등학생들을 지도한 지 25년이 지난 지금에도 진로 진학 지도는 여전히 어렵게만 느껴지는 일입니다.

임 부 현

- 서울환일고등학교 교사
- 서울특별시교육청 AI연구회 회장
- 서울진학지도협의회 부회장
- 전문 분야: 대입 진로진학, 데이터 과학, 피지컬 컴퓨팅

이제는 학부모다! AI 시대 역량 있는 학부모 되기 (기본편)

초판발행 2024년 3월 20일

지은이 서울시교육청 AI연구회 임부현 회장 외 20인
펴낸이 노 현

편 집 이혜미
기획/마케팅 김한유
표지디자인 이영경
제 작 고철민·조영환

펴낸곳 ㈜ 피와이메이트
서울특별시 금천구 가산디지털2로 53, 210호(가산동, 한라시그마밸리)
등록 2014. 2. 12. 제2018-000080호
전 화 02)733-6771
f a x 02)736-4818
e-mail pys@pybook.co.kr
homepage www.pybook.co.kr
ISBN 979-11-6519-991-3 93370

정 가 18,000원

박영스토리는 박영사와 함께하는 브랜드입니다.